国家全球战略智库系列专题报告

中国：推动金砖国家合作第二个黄金十年

国外战略智库纵论中国的前进步伐（之五）

中国社会科学院国家全球战略智库

王灵桂／主编

AND THE SECOND GOLDEN DECADE OF COOPERATION AMONG

Special Report on China by International Strategic Think Tanks (No.5)

社会科学文献出版社
SOCIAL SCIENCES ACADEMIC PRESS (CHINA)

编委会

前　言
求和平谋发展促合作图共赢

王灵桂[*]

2017 年 9 月 3 日至 5 日，金砖国家领导人第九次会晤将在中国厦门举行，将拉开金砖国家第二个黄金十年发展的历史帷幕。盛事共襄，本书也应运而生。

金砖国家（BRICS）一词，最早起源于 2006 年联合国大会期间巴西、俄罗斯、印度和中国的外长会议，其从此将原本高盛首席经济师提出的概念，拓展成了国际经济实体。2010 年，随着南非的加入，金砖国家从四国变为五国，其英文缩写也由 BRIC 改为 BRICS，金砖国家从此成为国际政治舞台上一个响亮的名字。金砖国家分布在亚洲、非洲、欧洲、拉丁美洲，人口总数约占全球人口总数的 42.58%，2015 年五国 GDP 总量约占世界 GDP 总量的 22.53%，其从成立到 2016 年底对世界经济增长的贡献率超过 50%[①]。

近年来，在国际金融危机的阴霾之下，世界各国的"日子"均不好过。金砖五国也难以独善其身，其进一步的发展面临着诸多复杂、严峻的挑战。在这个大背景下，2017 年，金砖国家进入了关键发展阶段——第二个十年。金砖国家领导人第九次会晤即将于 9 月在中国厦门举行。从乌法到果阿，再到厦门，金砖国家合作的登高爬坡，尤需五国高层频密互访，推心置腹，以天下之目视，以天下之耳听，以天下之心虑[②]。

---

[*]　王灵桂，中国社会科学院国家全球战略智库常务副理事长兼秘书长。

[①]　艾奎宇：《厦门期待"金砖带路"》，新华网，2017 年 5 月 31 日。

[②]　陆忠伟：《金砖合作的"形"与"势"》，《人民政协报》2017 年 6 月 13 日第 1 版。

面对复杂严峻的局势，金砖国家不进则退。如何进？"我们要坚定维护国际公平正义，维护世界和平稳定。当今世界并不安宁，各种全球性威胁和挑战层出不穷。金砖国家都热爱和平、珍视和平。实现世界持久和平，让世界上每一个国家都有和平稳定的社会环境，让每一个国家的人民都能安居乐业，是我们的共同愿望"，"求和平、谋发展、促合作、图共赢，是我们共同的愿望和责任"①。2013 年 3 月 27 日，中国国家主席习近平在金砖国家领导人第五次会晤时的主旨讲话中，给出了这样的答案。之后，在不同的场合，习主席从不同角度就此答案进行了全面阐述。特别是在 2016 年 10 月 16 日印度果阿举行的金砖国家领导人第八次会晤上，习近平主席的主旨讲话更是引起了金砖国家领导人和世界媒体的一致赞誉。

2016 年 10 月 16 日，习近平主席在印度果阿举行的主题为"打造有效、包容、共同的解决方案"的金砖国家领导人第八次会晤大范围会议上发表的题为"坚定信心 共谋发展"的重要讲话，积极评价了金砖国家 10 年合作取得的丰硕成果，并就加强金砖国家合作提出了五点倡议。有评论指出，习主席的讲话反映了金砖国家坚定信心、提振士气、同舟共济、共克时艰的普遍心声和愿望，标志着面对全球经济的困局，金砖国家完全有能力化挑战为机遇，化压力为动力，以更实际的行动促进合作，继续做世界经济及金融变革的开拓者；习主席倡议的金砖国家要共同合作、共同建设开放世界、共同勾画发展愿景、共同应对全球性挑战、共同维护公平正义、共同深化伙伴关系等主张，预示着金砖国家之间的务实、合作、开放之路将越走越宽、越来越光明。今天，再次回顾、学习习近平主席在果阿会议上的重要讲话，将对我们深刻理解厦门金砖国家领导人第九次会晤的主题有极其深远的意义和作用。

当前，世界经济复苏势头仍然脆弱，全球贸易和投资低迷，大宗商品价格持续波动，引发国际金融危机的深层次矛盾远未解决。一些国家

---

① 习近平：《携手合作 共同发展》，《习近平谈治国理政》，外文出版社，2014，第 323 页。

政策内顾倾向加重，保护主义抬头，"逆全球化"思潮暗流涌动。地缘政治因素错综复杂，传统和非传统安全风险相互交织，恐怖主义、传染性疾病、气候变化等全球性挑战更加凸显。金砖国家发展面临着复杂、严峻的外部环境。在这种背景下，如何打造开放的世界，再铸经济辉煌？古今中外的历史经验证明，开放是实现国家繁荣富强的根本出路。新时期，金砖国家要打造世界经济的新增长极，就应遵循历史发展的客观规律，顺应当今时代发展潮流，推进结构性改革，创新增长方式，构建开放型经济，旗帜鲜明地反对各种形式的保护主义。早在 2014 年 7 月，习主席出席金砖国家领导人第六次会晤前夕接受拉美媒体联合采访时就指出，"金砖国家合作不是独善其身，而是致力于同世界各国共同发展。只要金砖国家增进政治互信，凝聚战略共识，发出更多声音，提出更多方案，就能够为推动世界经济增长、完善全球经济治理、促进世界和平与发展贡献更多正能量"。在 16 日的重要讲话中，习主席就此做出了进一步阐述，金砖国家必须要"加强宏观经济政策协调，以推进经贸大市场、金融大流通、基础设施大联通、人文大交流为抓手，走向国际开放合作最前沿，在国际舞台上积极发挥引领作用"[1]。

　　在过去的 10 年里，金砖国家"十年磨一剑"，一步一个脚印地推动合作不断走深走实。在理念上坚持发展优先，致力于集中精力发展经济、改善民生；在原则上坚持开放、包容、合作、共赢，致力于构建全方位、多层次的合作架构和机制；在道义上秉持国际公平正义，致力于在重大国际和地区问题上共同发声、仗义执言。目前，金砖国家已经发展出具有重要影响力的国际机制，推进了全球经济治理改革进程，大大提升了新兴市场国家和发展中国家的代表性和发言权。正如习主席 2014 年 7 月 15 日在巴西福塔莱萨出席金砖国家领导人第六次会晤时讲话中指出的那样，"金砖国家在许多重大国际和地区问题上共同发声、贡献力量，致力于推动世界经济增长、完善全球经济治理、推动国际关系民主化，成为国际关系中的重要力量和国际体系的积极建设者"。当

---

　　[1]　习近平：《坚定信心　共谋发展——在金砖国家领导人第八次会晤大范围会议上的讲话》，2016 年 10 月 16 日。

前，国际形势错综复杂，金砖国家在机遇和挑战并存的局面下，如何进一步加强合作、携手并进，继续做推动全球发展的领跑者？如何不为风雨所动、不为杂音所扰、不为困难所阻，不断构建和强化维护世界和平的伙伴关系、促进共同发展的伙伴关系、弘扬多元文明的伙伴关系、加强全球经济治理的伙伴关系，以实现更大的发展？为此，习主席在讲话中明确提出，金砖国家"要继续高举发展旗帜，结合落实2030年可持续发展议程和二十国集团领导人杭州峰会成果，加强南北对话和南南合作，用新思路、新理念、新举措为国际发展合作注入新动力、开辟新空间，推动全球经济实现强劲、可持续、平衡、包容增长"①。

金砖国家既是息息相关的利益共同体，也是携手前行的行动共同体。怎样发挥各自比较优势，加强相互经济合作，培育全球大市场，完善全球价值链？怎样坚持包容精神，推动不同社会制度互容、不同文化文明互鉴、不同发展模式互惠？怎样坚持合作精神，照顾彼此关切，携手为各国经济谋求增长，为完善全球治理提供动力？怎样坚持共赢精神，在追求本国利益的同时兼顾别国利益，做到惠本国、利天下，走出一条大国合作共赢、良性互动的路子？这些世界性的难题，同样也是金砖国家必须面对且致力于解决的课题。对金砖国家在应对全球挑战时面临的课题，习主席倡议，"要加强在重大国际问题以及地区热点上的协调沟通，共同行动，推动热点问题的政治解决，携手应对自然灾害、气候变化、传染病疫情、恐怖主义等全球性问题。既要联合发声，倡导国际社会加大投入，也要采取务实行动，推动解决实际问题，注重标本兼治、综合施策，从根源上化解矛盾，为国际社会实现长治久安作出贡献"②。

公平正义的全球治理，是实现各国共同发展的必要条件。早在2013年3月27日的南非德班金砖国家领导人第五次会晤时，习主席

---

① 习近平：《坚定信心　共谋发展——在金砖国家领导人第八次会晤大范围会议上的讲话》，2016年10月16日。

② 习近平：《坚定信心　共谋发展——在金砖国家领导人第八次会晤大范围会议上的讲话》，2016年10月16日。

就在讲话中指出，"我们来自世界四大洲的 5 个国家，为了构筑伙伴关系、实现共同发展的宏伟目标走到了一起，为了推动国际关系民主化、推进人类和平与发展的崇高事业走到了一起。求和平、谋发展、促合作、图共赢，是我们共同的愿望和责任"。两年多来，金砖国家艰苦奋斗，在维护世界公平正义方面取得了巨大成绩。但是，霸权政治、不公平的国际政治经济秩序，依然影响新兴国家和发展中国家追求发展的努力。为此，习主席再次阐述了中国的立场和态度，呼吁"我们要继续做全球治理变革进程的参与者、推动者、引领者，推动国际秩序朝着更加公正合理的方向发展，继续提升新兴市场国家和发展中国家代表性和发言权。我们要继续做国际和平事业的捍卫者，坚持按照联合国宪章宗旨、原则和国际关系准则，按照事情本身的是非曲直处理问题，释放正能量，推动构建合作共赢的新型国际关系"①。

　　金砖国家未来的发展取决于其自身定位。在今后的发展过程里，如何共同提升新兴市场国家在全球经济治理中的代表性和发言权、推动落实国际货币基金组织份额改革决定、制定反映各国经济总量在世界经济中权重的新份额公式？如何实现政治和经济"双轮"驱动，既做世界经济动力引擎，又做国际和平之盾？如何以史为鉴，摒弃冷战思维，拒绝零和博弈，共同维护地区和世界和平稳定？如何加强南南合作，为帮助其他发展中国家增强发展能力，让它们搭上金砖国家发展快车？等等。这些课题的解决与其自身定位息息相关。习主席在讲话中，以深厚的感情将金砖国家关系定位为"真诚相待的好朋友、好兄弟、好伙伴"。就不断深化友谊和合作，习主席提出，"要以落实《金砖国家经济伙伴战略》为契机，深化拓展各领域经济合作，提升金砖国家整体竞争力。我们要把金砖国家新开发银行和应急储备安排这两个机制建设好、维护好、发展好，为发展中国家经济发展提供有力保障。我们要加强人文交流，促进民心相通，夯实金砖国家合作的民意基础。我们要继续扩大和巩固金砖国家'朋友圈'，保持开放、

---

① 习近平：《坚定信心　共谋发展——在金砖国家领导人第八次会晤大范围会议上的讲话》，2016 年 10 月 16 日。

包容，谋求共同发展"①。

厦门金砖国家领导人第九次会晤确定的"深化金砖伙伴关系，开辟更加光明未来"主题，确实摸准了未来金砖国家合作的脉搏。10年的合作发展历程证明，五个新兴国家既能在顺境中共襄盛举，又能在逆境时携手并行，更能在攻坚克难中让相互关系愈发弥坚。习主席在印度果阿的重要讲话得到了金砖国家其他领导人的高度赞同，这必将成为厦门金砖国家领导人第九次会晤上金砖国家领导人坚定信心、加强协调的动力和助推力，也预示着金砖国家的合作一定能乘风破浪、穿云破雾，到达胜利的彼岸。在这个变挑战为机遇、变压力为动力的携手并行过程中，金砖国家一定会像习主席2015年11月15日在土耳其安塔利亚出席金砖国家领导人非正式会晤时指出的那样，"让世界对金砖国家的成色有新的认识"②。那么，我们也相信，在中国厦门举行的金砖国家领导人第九次会晤，必将成为金砖国家迈向新境界的起点。"加强同金砖国家合作，始终是中国外交政策的优先方向之一。中国将继续同金砖国家加强合作，使金砖国家经济增长更加强劲、合作架构更加完善、合作成果更加丰富，为各国人民带来实实在在的利益，为世界和平与发展作出更大贡献。"③因此，我们坚信，金砖国家一定会"以开放思维引领合作，按经济规律促进发展；充分用好对话的'黄金法则'，运用好'聚同存异'的政治智慧，树立金砖合作的'道路自信'，将金砖合作建成全球治理新思想的发源地"。

"全球战略智库观察项目"是中国社会科学院国家全球战略智库的重点课题之一。长期以来，我们本着"立足国内、以外鉴内"的原则，密切跟踪和关注境外战略智库对中国发展的各种评述，对客观者我们认真研究吸纳，对故意抹黑和造谣者我们一笑了之，这不失为一种接地气的研究路径和方式。汇总其科学成果并适时发布，也是我们

① 习近平：《坚定信心　共谋发展——在金砖国家领导人第八次会晤大范围会议上的讲话》，2016年10月16日。
② 《习近平在金砖国家领导人非正式会晤上的讲话》，新华网，2015年11月16日。
③ 习近平：《携手合作　共同发展》，《习近平谈治国理政》，外文出版社，2014，第326页。

服务国内同仁的一种探索和尝试，这也是我们编写系列专题报告的初衷和目标。本辑是关于金砖国家问题的专题综述，敬请各位前辈和同仁批评指正。

夜半辍笔，聊为序言。

2017 年 6 月 17 日

于香山麓听雨轩

目　录

南非的例外主义：纳兰拉·内内－雅各布·祖马－普拉温·戈尔丹的三角关系

Francis A. Kornegay *

原文标题：South African Exceptionalism：The Nene－Zuma－Gordhan Triangle

文章框架：后殖民地时期的非洲存在个人专制统治的趋势，他们最大限度利用现有的既得利益来控制国家；无论普拉温·戈尔丹（Pravin Gordhan）回到财政部后情况如何，民众和国际社会对于驱逐纳兰拉·内内（Nhlanhla Nene）的愤怒反应都证实了在南非政治经济中财政治理神圣不可侵犯的地位。

观点摘要：

1. 后殖民地时期的非洲存在个人专制统治的趋势，他们最大限度地利用现有的既得利益来控制国家。这是以牺牲合法政府、有效治理和广泛发展为代价的。这对于许多后殖民地时期的非洲国家来说是导致国家失败的道路，甚至会造成更糟糕的后果。

2. 市场中的惩罚性反应、非洲民族议会（ANC）和南非共产党（SACP）联盟之间普遍的愤怒和不满以及四面楚歌的南非总工会（COSATU）使总统"有罪不罚"。无论普拉温·戈尔丹（Pravin Gordhan）回到财政部后情况如何，民众和国际社会对于驱逐纳兰拉·内内（Nhlanhla Nene）的愤怒反应都证实了在南非政治经济中财政治理神圣

---

* Francis A. Kornegay，伍德罗·威尔逊国际学者中心校友，在南非大学全球对话研究所担任高级助理。来源：伍德罗·威尔逊国际学者中心（美国智库），2016 年 2 月 23 日。

不可侵犯的地位。

3. 纳兰拉·内内被任命负责管理金砖国家新开发银行非洲区域中心（据称其将代替金砖国家新开发银行副行长莱斯利·马斯多普），这揭示了南非国内政治正在利用金砖国家的现实。评级机构对布琼布拉来说可能没什么意义，但是它们对于林波波省以南的非洲首屈一指的中部国家来说意义重大。想象一下，如果金砖国家成员南非不得不与新一届国际货币基金组织的金融体系结合，那么 BRICS 将减去"S"。因此，纳兰拉·内内矛盾地证实了南非在非洲的例外主义。

南非：一个变化的世界中的新兴国家[*]

原文标题：South Africa：An Emerging Power in A Changing World
文章框架：南非的崛起使其在全球治理问题上有了更大的话语权，但该
国目前和未来改变世界秩序的能力取决于国内制约因素及包
括美国在内的其他国家的行动；全球权力平衡的转移正在限
制现有的多边体系并推动其改革，多边机构和论坛可以成为
南非外交的有力工具；一些与会者认为新兴国家想利用金砖
国家拥有更大话语权，而不是取代自由世界秩序；南非仍然
认为金砖国家是维护国家利益的有力工具；尽管南非已深入
参与到各种多边机构中，但南非认为自己是自由世界秩序的
挑战者，而不是领导者。

观点摘要：

1. 作为一个新兴经济体，南非寻求重塑世界秩序，以更好地满足
其需要，实现其愿景。然而，在全球和跨国问题上有效的多边合作的前
景不可避免地反映了最具影响力的国家的独特的国家利益和目标。同
时，世界上拥有领导地位的国家的变化也为全球治理带来了挑战和机
遇。15 年来，南非的崛起使其在全球治理问题上有了更大的话语权，
但该国目前和未来改变世界秩序的能力取决于国内制约因素及包括美国
在内的其他国家的行动。

2. 寻求现有世界秩序的替代品：全球权力平衡的转移正在限制现有
的多边体系并推动其改革。多边机构和论坛可以成为南非外交的有力工
具，但几位与会者则认为该国的作用应该得到更好发挥。南非影响力的
一个表现在于其他非洲国家要求南非利用其二十国集团成员的身份以及

---

*　来源：美国外交关系学会（美国智库），2016 年 4 月 5 日。

与经济合作与发展组织的关系协助它们减免债务。一些与会者提出，美国和南非可以通过共同努力改变世界秩序以促进双边关系发展，打破目前的全球治理僵局。与会者对于南非在不断变化的世界秩序中的地位这一问题几乎没有达成共识。目前金砖国家成员正在崛起，而西方世界正在衰落。在美国经济增长，以及西欧国家尽管面临难民危机但正变得越来越富有的情况下，金砖国家的经济面临严峻挑战。

3. 南非与金砖国家：一些与会者认为新兴国家想利用金砖国家拥有更大话语权，而不是取代自由世界秩序。与会者强调，南非希望与美国、欧盟各成员以及其他金砖国家成员合作。南非的目标是将这些国家联系起来，以在不牺牲伙伴关系的前提下改善全球治理。一些与会者警告说，南非应谨防以牺牲其非洲盟友为代价，将所有"鸡蛋"放在金砖国家这一个"篮子"里，并应注意到其他金砖国家成员在该组织中的投资可能较少。

4. 南非仍然认为金砖国家是维护国家利益的有力工具。金砖国家新开发银行的创立首次具体表达了其将如何改变全球体系。一些与会者预计，金砖国家新开发银行将与世界银行和国际货币基金组织竞争。由于长期怀疑华盛顿共识，且世界银行和国际货币基金组织为基础设施建设提供的资金有限，非洲国家感到沮丧，金砖国家新开发银行对它们具有吸引力。金砖国家新开发银行也促使世界银行和非洲发展银行重新将基础设施建设确定为优先事项。虽然"西方世界已死"是一种夸大的说法，但目前的体系显示出明显的"裂痕"。即使这些国家在现阶段还不能提供替代品，但金砖国家的出现揭示了西方体系的"衰落"。

5. 尽管南非已深入参与到各种多边机构中，但南非认为自己是自由世界秩序的挑战者，而不是领导者，这正如其将金砖国家作为优先事项以及改革多边机构的努力所表明的那样。然而，严重的经济挑战和民众的觉醒威胁着南非国家机构的活力。南非的未来将取决于其应对这些国内挑战的能力。

想成为全球力量：南非在世界舞台上的野心

Stewart M. Patrick *

原文标题：So You Want to Be A Global Power：South Africa's Ambitions on the World Stage

文章框架：作为金砖国家的成员、"非洲维和行动领导人"和一个有抱负的联合国安理会非常任理事国，南非在全球治理中发挥着重要作用，并寻求发挥更大作用；南非仍然对其他金砖国家成员（包括巴西、俄罗斯、印度和中国）进行投资，并将其视为维护国家利益的有力机制；南非寻求现代世界秩序的替代品反映了其对更为公平的全球性机构的渴望，以及希望平衡仍然占主导地位的西方国家力量。

观点摘要：

1. 作为金砖国家的成员、"非洲维和行动领导人"和一个有抱负的联合国安理会非常任理事国，南非在全球治理中发挥着重要作用，并寻求发挥更大作用。为了更好地了解驱动南非外交政策的因素（包括愿望和局限性），国际机构与全球治理计划于 2016 年 3 月 1 日在开普敦与南非国际事务研究所合作举办了一个研讨会。

2. 南非仍然对其他金砖国家成员（包括巴西、俄罗斯、印度和中国）进行投资，并将其视为维护国家利益的有力机制。虽然南非通过各种场合追求多边外交政策，但其比其他四个成员对金砖国家的投入更

---

* Stewart M. Patrick，毕业于斯坦福大学，并获得牛津大学国际关系专业博士学位，现在是国际机构和全球治理项目总监以及资深研究员；他的研究领域主要包括多边合作，国际机构和全球治理，联合国、弱国以及衰落的国家，外国援助和冲突后的重建，跨国威胁，美国的外交政策和外交史。来源：美国外交关系学会（美国智库），2016 年 4 月 20 日。

多，并将其视为提升国际地位、解决跨国挑战和改革现有全球治理结构最有希望的途径。即使金砖国家不能成为目前世界秩序完全成熟的替代品，但其也是发展中国家对现实感到不满后有所反应的有力象征。然而，南非的关注点在于挑战现有的国际权力结构，这为美国－南非关系增加了额外的压力，忽视了两国的共同利益。

3. 南非寻求现代世界秩序的替代品反映了其对更为公平的全球性机构的渴望，以及希望平衡仍然占主导地位的西方国家力量。长期以来，南非一直感觉被排斥在国际组织的决策过程之外，并且正在寻求增强由南非领导的发展中国家在这些机构中的话语权。在这一方面，金砖国家被视为对西方主导的世界秩序构成的强有力的挑战。许多南非人相信，金砖国家新开发银行将表明，崛起的大国能够绕过像世界银行这样的西方主导的机构来实现目标。相反，在联合国安理会方面，南非希望不要取代这个机构，而想成为其永久的、拥有否决权的成员之一。

没有出口就难以支付进口
（金砖国家贸易萎缩）

Brad W. Setser *

原文标题：Hard to Pay for Imports without Exports（BRICS Trade Contraction）

文章框架：目前全球经济最大的冲击并不是由去年夏天中国的私人资本流出量大幅增长造成的，而是因为旧式的贸易条件；大宗商品出口国通过减少进口而不是通过出售资产或增加借款来适应全球贸易条件的冲击，消极贸易条件的冲击意味着贸易量减少。

观点摘要：

1. 目前全球经济最大的冲击并不是由去年夏天中国的私人资本流出量大幅增长造成的，而是因为旧式的贸易条件。从 2014 年底至今，石油、铁和铜的价格大幅下降。尽管石油价格已经从每桶 30 美元反弹至每桶 50 美元，但并未涨至每桶 100 美元以上。考虑到金砖国家（世界上大型新兴经济体）的非石油进口策略，旧式的贸易条件冲击有着更大的全球影响力。巴西和俄罗斯的进口量下降尤为严重。除了石油之外，2015 年巴西和俄罗斯的进口量下降了 20% ~30%。而巴西和俄罗斯都是重要的经济体，几年前，当它们的货币坚挺时，其经济规模在 2 万亿~3 万亿美元的范围内，只比英国经济规模稍微小一些。

2. 除了一些显著的例外，大宗商品出口国通过减少进口而不是通

---

* Brad W. Setser，莫里斯·格林伯格中心地缘经济研究中心高级研究员和代理主任；研究领域涉及中央银行储备、主权财富基金、国际货币基金组织政策、新兴市场经济体。来源：美国外交关系学会（美国智库），2017 年 6 月 21 日。

过出售资产或增加借款来适应全球贸易条件的冲击，消极贸易条件的冲击意味着贸易量减少。一个不能得到回报的国家将依赖出口而不是进口，这是简单却又重要的一点。随着中国减少进口，商品出口经济体的调整是全球贸易流量减少的一个非常重要的原因。金砖五国的国内生产总值大致与美国或欧盟相当。在 2015 年，金砖国家非石油进口量下降了 10% 以上。除了大宗商品之外，中国 2015 年的进口量下降了 8% 左右。另外四个金砖国家的非汽油进口量下降了 15% 以上。

巴黎：通过承诺和审查跨越气候"死胡同"？

Robert O. Keohane；Michael Oppenheimer *

原文标题：Paris：Beyond the Climate Dead End through Pledge And Review？

文章框架：金砖国家成员政府可能会支持气候变化问题方面的行动，因为它们可能担心气候变化或者从中看到了产业机会；弱小而贫困国家的政府希望在气候变化问题上投机取巧而不被发现或者至少不会受到惩罚；经济合作与发展组织国家需要金砖国家成员接受对它们排放量相对严格的限制，这样它们的排放量增长将在 10～15 年内停止，它们的绝对排放量也在不久之后呈下降趋势；目前，金砖国家与贫困国家之间讨价还价的博弈是最不重要的；如果经济合作与发展组织国家充分致力于减缓和阻止气候变化，那么经济合作与发展组织同金砖国家以及经济合作与发展组织同贫困国家之间的交易似乎便有了更多余地；目前还不清楚是否最终达成的交易将加强旨在帮助世界限制气候变化的第 21 届联合国气候变化大会的"自愿承诺和国际审议"的有效性；谈判是否会导致大规模的减排不主要取决于《巴黎协定》的条款。

---

* Robert O. Keohane，政治学家，普林斯顿大学伍德罗·威尔逊公共与国际事务学院教授，美国国家科学院成员，英国科学院院士；著有《霸权之后：世界政治经济中的合作与纷争》（1984）、《权力与相互依赖：转变中的世界政治》（1977）和《社会科学中的研究设计》（1994）。Michael Oppenheimer，气候学家，伍德罗·威尔逊学院地球科学与国际事务教授；他在气候谈判领域的参与开始于 20 世纪 80 年代中期；他参与并共同组织了一系列国际科学政策会议。来源：贝尔福科学与国际事务研究中心（美国智库），2016 年 8 月 24 日。

观点摘要：

1. 主要新兴市场国家（如金砖国家成员）的政府受到了气候变化的影响，因此其有理由在气候变化问题上采取行动，而且它们的国内团体可能会支持这些行动，因为它们可能担心气候变化或者从中看到了产业机会，例如，为应对全球气候变化，中国太阳能电池板行业发展迅速。金砖国家在气候变化行动方面的利益不同，与巴西和中国相比，很明显印度和俄罗斯更不愿意采取任何行动。然而它们希望其他国家，特别是主要的经济合作与发展组织（OECD）国家去采取行动，它们知道，经济合作与发展组织国家的行动将取决于它们自己的承诺。但金砖国家成员政府主要关注的是经济增长。它们希望最大限度地减少自己的成本，并在实现自己承诺的过程中拥有最大限度的灵活性。因此它们发现其正在与其他国家进行协商、博弈，试图使其他国家采取行动，以规避制裁，但它们承受不起太过沉重的负担，这种负担可能严重影响经济增长或减少国内公众对统治集团的支持。另外，部分金砖国家还在寻求财政和技术援助，以减少国内限制。

2. 弱小而贫困的国家的政府希望在气候变化问题上投机取巧而不被发现或者至少不会受到惩罚。它们主要的劣势是缺乏对制定政策的强有力的国家施加影响力的能力，但相应的优势是，没有人指望它们在解决气候问题上做出太大贡献，除了象征意义的行动之外。因此，它们不可能成为致力于确保气候协定有效实施的国家和非国家行为体。这些弱小而贫困的国家将寻求一个"自愿承诺和国际审议"方案，该方案的重点对象是主要污染者，这将使对这些污染者施加影响或要求其进行货币或其他形式的补偿具有灵活性，以保证获得国内支持以及实现其他目标。

3. 从这个角度来看，关键的问题是，与没有任何协议或独立的国家行动相比，有一个协议将是有益的。经济合作与发展组织中的发达国家谈判的两个最重要的条件是它们限制或无法限制污染部门排放的能力、提供资金和技术援助的意愿。金砖国家最重要的谈判条件是当前及未来巨大的排放量在多大程度上可以限制这些污染部门排放的能力。贫困国家的主要优势是它们诉诸公平原则的能力，或在不满意的情况下，否认任何交易的合法性。

4. 所有影响力的来源都受到国内政治的制约。因此，影响有关"自愿承诺和国际审议"条款协议达成的一个关键因素是，国内民众和精英在多大程度上支持旨在减少气候变化的"昂贵"的措施。像往常一样，国内政治情况影响多边机构发挥作用的程度。

5. 经济合作与发展组织国家需要金砖国家成员接受对它们排放量相对严格的限制，这样它们的排放量增长将在 10 ~ 15 年内停止，它们的绝对排放量也在不久之后呈下降趋势。金砖国家的政策差异很大。例如，中国的巴黎承诺主要体现在 2014 年与美国的双边协定上，预计在2030 年，中国的排放将达到峰值。这对中国来说不是一个困难的目标，因为许多观察家认为，中国实际上在 2014 年便达到了这一目标。印度没有中国如此快的减排速度，现在其排放量快速增长。经济合作与发展组织国家不仅希望看到金砖国家成员的快速转变，而且希望其他随着时间推移而出现的经济体也能做到这一点。金砖国家接受"自愿承诺和国际审议"明确程序的意愿将取决于它们接受这一目标的意愿。它们在这个问题上的基本决定将首先取决于自己的利益。除了从经济合作与发展组织国家获得的让步之外，行动的代价将是什么（特别是对经济增长来说）？

6. 由于气候变化是一个公共产品问题，我们知道，这些计算本身不会对金砖国家在排放限制问题上产生强有力的作用。这需要经济合作与发展组织国家提供三种优惠：排放、技术援助和财政援助。换言之，金砖国家预计其接受严格的"自愿承诺和国际审议"程序的意愿将使其在与经济合作与发展组织国家的谈判中具有一定优势。它们将寻求确保其目前在与经济合作与发展组织国家经济竞争中的优势不会在气候协定中丧失，并且它们可以进入新的气候变化相关产品市场，而在这个市场中，它们将有比较优势。因此，一个经济合作与发展组织 - 金砖国家气候协定的达成将取决于经济合作与发展组织国家在排放限制、技术援助、贸易灵活性（如新兴的有关绿色产品和服务的贸易协定）和财政援助方面愿意提供的程度。

7. 经济合作与发展组织同贫困国家谈判的规则更加简洁。基于

《联合国气候变化框架公约》（UNFCCC），经济合作与发展组织国家需要贫困国家同意《巴黎协定》，但这些弱小而贫困的国家事实上如何做对其来说并不十分重要，因为它们的排放量很少。它们要求这些国家不公然增加排放量，在某种程度上其也要求金砖国家这样做。贫困国家应寻求避免成为经济合作与发展组织国家制裁的目标，以获得更多的技术援助资金。它们也希望有一个涉及"损失和损害"的条款，但由于排放量极大的国家在巴黎坚决抵制此类承诺，任何此类协定都将强调适应气候变化的资金援助。经济合作与发展组织国家和弱小而贫困国家之间的交易要求较为宽松，而且大量的适应援助似乎是可行的。这些贫困国家的低收入人群认为这些让步是合理的。

8. 目前，金砖国家与贫困国家之间讨价还价的博弈是最不重要的，因为贫困国家不愿意为高昂的承诺付出代价，它们也因此不愿敦促金砖国家减少排放量，而且金砖国家成员（除中国之外）也刚刚有能力向贫困国家提供足够的金融援助以促进贫困国家做出更大贡献。随着金砖国家成员越来越"富有"，它们开始认真对待减缓气候变化的问题，这种讨价还价的博弈可能会变得更加重要。

9. 如果经济合作与发展组织国家充分致力于减缓和阻止气候变化，那么经济合作与发展组同金砖国家以及经济合作与发展组同贫困国家之间的交易似乎便有了更多余地，在这两种战略博弈中，双方未来的表现都将比目前的表现要好。金砖国家成员和贫困国家将从经济合作与发展组织国家获得技术和经济收益，这要比金砖国家成员和贫困国家自己创造收益容易得多。

10. 目前还不清楚是否最终达成的交易将加强旨在帮助世界限制气候变化的第21届联合国气候变化大会的"自愿承诺和国际审议"的有效性。我们可以想象这些博弈中的高层次平衡。这些平衡会使金砖国家的排放量大幅减少，并能避免贫困国家对协定的明确反对。经济合作与发展组织国家和国内公众将为此付出高昂代价，但这可能会遍及一系列不同的目标，包括气候和非气候方面的目标。同时，能够实现这些目标的合作机制可以在各个领域运作，例如目前在《芝加哥公约》下关于航空减排的谈判和在《蒙特利尔议定书》下有关控制生产氢氟碳化物的谈判。最后，找到一个令人满意的平衡将在很大程度上取决于旨在减少替代能源成本的技术的进步。

11. 我们也可以想象一个低水平平衡：一个使双方表面上达成一个协定（从而保护它们的声誉）而本质上一切照常的经济合作与发展组织 – 金砖国家协定，以及一个本质上使贫困国家免于有效减排的经济合作与发展组织 – 贫困国家协定。在这样一个低水平的平衡状态下，贫困国家和部分金砖国家成员会假装应对气候变化，发达国家则假装为这些国家的减排提供援助。

12. 很显然，谈判是否会导致大规模的减排不主要取决于《巴黎协定》的条款。这将更多地取决于经济合作与发展组织国家和金砖国家的内部因素以及两者之间的国内和跨国政治。换言之，《巴黎协定》本身的成就很少，但它打开了一扇坚决应对气候变化的大门。这扇门现在处于半开状态——在努力打开之后，《巴黎协定》将给我们一个更好的结果，但仅在国际谈判层面，其不会有太大成就。经济合作与发展组织国家必须敦促富裕国家采取强有力的减排行动，并为贫困国家的有效行动提供资金支持。

全球秩序和新地区主义

Miles Kahler；C. Randall Henning；Hongying Wang[*]

原文标题：Global Order And the New Regionalism

文章框架：最新一波区域经济组织的出现可能源于经济危机和新兴经济体在国际政治中影响力的不断上升；巴西、俄罗斯、印度、中国和南非（金砖国家）已经在应急储备安排（CRA）下设立了一个预防基金和短期国际收支平衡援助基金；决策资格将由五名董事决定；在发展与合作中，有一个全球性机构和许多地区性机构，该全球性机构即由一些贷款机构组成的世界银行集团（WBG）。

观点摘要：

1. 最新一波区域经济组织的出现可能源于经济危机和新兴经济体在国际政治中影响力的不断上升。亚洲金融危机在该地区引发了对国际货币基金组织及其政策建议的强烈抵制以及对美国的反对，而美国被视为国际货币基金组织政策的主要推动者。虽然日本提出的成立一个成熟的亚洲货币基金组织的想法受阻，但另一种财政支援的替代来源——由东南亚国家联盟与中日韩（10 + 3）发起的清迈倡议多边化协议（CMIM）是有组织的，得到了中国和日本的支持。随着全球金融危机的发生，新兴经济体要求在国际货币基金组织和世界银行拥有更大发言

* Miles Kahler，美国对外关系委员会全球治理高级研究员和美利坚大学国际服务学院杰出教授。C. Randall Henning，美利坚大学国际服务学院国际经济关系学教授，专门研究全球政治、经济治理、国际政治经济、比较政治经济和区域一体化。Hongying Wang，北京大学学士，普林斯顿大学博士；加拿大滑铁卢大学政治学副教授，国际治理创新中心高级研究员，作家、编辑。来源：美国外交关系学会（美国智库），2016 年 9 月 1 日。

权。规模最大的新兴经济体迅速从危机中复苏，其持续的经济增长水平高于处于工业化核心的国家。在它们眼中，美国和欧盟不再是全球意识形态领袖或经济领袖。给这些经济体在国际货币基金组织和世界银行更大的投票权和份额的缓慢改革进程促使它们寻找外部选择，特别是促进清迈倡议多边化协议和新的多边开发银行（MDBs）的发展，这些新的多边开发银行如亚洲基础设施投资银行（AIIB）和金砖国家新开发银行（NDB）。2010 年欧元区危机始于希腊，导致欧盟建立了欧洲稳定机制（ESM），这是迄今为止世界上最大的区域性金融机构。欧洲机构在危机中的新角色对国际货币基金组织在"三驾马车"安排下的合作带来了挑战。

2. 巴西、俄罗斯、印度、中国和南非（金砖国家）已经在应急储备安排（CRA）下设立了一个预防基金和短期国际收支平衡援助基金，这两个基金于 2015 年 7 月随金砖国家新开发银行成立生效。这两个基金可以一起向巴西、印度和俄罗斯提供其在"应急储备安排"所投入的资金（总额 180 亿美元），并向南非提供其在"应急储备安排"所投资金（100 亿美元）。其中的 30% 可以在与国际货币基金组织没有平行安排的情况下发放，而其余的 70% 与国际货币基金组织有关。

3. 决策资格将由五名董事决定，这五名董事从五个成员国的中央银行工作人员中选任，他们组成一个常务委员会进行资格决策。常务委员会对资格的优劣进行评估的标准可能还没有决定或尚未被披露，但审批条件包括：文件和数据提交、最低限度的平等权利待遇以及在其他金砖国家多边或区域性金融机构没有欠款。此外，成员国必须遵从国际货币基金组织条款中的监视和信息披露义务。

4. 这些国家从 2015 年到 2016 年经历了严重的外部金融压力，但金砖国家自己的评级机构尚未建立。各成员所面对的意外事件、与经济及金融制裁有关的问题并不相同，如俄罗斯面临严重经济衰退和巴西面临政治风险。金砖国家对国际货币基金组织和其他现有多边机构构成的挑战在全球金融周期的活跃阶段表现得更加强烈。金砖国家成员是否有充分的共同意愿以在困难时期展开应急储备安排仍是一个问题。

5. 在发展与合作中，有一个全球性机构和许多地区性机构，该全球性机构即由一些贷款机构组成的世界银行集团（WBG）。事实上，这些地区性机构包括250多个多边发展机构、20多家多边开发银行（MD-Bs）。各种组织时常会对不同多边开发银行之间的关系展开讨论，尤其在过去两年内，由于出现了两个新的多边开发银行——金砖国家新开发银行（NDB）和亚洲基础设施投资银行（AIIB），各种组织对这些关系的关注显著增长。金砖国家新开发银行是由金砖国家成员（巴西、俄罗斯、印度、中国和南非）创建的，旨在支持发展中国家的基础设施建设和可持续发展。亚洲基础设施投资银行由中国发起，并由来自亚洲和其他地区的57个成员共同创建，侧重于调动资源以促进对亚洲基础设施建设项目投资。虽然一些观察家认为新的多边开发银行是新的融资来源和潜在的、更好的发展合作模式，但另一些观察家则担心它们可能会削弱世界银行集团和传统的区域多边开发银行。

新多边开发银行：全球治理的机遇与挑战

Hongying Wang *

原文标题：New Multilateral Development Banks：Opportunities And Challenges for Global Governance

文章框架：区域和全球机构之间以及地区机构之间的关系在全球治理中是重要的和有争议的；虽然一些观察家认为新的多边开发银行是新的融资来源，也可能是更好的发展合作模式，但另一些观察家担心这可能会破坏世界银行集团和传统的区域多边开发银行；了解金砖国家新开发银行和亚洲基础设施投资银行如何影响现有的全球多层次发展融资框架为时尚早；自2000 年以来，金砖国家国内生产总值占世界国内生产总值的比例已经从 8% 上升到 22%；创建金砖国家新开发银行和亚洲基础设施投资银行的一个原因是发展中国家迫切需要基础设施投资；创建金砖国家新开发银行和亚洲基础设施投资银行的另一个根本原因是基于新兴经济体对现有金融治理制度进行改革的愿望；在领导金砖国家新开发银行和亚洲基础设施投资银行的几年中，新兴经济体对国际金融机构缓慢的改革越来越"不耐烦"；金砖国家新开发银行和亚洲基础设施投资银行也可以成为新兴经济体减少对美元依赖的"手段"；金砖国家新开发银行和亚洲基础设施投资银行可以为发展中国家基础设施进行额外投资；目前由三大信用评级机

* Hongying Wang，北京大学学士，普林斯顿大学博士；加拿大滑铁卢大学政治学副教授，国际治理创新中心高级研究员，作家、编辑。来源：美国外交关系学会（美国智库），2016 年 9 月 28 日。

构主导的信用评级体系限制并掌控着多边开发银行的运作，并使新的多边开发银行增加了不必要的借款成本。

观点摘要：

1. 区域和全球机构之间以及地区机构之间的关系在全球治理中是重要的和有争议的。20 世纪 90 年代，随着欧洲一体化的深入，北美自由贸易区的建立以及亚太地区各种区域合作举措的实施，学者和政策制定者都想知道这些区域集团是否会破坏全球治理框架。今天，区域和其他类型的次全球计划再次增多。

2. 在发展合作方面，有一个全球性机构和许多地区性机构，即由一些贷款机构组成的世界银行集团（WBG）。事实上，这些地区性机构包括 250 多个多边发展机构，20 多家多边开发银行。不同多边开发银行之间的关系不时被各种组织讨论，但是随着过去两年金砖国家新开发银行（NDB）和亚洲基础设施投资银行（AIIB）的建立，各种组织对这些关系的关注显著增长。金砖国家新开发银行是由金砖国家成员（巴西、俄罗斯、印度、中国和南非）创建的，旨在支持发展中国家的基础设施建设和可持续发展。由中国发起并由来自亚洲及其他地区的57 个成员共同创建的亚洲基础设施投资银行侧重于调动资源以促进对亚洲基础设施建设项目投资。虽然一些观察家认为新的多边开发银行是新的融资来源和更好的发展合作模式，但另一些观察家则担心它们可能会削弱世界银行集团和传统的区域多边开发银行。

3. 了解金砖国家新开发银行和亚洲基础设施投资银行如何影响现有的全球多层次发展融资框架为时尚早，因为两者都是新的机构。但是，两个银行制定了基本结构和规则，这为首批投资项目奠定了基础，它们与国际发展融资中的其他行为者进行了互动。这些早期迹象有利于初步评估这两个新机构可能产生的影响。

4. 金砖国家新开发银行和亚洲基础设施投资银行的创建反映了第三次也是最新一轮多边开发银行创建热潮。这些新兴银行在国际体系由工业化国家主导向由新兴经济体主导转化的时代出现。自 2000 年以来，金砖国家国内生产总值占世界国内生产总值的比例已经从 8% 上升到22%，而七国集团国内生产总值占世界国内生产总值的比例则从 65%

下降到45%。与大多数传统的多边开发银行不同，金砖国家新开发银行和亚洲基础设施投资银行由新兴经济体领导，中国在其中发挥了突出的作用。为了评估金砖国家新开发银行和亚洲基础设施投资银行对现有机构和多边发展融资框架带来的利益和风险，了解其如何产生以及未来可能的融资额度很重要。

5. 创建金砖国家新开发银行和亚洲基础设施投资银行的一个原因是发展中国家迫切需要基础设施投资。国际发展机构之间有一个强烈的共识，即基础设施投资对发展中国家实现经济增长至关重要。它们还普遍认识到，基础设施投资由于其周期较少和高风险的特点，往往"供不应求"。相关研究估计了目前的支出与必要投资之间的差距——每年1万亿~1.5万亿美元。

6. 创建金砖国家新开发银行和亚洲基础设施投资银行的另一个根本原因是基于新兴经济体对现有金融治理制度进行改革的愿望。长期以来，由于世界银行和其他传统区域性多边开发银行的代表性不足以及优先考虑西方捐助国的价值观，发展中国家对其进行了长期的批评。随着经济实力增强，新兴经济体要求在国际金融机构中增加话语权。2010年，国际货币基金组织和世界银行达成协议，将发达国家的部分投票权转移到发展中国家，特别是新兴经济体。但是，所谓的话语权改革并没有及时进行。世界银行承认，尽管已经进行了几轮改革，但与许多国家的经济规模相比，它们的话语权仍然不足，其中包括三个金砖国家成员：中国、巴西和印度。直至2015年底，美国都控制着国际货币基金组织投票权的再分配。

7. 在领导金砖国家新开发银行和亚洲基础设施投资银行的几年中，新兴经济体对国际金融机构改革缓慢越来越"不耐烦"。以中国为例，一方面，中国政府继续呼吁这些机构履行对发展中国家更大包容性和更好代表性的承诺；另一方面，它们开始将替代机构作为对这些机构施加的"逆向压力"。关于新多边开发银行，中国的主流"声音"是它们具有在全球范围内为中国和其他发展中国家增加"话语权"的功能。

8. 金砖国家新开发银行和亚洲基础设施投资银行也可以成为新兴经济体减少对美元依赖的"手段"。虽然两家银行都将美元用于初期资本化和首次贷款，但它们计划逐渐增加对当地货币的使用。中国特别希望利用两家银行促进人民币国际化。2016 年 6 月，金砖国家新开发银行首次发行以人民币计价的债券，价值 30 亿～50 亿元人民币（约合 4.6 亿～7.767 亿美元）。该银行预计将发行更多以金砖国家成员货币计价的债券。金砖国家新开发银行和亚洲基础设施投资银行正在进入一个已经很拥挤的全球治理领域；它们的潜在影响力部分取决于其相对于其他多边开发银行的规模。金砖国家新开发银行拥有 500 亿美元的初始认购资本，其中 20% 已支付，80% 可赎回。2016 年初，金砖国家发放了第一批贷款（7.5 亿美元）。

9. 金砖国家新开发银行和亚洲基础设施投资银行可以为发展中国家基础设施进行额外投资。如前所述，近几十年来，世界银行大幅度减少了对基础设施的投资，更加重视减贫、善政、难民和气候变化等被广泛界定为发展的问题。通过为基础设施发展提供财务专业知识，金砖国家新开发银行和亚洲基础设施投资银行可以作为世界银行的补充以支持不同层面的发展。的确，这是两家多边开发银行创建的目的。根据金砖国家新开发银行的协议条款，银行应为金砖国家及其他新兴经济体和发展中国家的基础设施和可持续发展项目动员资源，作为现有多边和区域金融机构的补充，促进全球增长与发展。

10. 新的多边开发银行的另一个潜在风险与中国在其中的巨大作用有关。金砖国家新开发银行具有平等的治理结构，但现实情况是，由于中国的外汇储备比其他金砖国家的总和还要大，中国在其中拥有巨大的影响力。新的多边开发银行、世界银行以及其他传统的多边开发银行可以共同进行信用评级改革。目前由三大信用评级机构主导的信用评级体系限制并掌控着多边开发银行的运作，并使新的多边开发银行增加了不必要的借款成本。这是金砖国家新开发银行和亚洲基础设施投资银行严重关切的领域。目前已经有关于创建金砖国家信用评级机构的讨论。

印度不能利用金砖国家来提高国际地位，
其与中国的利益不趋于一致

Geethanjali Nataraj *

原文标题：India Can't Use BRICS to Raise Stature Till Interests with China Don't Converge

文章框架：经济快速增长和拥有人口红利表明相对于世界其他国家来说，金砖国家（BRICS）结构性优势明显；印度今年是这个有影响力组织的轮值主席国，2016 年 10 月 15～16 日在果阿将举行金砖国家领导人第八次会晤；通过与其他成员达成谅解备忘录（MoU）以在科技创新领域合作和推动金砖国家新开发银行对环保能源项目的资助，印度从金砖国家中获益较多。

观点摘要：

1. 自从吉姆·奥尼尔（Jim O'Neill）在 2001 年创造了"金砖四国"这一名词之后，该组织已经发展了很长一段时间，南非于 2010 年正式加入其中。如今，金砖国家（巴西、俄罗斯、印度、中国和南非）是一个强大的经济和政治力量。经济快速增长和拥有人口红利表明相对于

* Geethanjali Nataraj，布鲁塞尔研究所客座研究员，观察家研究基金会高级访问学者，亚洲开发银行研究所（ADBI）及安特卫普大学访问学者，坦桑尼亚财务管理研究所、埃及外贸部访问教授，经济学家；研究印度和其他发展中国家的国际贸易问题及贸易政策超过 19 年；一直是许多国际组织的顾问，这些组织包括英国国际发展部（DFID）、日本外贸研究组织（JETRO）、澳大利亚国立大学；研究领域包括外国直接投资、区域贸易协定、发展中国家的基础设施建设以及日本和中国的经济问题等。来源：美国布鲁金斯学会（美国智库），2016 年 9 月 30 日。

世界其他国家来说，金砖国家（BRICS）结构性优势明显。2015 年，金砖国家名义国内生产总值（GDP）总额为 16.92 万亿美元，相当于世界国内生产总值的 23.1%。这些地区容纳了 30.73 亿居民（占世界总人口数的 53.4%）。2015 年，金砖国家出口额占世界出口额的 19.1%。2006~2015 年，金砖国家的贸易额约增长了 163%，从 930 亿美元增长到 2440 亿美元。

2. 印度今年是这个有影响力组织的轮值主席国，2016 年 10 月 15~16 日在果阿将举行金砖国家领导人第八次会晤。印度自 2016 年 2 月 15 日起担任轮值主席国，任期将一直持续到 2016 年 12 月 31 日。金砖国家领导人第八次会晤的独特之处在于，它也可以被称为金砖国家 – 环孟加拉湾多领域经济技术合作倡议峰会。环孟加拉湾多领域经济技术合作倡议（BIMSTEC）是一个国际组织，涉及南亚和东南亚的众多国家。这些国家包括：孟加拉国、印度、缅甸、斯里兰卡、泰国、不丹、尼泊尔。金砖国家越来越趋向亚洲化，阿富汗和马尔代夫的领导人也被邀请参加。金砖国家领导人第八次会晤的主题是“打造有效、包容、共同的解决方案”。

3. 根据外交部的说法，印度将在担任轮值主席国期间采取一种“五管齐下”的办法。这些方法包括制度建设、实施、整合、创新以及整合连续性。其中的重点是制度建设，兑现前几次会晤中所做的承诺，并探索现有机制之间的协同作用。该组织一直在促进成员的经济增长，并致力于全球金融机构的改革。它已经在上海建立了金砖国家新开发银行，印度的卡马斯（K. V. Kamath）担任行长。印度能否在金砖国家领导人第八次会晤上取得一些具体成果，以使金砖国家保持完整？时间会解释一切。

4. 近几年来，印度一直是该组织中的“亮点”。它是世界上经济增长最快的新兴经济体之一，其表现比中国要好。担任金砖国家轮值主席国为印度提供了一个极好的机会，使其获得更多的优先投资项目，特别是在基础设施领域。印度将提议建立一个机制来解决成员之间损害货物贸易的非关税壁垒问题，并同时寻求确定货物和服务贸易的标准及技术法规。

5. 此外，印度希望在这次会晤上达成一项签证协议，并建议商业签证自由化，这将允许商人使用的多次入境商务签证的期限延长。印度与亚洲基础设施投资银行（AIIB）和金砖国家新开发银行（NDB）紧密合作，其可以从这两个机构中获益。这次会晤的一个重要方面将是加强金砖国家与二十国集团在全球治理方面的合作。

6. 金砖国家峰会注重创新、包容、制度建设，其中创新和包容是二十国集团和金砖国家的共同目标。这将进一步加强其在全球治理中的合作，以创新和可持续的方式关注发展中国家的发展。通过与其他成员达成谅解备忘录（MoU）以在科技创新领域合作和推动金砖国家新开发银行对环保能源项目的资助，印度从金砖国家中获益较多。

7. 最近，金砖国家已经分裂的说法也被讨论过。俄罗斯和巴西因石油和大宗商品价格暴跌而面临经济衰退，中国和南非国内动荡，而印度这一财年经济增长率有望达到8%，其成为世界上最受欢迎的外国直接投资目的地，这种发展使印度成为该组织的"另类"。毫无疑问，合作可能受到经济放缓的影响，但是，印度有可能成为该组织的主导成员。该组织对印度的战略和经济利益的作用是巨大的。与此同时，印度与中国的关系可能会影响金砖国家作用的发挥。中国为建立"区域强权"的不断努力，会增加引起分歧和摩擦的风险。只要中印两国经济实力存在差距，利益不趋于一致，印度利用金砖国家提高其国际地位的理由都是毫无意义的。印度最好利用此次会晤来展示自己，以获得一定的基础设施建设投资。

金砖国家领导人第八次会晤的重要内容将加强金砖国家与二十国集团的关系

Geethanjali Nataraj *

原文标题：Important Aspect of BRICS Summit Will Be Strengthening of BRICS – G20 Relationship

文章框架：2016 年 10 月，印度果阿将举行金砖国家领导人第八次会晤。外交部表示，印度将采取一个"五管齐下"的办法，包括制度建设、实施、整合、创新以及整合连续性；最近，陷入困境的金砖国家也被广泛讨论；印度还应利用此次会晤增强成员国之间现有的多边和双边关系，努力提高金砖国家经济的竞争力和经济增长速度，以便使该组织保持完整。

观点摘要：

1. 金砖国家（BRICS）（巴西、俄罗斯、印度、中国和南非）是一个被需要正视的强大的经济和政治力量。金砖国家经济的快速增长及拥有的人口红利表明，金砖国家成员相对于世界其他国家具有结构性优势。2015 年，其人口总数占世界人口总数的 53.4%，金砖国家名义国内生产总值总额为 16.92 万亿美元，相当于世界国内生产总值的

---

* Geethanjali Nataraj，布鲁塞尔研究所客座研究员，观察家研究基金会高级访问学者，亚洲开发银行研究所（ADBI）及安特卫普大学访问学者，坦桑尼亚财务管理研究所、埃及外贸部访问教授，经济学家；研究印度和其他发展中国家的国际贸易问题及贸易政策超过 19 年；一直是许多国际组织的顾问，这些组织包括英国国际发展部（DFID）、日本外贸研究组织（JETRO）、澳大利亚国立大学；研究领域包括外国直接投资、区域贸易协定、发展中国家的基础设施建设以及日本和中国的经济问题等。来源：美国布鲁金斯学会（美国智库），2016 年 10 月 12 日。

23.1%。同年，金砖国家出口额占世界出口额的 19.1%，2006～2015 年，金砖国家的贸易额从 930 亿美元增加至 2440 亿美元，约增长了 163%。

2. 2016 年 10 月，印度果阿将举行金砖国家领导人第八次会晤。此次会晤承诺将重点放在亚洲，并邀请阿富汗和马尔代夫的领导人参会，同时还在金砖国家和环孟加拉湾多领域经济技术合作倡议（BIMSTEC）之间进行扩大会议。环孟加拉湾多领域经济技术合作倡议是一个国际性组织，包括孟加拉国、印度、缅甸、斯里兰卡、泰国、不丹和尼泊尔。

3. 今年印度是金砖国家轮值主席国，此次会晤的主题是"打造有效、包容、共同的解决方案"。外交部表示，印度将采取一个"五管齐下"的办法，包括制度建设、实施、整合、创新以及整合连续性。印度的重点是兑现前几次会晤中所做的承诺，并探索现有政治和经济机制之间的协同作用。该组织一直在促进成员国的经济增长，并致力于全球金融机构的改革。近几年来，印度一直是该组织中的"亮点"，并且其是世界上经济增长最快的新兴经济体之一。担任金砖国家轮值主席国为印度提供了一个极好的机会，使其获得更多的优先投资项目，特别是在基础设施领域。预计印度将寻求确定货物和服务贸易的标准及技术法规，其还提议建立一个机制来解决金砖国家成员国之间损害贸易的非关税壁垒问题。印度也希望在这次会晤上达成一项签证协议，以允许商人使用的多次入境商务签证的期限延长。

4. 这次会晤的一个重要方面将是加强金砖国家与二十国集团在全球治理方面的合作。创新和包容是二十国集团和金砖国家的共同目标。这将提供一个机会，进一步加强两者在全球治理方面的合作，以创新和可持续的方式关注发展中国家的发展。最近，陷入困境的金砖国家也被广泛讨论。俄罗斯和巴西因石油和大宗商品价格暴跌而面临经济衰退，中国和南非国内动荡，而印度正成为世界上最受欢迎的外国直接投资目的地，其是该组织中的"另类"。金砖国家成员之间的合作无疑会受到这些经济体经济放缓的影响，但作为金砖国家成员的印度，其在该组织中获得的战略和经济机会远远比它没有参与其中多。同时，中印关系可能会影响金砖国家作用的发挥。中国"建立为区域强权"的不断努力会增加引起分歧和摩擦的风险。只要印度和中国的经济实力存在差距，利益不趋于一致，印度利用金砖国家提高其国际地位的能力就会受到限制。这两个国家将继续合作还是相互竞争仍有待观察。在此期间，印度最好利用此次会晤来展示自己，以获得一定的基础设施建设投资。

5. 印度还应利用此次会晤增强成员之间现有的多边和双边关系，努力提高金砖国家经济的竞争力和经济增长速度，以便使该组织保持完整。金砖国家这样的组织有助于各国团结起来，以协调应对全球经济面临的挑战。作为轮值主席国，印度有机会引导金砖国家走正确道路，同时金砖国家也为其提供了许多发展机会。

引导混乱中的世界：2017 年的十个峰会

Stewart Patrick *

原文标题：Steering A World in Disarray：Ten Summits to Watch in 2017

文章框架：世界上最大的五个新兴经济体——巴西、俄罗斯、印度、中国和南非将参加中国举办的金砖国家领导人第九次会晤。

观点摘要：

在 2016 年的动荡之后，世界对今年的发展拭目以待：愤怒的民粹主义者进行游行、大国关系紧张、中东内部混乱。同时，美国当选总统唐纳德·特朗普（Donald J. Trump）则提出从贸易到气候，从联盟到防止核扩散，从恐怖主义到人权等领域的一系列美国外交政策。在一个混乱的世界里，多边主义能否实现？2017 年的十大峰会将有助于提供答案。其中包括 9 月份在中国厦门举办的金砖国家领导人第九次会晤。2017 年，世界上最大的五个新兴经济体——巴西、俄罗斯、印度、中国和南非将参加中国举办的金砖国家领导人第九次会晤。举办地值得注意。沿海城市厦门是中国首批经济特区之一，是中国经济的窗口，也是外商投资的目的地。厦门位于台湾海峡对面，由于当选总统特朗普的一些举动，台湾再次成为美中关系的焦点。习近平主席希望利用此次会晤在金砖国家内部求同存异、促进发展，并提升金砖国家的外交地位，使其成为针对西方地缘政治和经济的制衡力量。

---

* Stewart Patrick，美国外交关系委员会（CFR）国际组织与全球治理（IIGG）项目主任；研究领域包括全球问题的多边合作、美国对包括联合国在内的国际机构的政策。来源：美国外交关系学会（美国智库），2017 年 1 月 1 日。

金砖国家的崛起和衰落？

Yuval Weber[*]

原文标题：The Rise And Fall of the BRICS?

文章框架：亚洲经济强国中国和印度都拥有令人羡慕的经济增长率，这表明一个新的政治秩序正在形成；Pádraig Carmody 指出金砖国家的全球治理能力有所下降。

观点摘要：

1. 后冷战时代已经结束。俄罗斯对海外军事力量做了预测，在跨国整合的背景下，西方国家主张维护国家主权，亚洲经济强国中国和印度都拥有令人羡慕的经济增长率，这表明一个新的政治秩序正在形成。

2. 这一秩序到底是一个美国主导的以市场为导向的自由主义新秩序（美国主导的自由主义旨在重返横跨整个世界的 19 世纪大国政治时期），还是一个由更大主权国家主张的多极秩序，有三个作者正在对此进行研究。关于国际秩序如何发展，每个作者都提出了自己的观点。这三个作者都表示要解决两个问题。首先，巴西、俄罗斯、印度、中国和南非能否继续单独或联合发展，以证明金砖国家是一个有价值、有作用的组织？其次，美国正站在唐纳德·特朗普的"美国第一"和希拉里·克林顿的"团结更强大"的十字路口上，美国将选择国际主义还是孤立主义？

3. 奥立弗·斯图恩克（Oliver Stuenkel）在《金砖国家和全球秩序的未来》中指出，无论美国做什么，金砖国家成员都将继续单独或联合发展，即使世界目前正处于多极化中。Pádraig Carmody 在《金砖国

---

* Yuval Weber，哈佛大学客座助理教授，凯瑟琳和谢尔比库洛姆·戴维斯研究所研究员。来源：外交政策研究所（美国智库），2017 年 1 月 13 日。

家在非洲的崛起》中表示，金砖国家的全球治理能力有所下降。约瑟夫·奈（Joseph Nye）对金砖国家和美国进行了评估，认为只有中国和美国有能力影响世界秩序的前进方向，但近年来美国没有吸引其他国家、重振自由秩序的能力。

国际金融系统下的中国：有关金砖国家新开发银行和亚洲基础设施投资银行的研究

Alex He *

原文标题：China in the International Financial System：A Study of the NDB And the AIIB

文章框架：中国在应对 2008 年全球金融危机（GFC）的全球协调努力中做出了巨大贡献，这使其在国际金融体系中的地位得到提升；2014 年 7 月，五个金砖国家成员终于在巴西福塔莱萨举行的金砖国家领导人第六次会晤上签署了建立金砖国家新开发银行和应急储备安排（CRA）的协议；目前，金砖国家共同面临前所未有的挑战，金砖国家新开发银行和应急储备安排的创建是对三大国际金融体系相关问题的重大回应；金砖国家新开发银行是金砖国家金融合作的顶峰，中国是应

* Alex He，毕业于中国社会科学院研究生院，获国际政治学博士学位；在开始博士学业之前，他在中国云南玉溪师范学院教授国际关系；现为加拿大国际治理创新中心研究员；在加入国际治理创新中心之前，为中国社会科学院美国研究所研究员和副教授；在国际治理创新中心，他的研究重点是中国和二十国集团、中国和全球治理、中国国内政治，以及它们对中国制定对外经济政策的影响；2009～2010 年，由福特基金会资助，在华盛顿约翰·霍普金斯大学保罗·尼采高级国际研究学院做访问学者；2008～2009 年，在澳门发展战略研究中心做客座研究员；2008 年，参与了加州大学圣地亚哥分校全球冲突与合作研究所短期研究项目（由美国国务院赞助）；2004 年，是香港大学美国研究中心访问博士生；定期为部分中国主流杂志和报纸撰写关于国际事务的评论文章。来源：国际治理创新中心（加拿大智库），2016 年 6 月 9 日。

急储备安排的平等参与者和最大贡献者，而亚洲基础设施投资银行（简称亚投行）与金砖国家新开发银行不同，亚投行由中国于 2013 年 10 月全面启动，是中国大发展战略最重要的金融和制度基础；在 2008 年全球金融危机爆发之后，发展中国家呼吁加强金融合作，特别是在金砖国家成员之间；一个具体的南南发展银行的想法首先是由经济学家罗马尼·斯特恩（Romani Stern）和约瑟夫·斯蒂格利茨（Joseph Stiglitz）在 2011 年提出的，他们倡导利用大量的外汇储备来满足发展中国家的投资需求；2013 年 3 月在南非德班的金砖国家领导人第五次会晤上，金砖国家各成员同意建立一个新的发展银行，其重点是为基础设施建设融资；应急储备安排旨在通过货币互换为短期面临国际收支困难的金砖国家成员提供流动资产；金砖国家和其他发展中国家现在面临的问题是基础设施投资需求和供应之间存在巨大差距，这已成为这些国家资源勘探和经济增长的主要制约因素；通过考虑中国国家利益，也许可以更深入地了解中国参与两个金融协议的潜在动机；为实现其多边和双边目标，中国在建立金砖国家新开发银行和应急储备安排的过程中表现出谨慎态度，其在平衡各方利益方面行事谨慎；金砖国家新开发银行的创立是基于平等原则上的成员间利益平衡的结果；金砖国家新开发银行中每个成员国在决策中的平等份额和重要性，凸显了其治理结构的特点；中国接受金砖国家新开发银行权力平等的治理方式和决策模式表明了其对自身权力的限制程度，也表明其愿意推动南南经济合作。

观点摘要：

1. 中国在应对 2008 年全球金融危机（GFC）的全球协调努力中做出了巨大贡献，这使其在国际金融体系中的地位得到提升。中国加入三个最重要和最独特的国际金融标准制定机构，即金融稳定委员会、巴塞尔银行监管委员会和国际清算银行全球金融体系委员会，这体现了其地位的提升。此外，二十国集团（G20）领导人 2010 年的改革计划致力于增加中国和其他新兴经济体在世界银行和国际货币基金组织（IMF）中的表决权股份。简言之，中国作为一个重要的和负责任的全球金融大国，获得了国际认可。尽管中国被国际社会认为是世界大国，但其仍认为自己是发展中国家，并将其与其他发展中国家、新兴经济体的关系，特别是与国际金融机构的关系放在首位。新兴经济体正在寻求一种改进的全球经济治理机制，以反映其集体崛起的新现实。事实上，金砖四国（巴西、俄罗斯、印度和中国）财政部部长在 2008 年 11 月巴西举行的二十国集团财政部部长和央行行长会议期间举行扩大会议，呼吁改革现有的国际金融体系，以反映全球经济的变化和新兴经济体所发挥的作用。他们称发达国家主导的金融监管机制存在弱点（在全球金融危机中暴露出来），金砖四国财政部部长会议吹响了改革金融体系的号角。在二十国集团首尔峰会上，国际货币基金组织和世界银行就提高表决权股份的改革计划达成一致，这是一个改革金融体系的重要进展。

2. 然而，尽管能为新兴经济体带来更大发言权的改革取得了初步进展，但进展缓慢。这就促使中国和其他新兴经济体考虑建立一个新的金融安排，这样发展中国家就可以自己做决定了。2014 年 7 月，五个金砖国家成员终于在巴西福塔莱萨举行的金砖国家领导人第六次会晤上签署了建立金砖国家新开发银行和应急储备安排（CRA）的协议。金砖国家成员都同意，金砖国家新开发银行和应急储备安排应补充而不是代替多边和区域金融机构，以为全球经济增长和发展做出贡献，二者可以在三个方面改革现有金融体系：新兴经济体代表性不足；金融监管存在薄弱环节，如以美元为主的货币体系带来的负面溢出效应；发展融资短缺。

3. 金砖国家共同面临前所未有的挑战，金砖国家新开发银行和应急储备安排的创建是对三大国际金融体系相关问题的重大回应。随着支撑经济增长主要力量的出口和投资下降，在五个金砖国家成员中，大多数国家的经济增长急剧放缓。资金流动的波动导致金砖国家陷入更大的金融和经济不稳定状况。与此同时，它们还面临调整国内经济结构的压力，这种调整是应对长期经济下滑的一种手段。在经济"新常态"背景下，中国经济增长放缓导致基础设施投资需求下降，在寻求化解过剩产能的方式上面临越来越多的挑战。随着经济增长放缓，出口也将继续下滑，中国迫切需要升级现有的经济发展方式，将过度依赖粗放型增长、出口和投资的经济模式转变为消费驱动型模式。这些挑战迫使中国寻求促进经济发展的替代手段，并继续使其成为全球经济增长的推动力。

4. 亚洲基础设施投资银行（AIIB，简称亚投行）是中国寻求应对金砖国家和其他发展中国家重大关切的新方式之一。金砖国家新开发银行是金砖国家金融合作的顶峰，中国是应急储备安排的平等参与者和最大贡献者，而亚投行与金砖国家新开发银行不同，亚投行由中国于 2013 年 10 月全面启动，是中国大发展战略最重要的金融和制度基础。"一带一路"倡议由习近平主席于 2013 年提出，该倡议旨在将亚洲和欧洲联系起来，并把这两个地区纳入一个综合经济区，通过开展合作，共促经济发展。亚投行成功地吸引了英国、德国、法国、意大利、澳大利亚等重要西方发达国家，使它们成为该行的创始成员，这为中国继续参与全球金融和经济治理提供了必要的金融和制度基础，它也旨在将中国打造为区域和全球经济增长的主要动力。

5. 在 2008 年全球金融危机爆发之后，发展中国家呼吁加强金融合作，特别是在金砖国家成员之间。早在 2008 年 11 月，时任印度总理曼莫汉·辛格（Manmohan Singh）就呼吁世界银行和区域开发银行对基础设施建设进行额外投资。2010 年 4 月，谅解备忘录（MOU）的签署为金砖银行合作机制奠定了基础，与此同时，金砖国家第一次主办的开发银行会议在巴西召开。五个国家（2011 年南非加入其中）发展银行的行长们会晤，同时出席金砖国家金融论坛。2010 年 11 月在首尔举行的二十国集团峰会上，辛格总理提出将过剩储蓄转化为发展中国家投资资金，以解决基础设施投资问题。2011 年 4 月在三亚举行的金砖国家领导人第三次会晤上，各成员签署了金砖国家金融合作框架协议，金砖国家迈出了重要的一步。

6. 一个具体的南南发展银行的想法首先是由经济学家罗马尼·斯特恩（Romani Stern）和约瑟夫·斯蒂格利茨（Joseph Stiglitz）在 2011 年提出的，他们倡导利用大量的外汇储备来满足发展中国家的投资需求。这一想法得到了印度外交部部长克里希纳（Somanahalli Mallaiah Krishna）的赞赏，在2012年初，当被问及金砖国家是否会设立南南银行时，他提到两位经济学家的这个想法。在这个想法的鼓舞下，印度正式提出了一个建立新开发银行的建议，以将相关资源用于金砖国家的基础设施建设和可持续发展项目，其他发展中国家于2012年3月在新德里参加了金砖国家领导人第四次会晤。五个国家的财政部部长研究了这一建议的可行性，还成立联合工作组跟进，并在下次会晤时汇报工作。

7. 2013年3月在南非德班的金砖国家领导人第五次会晤上，金砖国家各成员同意建立一个新的发展银行，其重点是为基础设施建设融资。创建金砖国家评级机构的建议也被提出，并得到了五个国家的支持。它们的财政部部长和央行行长被要求继续朝着这个目标努力。在2013年之前，印度率先推动金砖国家之间的金融合作。中国在2013年金砖国家领导人会晤之后积极参与金砖国家新开发银行和金砖国家应急储备安排的准备工作，这反映了中国在习近平主席执政后，更积极地与其他发展中国家进行合作。中国全面参与了财政部部长会议，以推动达成建立金砖国家新开发银行和金砖国家应急储备安排这一共识。建立金砖国家新开发银行和金砖国家应急储备安排的协议于2014年7月在巴西福塔莱萨举行的金砖国家领导人第六次会晤上签署。

8. 自全球金融危机以来，发展中国家一直担心以美元为主的国际金融体系会带来风险，特别是量化宽松（QE）政策。随着量化宽松政策的出台，美元接近零利率，这使得大量资本流入金砖国家，从而进一步导致货币升值，给相关国家带来更大的通货膨胀压力，也导致美元主导的外汇储备出现巨大萎缩。量化宽松政策的结束对金砖国家产生了负面影响，导致金融脆弱性加剧，经济以大量资本外流的形式剧烈波动，外汇储备耗尽和货币贬值。事实上，中国和其他新兴经济体批评世界银行和国际货币基金组织贷款效率低下。目前，基础设施投资需求与发展中国家现有可用投资之间的差距，为新兴经济体建立一个针对此问题的新型银行创造了机会。

9. 应急储备安排旨在通过货币互换为短期内面临国际收支困难的金砖国家成员提供流动资产。应急储备安排预计会发挥类似于国际货币基金组织的作用，例如，一个先发制人的措施能够积极应对那些来自发达国家认为中国是"不负责任"的观点可能带来的负面影响，这其中包括量化宽松政策。量化宽松政策将努力解决国际货币基金组织在"乏味"的长期援助进程中的低效率和过分严苛的条件，且这些援助过程未能履行国际货币基金组织的救助作用。国际货币基金组织在1997～1998年亚洲金融危机和2008年全球金融危机初期阶段中的迟滞反应，受到中国和其他新兴经济体的广泛批评，这被视为国际货币基金组织作为最后"贷款人"失败的两个典型例子。应急储备安排还旨在提供不附带任何政治条件（如不包括对经济改革的不当要求或更为严格的财政纪律）的援助只会在提供援助时考虑借款国的财务状况。这将鼓励金砖国家成员利用自己的货币在金砖国家内部以及与其他发展中国家进行贸易和投资。金砖国家新开发银行和应急储备安排并不能完全解决发展中国家在现行国际金融体系治理中代表性不足的问题。

10. 金砖国家和其他发展中国家现在面临的问题是基础设施投资需求和供应之间存在巨大差距，这已成为这些国家资源勘探和经济增长的主要制约因素。自全球金融危机以来，私人对于基础设施的融资急剧下降，金砖国家部分成员面临的财政困难扩大了基础设施投资差距，这进一步阻碍了经济增长。世界银行和国际货币基金组织的援助不仅不能满足金砖国家成员对基础设施投资的需求，而且还有更严格的附加条件，如要求对公共事业进行市场化改革。金砖国家新开发银行希望补充金砖国家成员和其他发展中国家缺乏的基础设施发展融资。

11. 通过考虑中国国家利益，也许可以更深入地了解中国参与两个金融协议的潜在动机。首先，金砖国家新开发银行和应急储备安排是高度制度化的金融合作成果，是中国认为有价值并重视的几个多边协议之一。建立金砖国家新开发银行和应急储备安排为金砖国家的进一步制度化奠定了基础，并将有助于加强中国与其他四个成员国的双边关系。这是南南合作的重大成就，符合中国外交政策的重要原则和优先事项：中国始终把自己定位为发展中国家，继续坚持将发展中国家作为平等合作伙伴的原则。其次，参与金砖国家新开发银行和应急储备安排为中国提供了参与全球事务的适当的多边平台。中国在其中的作用有助于国家继续改进现有的国际金融体系，同时弱化其呼吁的改革的影响。中国具有独特的经济模式，其要求的对现行金融体系的修改不可避免地受到在该体系中占主导地位的西方大国的怀疑。参与金砖国家新开发银行和应急储备安排有助于减少中国作为世界第二大经济体和最大贸易国所吸引的关注，有助于增强中国作为发展中国家的"身份"。最后，中国的参与将使其现有的对外投资协议更加合法化，这些协议由国家开发银行（CDB）、中国进出口银行（CEB）以及其他金融机构提出。国家开发银行和中国进出口银行为中国在许多发展中国家的发展融资项目提供了资金支持，特别是在非洲和拉丁美洲。事实上，中国进出口银行在2001~2010年为世界最贫穷的撒哈拉以南非洲地区提供了更多的资金，这超过了世界银行，国家开发银行和中国进出口银行在2009年和2010年给予发展中国家的借款总额也超过了世界银行。中国以基础设施为主的大规模投资受到西方国家有关忽视人权和环境保护的指责。在诸如金砖国家新开发银行等多边框架下更多地参与投资，将在更大程度上使中国对发展中国家的基础设施投资合法化。一旦中国主导的基金在金砖国家新开发银行的框架下实现制度化，就有助于证明中国的投资不仅服务于中国的宏伟计划，还有助于抵消一些持怀疑态度的西方学者的反对意见。

12. 为了实现其多边和双边目标，中国在建立金砖国家新开发银行和应急储备安排的过程中表现出谨慎态度，其在平衡各方利益方面行事谨慎。中国的经济总量大于其他四个金砖国家成员的总和，且中国经济增长最为稳定，宏观经济环境也最健康。在查看经常账户、就业率和通货膨胀率等指标时，这显而易见，而所有这一切都表明，作为金砖国家新开发银行的主要驱动力，中国可以说在其中发挥主导作用。然而，情况并非如此，因为在金砖国家新开发银行中，所有成员都在决策中拥有平等地位。事实上，这也是金砖国家新开发银行推迟两年成立的原因之一：在激烈的谈判过程中，中国对决策中的平等地位做出了让步。中国并没有坚持获得相对较大的份额（随之而来的是增加对银行的控制），而是放弃了500亿美元的认购资本，让五个创始国共同承担（平分）。

13. 金砖国家新开发银行的创立是基于平等原则上的成员间利益平衡的结果。在 500 亿美元的启动资金中每个成员国投入了相同的份额，目标是资金在将来达到 1000 亿美元。印度在该银行运营的前六年担任轮值主席国，接下来的轮值主席国分别是巴西和俄罗斯。金砖国家新开发银行总部设在中国上海，在南非约翰内斯堡设有地区办事处。俄罗斯人和巴西人分别担任理事会主席和董事会主席。每个成员国在金砖国家新开发银行中起着各自特且平等的作用。从中国的角度来看，有必要做出这样一个让步，因为最重要的是切实建立金砖国家新开发银行和应急储备安排。它代表了金砖国家内部机制化金融合作的成就。

14. 金砖国家新开发银行中每个成员国在决策中的平等份额和重要性，凸显了其治理结构的特点。其治理结构和决策过程表明，在金砖国家新开发银行中的每个金砖国家成员享有平等决策权。包括中国在内的成员将这种治理结构视为多边金融治理的创新，因为它与国际货币基金组织和世界银行的治理结构不同。金砖国家新开发银行拥护权力、利益和机会，金砖国家领导人也赞同国际金融机构中平等权利决策制度的优点。然而，最大的挑战仍然在于，考虑到在重大问题上需要在理事会和董事会中获得多数票，应如何保证金砖国家新开发银行的决策效率。在这样一个模式下，最终决定陷入僵局的可能性更大。

15. 中国接受金砖国家新开发银行权力平等的治理方式和决策模式表明了其对自身权力的限制程度，也表明其愿意推动南南经济合作。事实上，其他金砖国家成员对中国可能的统治地位的关切和怀疑也促成了平等决策权协议的最终达成。巴西总统迪尔玛·罗塞夫（Dilma Rousseff）甚至表示，虽然巴西不喜欢以美国为主导的秩序，但也不愿意看到中国成为新的领导者。中国的自我约束被银行其他成员认为是一个不情愿的妥协。然而，中国仍然对金砖国家新开发银行和应急储备安排的建立及中国在其中的作用感到满意。至少在官方上，金砖国家新开发银行权力平等的治理模式体现了中国外交政策的原则之一：各国在国际事务中平等。中国相信这样做可以赢得金砖国家成员的支持和信任。

引进金砖国家的经验：加拿大从巴西、俄罗斯、印度和中国的高等教育中汲取经验

Mark Robbins*

原文标题： Bringing in the BRICS：Importing Lessons for Canada from Higher Education in Brazil, Russia, India and China

文章框架： 21 世纪初，"金砖四国"（BRIC）一词是指巴西、俄罗斯、印度和中国这四个最大且最具发展潜力的发展中国家。虽然近年来金砖国家受到的关注有所下降，但其仍代表着全球 40% 的人口和四分之一的国内生产总值；在过去 20 年，金砖国家创办了 2600 万个高等教育机构，金砖国家已经有许多新的高等教育方法与实践，加拿大可以从中汲取经验。

观点摘要：

1. 21 世纪初，"金砖四国"（BRIC）一词是指巴西、俄罗斯、印度和中国这四个最大且最具发展潜力的发展中国家。虽然近年来金砖国家受到的关注有所下降，但其仍代表着全球 40% 的人口和四分之一的国内生产总值。由于大多数研究都是从经济和地缘政治的角度来分析金砖国家的，许多人忽略了金砖国家高等教育的快速发展，包括研究能力和人力资本开发能力的提升。在过去 20 年，全球高等教育部门的发展水平比历史上任何一个时期都要高，而金砖国家高等教育的发展一直处于全球领先地位。巴西的大学生人数从 1994 年的 170 万增至 2012 年的 710 万。在同一时期，印度的高校入学人数也从 500 万猛增至 1700 万。

---

* Mark Robbins，加拿大咨议局工业与商业战略小组研究员；研究领域包括加拿大农业和制造业的劳动力市场、高等教育以及商业教育。来源：加拿大咨议局（加拿大智库），2016 年 7 月 4 日。

即便已经出现了显著的增加，学生对高校的需求也在不断增加。印度政府预计，到 2020 年，印度高校的入学人数将突破 1400 万。同时，中国每年的大学生毕业人数也从 2000 年的 100 万增至 2010 年的 700 万，这一数字还不包括到国外留学的中国学生人数，留学生人数同样在不断增加，2014 年，留学生人数约为 46 万。俄罗斯接受高等教育的人数也在迅速增加。1990 年，俄罗斯接受高等教育的学生人数为 300 万，到 2010 年，这一数字增加至 600 万。

2. 高等教育的非线性增长产生了多个不同结果。由于接受高等教育人数大幅增加（与人口增长趋势并不完全相符），俄罗斯自 20 世纪 90 年代以来出现了高等教育体系资源供过于求以及不同程度的学术"通货膨胀"等问题。最终，俄罗斯政府颁布了一项激进的政策来巩固高等教育制度，以将俄罗斯国内几所顶级高校推向全球名校排行榜。采取这样的政策是所有金砖国家共同的特征。例如，在中国，顶级大学和普通大学之间有着明确的区分。一项研究显示，在工程领域，顶级大学的学费约为 6000 美元，而普通大学的学费仅为 2500 美元。在过去 20 年，金砖国家创办了 2600 万个高等教育机构。因此，金砖国家已经有许多新的高等教育方法与实践，加拿大可以从中汲取经验。

最好的友敌：作为竞争对手的二十国集团和金砖国家

Kevin Carmichael*

原文标题：The Best of Frenemies：the G20 and BRICS as Rivals

文章框架：金砖国家在印度果阿举行了金砖国家领导人第八次会晤；金砖国家发表了一份声明，反复谈论保护民主、尊重国际法并鼓励和平；七国集团（G7）和金砖国家都耗尽了可以用于二十国集团（G20）的外交能量，而二十国集团是一个正在被严重忽视的在金融危机后发挥作用的国际组织；中国将巴基斯坦视为其盟友，在果阿再次拒绝了印度政府；可以说，莫迪已经通过邀请环孟加拉湾多领域经济技术合作倡议（BIMSTEC）成员取得了外交上的立足点。

观点摘要：

1. 金砖国家在印度果阿举行了金砖国家领导人第八次会晤。金砖国家发表了一份声明，反复谈论保护民主、尊重国际法并鼓励和平。今年早些时候，巴西前总统被弹劾。南非总统雅各布·祖马（Jacob Zuma）在与其财政部部长较量中被指控偏袒了一个富有的商人，该商人

* Kevin Carmichael，国际治理创新中心（CIGI）高级研究员，研究和发布过有关国际货币基金组织、亚太经济合作组织和金砖国家领导人会晤等主要全球经济治理峰会以及全球经济的主要发展情况的政策简报；1998～2000年在加拿大新闻社工作；2000～2005年，在彭博新闻社工作，其间他在加拿大银行、美国财政部任职，并作为财政记者团的一员参观了几个国家；2008～2010年，在《环球邮报》工作，其间他负责报道全球金融危机、美国联邦储备系统（美联储）和美国经济、政治；2010年，他对弗莱厄蒂岛的介绍入围美国国家杂志奖。来源：国际治理创新中心（加拿大智库），2016年10月19日。

是其儿子的一个朋友和生意伙伴。财政部部长戈尔丹（Pravin Gordhan）正面临欺诈指控。祖马和戈尔丹都否认有任何不当行为。与此同时，印度总理纳伦德拉·莫迪（Narendra Modi）——此次会晤的主持者，大部分时间都在谈论巴基斯坦，他将其称为恐怖主义的"摇篮"。

2. 七国集团（G7）和金砖国家都耗尽了可以用于二十国集团（G20）的外交能量，而二十国集团是一个正在被严重忽视的在金融危机后发挥作用的国际组织。二十国集团"领导人的幕僚们"也许并不在意，因为"任何熬夜起草公报"都代表着交换意见和推进议程的一个机会。

3. 在会晤举行之前，彭博新闻社描述了中国国家主席习近平和俄罗斯总统弗拉基米尔·普京（Vladimir Putin）之间的"兄弟情"。习近平似乎企图抓住每次挫败印度全球野心的机会。中国不支持印度加入核供应国集团，而且中国利用在联合国安理会的否决权阻止印度将2011年孟买致命恐怖袭击的策划者列入全球恐怖主义名单。

4. 中国将巴基斯坦视为其盟友，在果阿再次拒绝了印度政府。莫迪希望金砖国家做出反对"跨境恐怖主义"的强有力的声明，"跨境恐怖主义"是印度对巴基斯坦支持伊斯兰恐怖分子穿越印巴控制线袭击印度士兵行为的一种委婉的说法。习近平说："金砖国家的目标应该是找到应对热点问题的政治解决方案，并承担应对自然灾害、气候变化、传染病、恐怖主义等全球性挑战的责任……我们还应该解决根本性问题，通过具体的努力和多管齐下的方法分析表面及根本原因。"

5. 可以说，莫迪已经通过邀请环孟加拉湾多领域经济技术合作倡议（BIMSTEC）成员取得了外交上的立足点，环孟加拉湾多领域经济技术合作倡议是一个不包括巴基斯坦的区域集团，而印度没有邀请表现更加突出的南亚区域合作联盟，在该联盟中，巴基斯坦是一个核心成员。尽管如此，除了广泛的媒体报道之外，莫迪的游戏似乎并没有太大成就（而媒体报道可能是其游戏的重点；莫迪领导的印度人民党明年将参加几个重要州的选举）。而习近平与巴西、俄罗斯和南非领导人也拒绝对巴基斯坦做出直接评论。

6. 那个为金砖国家起名字的人并没有放弃他的创造物。"今天的金砖国家，像其在 2001 年那样，在应对最紧迫的国际挑战中发挥着重要作用"，吉姆·奥尼尔（Jim O'Neill）在 10 月 3 日写道。"事实上，我想出这个缩略词不仅是因为字母组合在一起，还因为这个词的真正意义：如我在 2001 年的论文中认为的那样，这些新兴经济体应该成为全球金融和治理系统全面改革中的基石。"（郑重声明，奥尼尔只是将巴西、俄罗斯、印度和中国确定为未来的大国，南非是后来加入的。）

7. 在过去两年里，巴西和俄罗斯遭受了严重的经济衰退。莫迪在其 2014 年上台后暗示的两位数经济增速并没有出现，而中国的年度经济增长率从 2011 年的 10% 降至约 6.5%。不过，奥尼尔说，任何关于金砖国家的重要性被夸大的建议都是"幼稚的"。原来四个国家的经济增长速度大约是十年前的水平。奥尼尔批评欧洲和美国未能授予金砖国家在国际货币基金组织（IMF）等机构中基于国内生产总值应有的地位。"如果这并不改变，随着改革比目前更进一步，那么我们将很快发现'全球治理'并不再是全球性的了"，奥尼尔说。

8. 不像七国集团，金砖国家实际上在近年来已经做了一些具体的事情来提振全球经济。2014 年，其成立了金砖国家新开发银行（NDB），迄今为止，该银行已经支持了在五个国家的价值 9000 亿美元的绿色能源项目。金砖国家新开发银行行长瓦曼·卡马斯（K. V. Kamath）在果阿说，2017 年，他计划的项目总额为之前的两倍。

9. 国际社会存在对金砖国家新开发银行实质的怀疑。相反，卡马斯似乎已经创造了一个可靠的"国际贷款人"。金砖国家在目的明确的情况下可以把事情做好，其应该把重点和精力转向二十国集团。

加拿大需要抛开在与美国和欧洲交往中形成的政策观念，与南半球国家建立伙伴关系

John Sinclair*

原文标题： Canada Needs to Move beyond A Policy Perspective Largely Shaped by Relations with the US and EU and Create Partnerships with the Global Fouth

文章框架： 目前尚不清楚中国是否愿意在美国从世界霸主地位上撤出后，扮演全球领导者的角色；金砖国家正在利用二十国集团对几十年来形成的、让西方国家享有特权的全球金融和贸易秩序进行再平衡。

观点摘要：

1. 未来总是难以预测，但我们知道，地球上出现了一个新的人类毁灭者。不幸的是，这个人类毁灭者就存在于加拿大南部。在上任几个月后，这个人类毁灭者像是酒醒了一般，废除了多项具有积极意义的政策。他没能废除奥巴马医改政策，他还发现美国司法系统并没有像他一样对伊斯兰表示恐惧，这让他的政治生涯蒙羞，但即便如此，他也没有表现出任何收敛的迹象。在忠实顾问的支持下，特朗普强调，如果中国对朝鲜核问题不管不顾，那么美国将插手。近年来暴风雨和洪水的强度不断增加，而特朗普一直很喜欢用"骗局"这个词来形容气候变化。他发出一项指令，取消了奥巴马总统在任时对燃煤实行的限制。而特朗普采取的这些行动是美国的邻国加拿大不愿看到的。

* John Sinclair，毕业于剑桥大学经济系；渥太华大学国际发展与全球研究学院讲师和资深研究员；曾担任加拿大国际开发署和世界银行的高级官员。来源：公共政策研究所（加拿大智库），2017 年 5 月 1 日。

2. 目前尚不清楚中国是否愿意在美国从世界霸主地位上撤出后，扮演全球领导者的角色。金砖国家（巴西、俄罗斯、印度、中国和南非）相当于南南国家的"七国集团"。金砖国家成立了新的金融机构，该机构将与国际货币基金组织和世界银行展开竞争。最为瞩目的是亚洲基础设施投资银行（AIIB，以下简称亚投行）的成立，该银行有1000亿美元的资金，成员囊括了绝大多数经济合作与发展组织以及二十国集团的成员，只有美国和日本仍然对亚投行进行抵抗。加拿大应该与这些成员积极开展合作。不幸的是，在美国的压力之下，加拿大没有成为亚投行的首批成员。现在，加拿大最终以较小的投票份额成为亚投行的创始成员。金砖国家在创立之初是为了对极具侵略性的七国集团进行防御。而在2008～2009年金融危机期间，金砖国家看到了西方国家存在的漏洞，即不能实现经济的公平和可持续增长。金砖国家正在利用二十国集团对几十年来形成的、让西方国家享有特权的全球金融和贸易秩序进行再平衡。加拿大应该制定建设性的公共政策来进一步发挥二十国集团的作用，使其提供更广泛的授权以及确定更具包容性的成员资格，同时与联合国开展更密切的合作。对于七国集团来说，尤其是对于像加拿大这样的中等强国来说，它们面临着两难的选择。一是不采取任何举措，继续享受特权，或者采取更加开放的举措。二是出于政治和商业原因，我们需要这些成员，但不太清楚如何摆脱过去。北半球国家依旧在国际货币基金组织和世界银行中享有大部分特权，然后假装对金砖国家新开发银行等机构的成立感到惊讶。加拿大可以选择成为这些新机构的领导者。从历史上来看，加拿大没有对任何国家实行过殖民侵略，但加拿大总是犹豫在国际上为改革"勇敢发声"。

对中国及 2016 年二十国集团峰会的预报和诊断：一个新的全球经济地理政策 *

原文标题： A Prognosis And Diagnosis for China And the 2016 G20：The Politics of A New Global Economic Geography

文章框架： 中国即将在复兴旧的增长模式中再度引领世界；中国加入世界金融和经济机构的速度一直都是缓慢的；二十国集团（G20）取代八国集团（G8），成为聚集世界上最富有国家的主要经济峰会；中国多年来发起建设的铁路和公路运输通道将继续扩展，而且现在也与造福社区的基础设施相关联；大国之间进行直接对抗的第一个关键地区是亚太地区；中国正在制订计划，并与强大的战略伙伴达成协议；中国从经济到地缘政治实力的变化，引起了西方决策者的关注；中国发起建立的机构将作为西方机构如国际货币基金组织（IMF）和世界银行的替代者，而且也可以成为这些机构的补充；中国已经开始在三大洲建设庞大的基础设施，并在印度洋、太平洋地区建设自己的基础设施，而且肯定会在亚太地区进行大量投资；中国正在世界各个地区寻求一些独特的"霸权"能力和显著的存在，使其在全球范围内的地位至少与其在布雷顿森林体系中的地位平等；于 2015 年 7 月在俄罗斯乌法举行的金砖国家领导人会晤的有趣之处在于，它强调的是宏

---

* 来源：发展研究所（英国智库），2016 年 2 月 10 日。

观的发展方式；从某种意义上说，金砖国家可以成为全球经济的"安全委员会"，进而成为全球政治经济的重要组成部分；全球政治经济将受到中国和其他金砖国家成员的影响，美国仍然将在全球保持巨大的影响力。

观点摘要：

1. 中国即将在复兴旧的增长模式中再度引领世界。生活在极度贫困中的世界人口比例已从 1990 年的 32% 下降至 2010 年的 16%。用马丁·沃尔夫的话来说，"增长很重要"。本报告将表明，世界正在目睹中国旧的三个世界理论的翻新，金砖国家（巴西、俄罗斯、印度、中国和南非）和二十国集团（G20）在此发挥关键作用。

2. 中国加入世界金融和经济机构的速度一直都是缓慢的。世界贸易组织（WTO）成立于 1995 年，但中国 2001 年才获得成员资格。世界银行成立于 1944 年，但中国直到 1980 年才获得成员资格。然而，中国加入世界银行所面临的真正问题在于投票权。2010 年，中国的投票权从 2.77% 上升至 4.42%。美国在世界银行的投票权位居第一，为 15.85%。日本以 6.84% 位居第二，中国排在第三位，排在所有欧洲大国、俄罗斯、印度和沙特阿拉伯之前。但 15.85% 与 4.42% 之间的差距是巨大的，美国仍是世界银行的主要参与者，不愿进一步增加中国在其中的影响力。美国国会也不愿批准 2010 年达成的国际货币基金组织（IMF）改革协议，以使中国具有更大的影响力。

3. 2009 年，二十国集团取代八国集团（G8），成为聚集世界上最富有国家的主要经济峰会。从某种意义上说，中国在世界银行的实力有限，这使中国增加了利用二十国集团提升其全球经济地位的决心。正是在这种情况下，我们看到中国对建立其他银行的兴趣增加，中国提议在二十国集团内部建立一个"安全委员会"，这一委员会排除了西方大国。而且金砖国家很有可能在二十国集团中占据主导地位。所有相关的政策和战略可能会在 2016 年二十国集团峰会上形成一个鲜明的全球愿景。中国在二十国集团峰会举办 8 年后才开始承办。2008～2014 年，峰会（尽管 2009 年和 2010 年均有两次二十国集团峰会）分别在华盛顿、伦敦、匹兹堡、多伦多、首尔、戛纳、洛斯卡沃斯（墨西哥）、圣彼得堡和布里斯班举行，2015 年峰会在安塔利亚（土耳其）举办。

4. 目前，世界范围内有一个新兴的、也许具有竞争力的全球架构。中国多年来发起建设的铁路和公路运输通道将继续扩展，而且现在也与造福社区的基础设施相关联。这将涉及关键地区的新多边银行，在这些银行中，否决权不再基于资本认购的力量，而纯粹基于"一人一票"的原则，中国将没有一票否决权——即使中国是银行的主要股东。中国将在新成立的金砖国家新开发银行中扮演一个重要角色，而且很可能在二十国集团峰会期间或临近之际推出首个主要贷款项目。此外，除了保证陆上、海上运输安全之外，中国海军可能还将扮演一个重要角色。因此，全球经济地理也将决定地缘政治，在这个阶段，全球超级大国（除去俄罗斯）之间将不断竞争，各国会采取最谨慎的外交手段。

5. 大国之间进行直接对抗的第一个关键地区是亚太地区，美国启动了跨太平洋伙伴关系协定（TPP）——尽管一些成员国国内对自由贸易区的工作保障存在一些担忧。中国被排除在跨太平洋伙伴关系协定之外，但在 2014 年中国签署了建立亚太自由贸易区的协定，这是之前多哈回合谈判的一个成果。虽然这将需要多年的规划和战略准备，但是对跨太平洋伙伴关系协定构成直接挑战的将是亚洲基础设施投资银行（AIIB，简称亚投行），尽管与贸易没有直接关系，但它将对该地区的资本流动产生巨大影响。亚投行的法定资本为 1000 亿美元，中国初始认缴资本为 500 亿美元左右，即中国出资 50%，为最大股东。在美国的推动下，澳大利亚起初表示不会加入亚投行，但后来改变了主意。作为一个非亚太地区的大国，英国也希望与亚投行联系在一起。西方大国认为，亚投行将对该地区的经济发展和财政流动产生影响。目前，如果说亚投行是应对美国在该地区计划的挑战，那么中国也将对俄罗斯在"一带一路"倡议中的利益发起挑战。在"一带一路"倡议中，"丝绸之路经济带"沿线也将是一个"基础设施走廊"，通信、能源系统和设施与交通运输设施都是其组成部分。"丝绸之路经济带"与"21 世纪海上丝绸之路"平行，因此中国与其西部、西南部国家之间的联系将是全面的，这能极大地促进这些国家的发展。"一带一路"项目涵盖燃煤发电厂、太阳能和风能发电站，以及全长 3000 公里、穿越巴基斯坦

（从喀喇昆仑公路到阿拉伯海）至中国的公路网络。它将通过一条直接的运输路线将中国与印度洋连接起来。它还将拥有电子通信和能源基础设施，更重要的是，巴基斯坦将首次开放其问题重重的北部地区。在一段时间内，有着塔利班和其他激进组织的这些地区将被允许进入，这些地区的人民将能够享受到发展的好处，从而摆脱他们生活中的非法组织。预计这将涉及约460亿美元的中国投资，当然，这也引起了巴基斯坦竞争对手印度的极大兴趣，而印度总理莫迪本人也对其与中国的新关系感兴趣。

6. 中国正在制订计划，并与强大的战略伙伴达成协议。中国将为巴西新建基础设施、交通和钢铁项目提供500亿美元资金。有言论称，巴西和秘鲁之间的跨亚马孙运输铁路将由中国人建造。当然，在非洲，很多讨论和猜测都集中在中国投资的规模和性质上。这表明，到2020年，中国的投资将达到1000亿美元。根据中国总理所言，在同一年，非洲和中国的贸易额将翻一番。这一规模相当大，其如何完成还有待观察。

7. 中国的"扩张主义"并不仅仅出于经济原因。"21世纪海上丝绸之路"将使中国海军在印度洋上活动，那里既存在海盗问题，也存在与其他海军力量的潜在竞争。此外，在中国的二十国集团议程中，也存在着一个地缘政治挑战。这意味着，中国从经济到地缘政治实力的变化，引起了西方决策者的关注。

8. 当然，周恩来在万隆会议上的演讲以及三个世界理论都是具有地缘政治意义的。从提出三个世界理论发展到成为二十国集团成员，中国发起建立的机构将作为西方机构如国际货币基金组织（IMF）和世界银行的替代者，而且也可以成为这些机构的补充。

9. 任何可能的理想主义或"多愁善感"，都掩盖不了这样一个事实，即中国已经开始在三大洲建设庞大的基础设施，并在印度洋、太平洋地区建设自己的基础设施，而且肯定会在亚太地区进行大量投资。这些地区的区域投资银行或机构将需要一个协调、一个枢纽，而在这里，金砖国家新开发银行的未来变得重要起来。

10. 中国并没有"称霸世界"。但是事实表明，中国正在世界各个地区寻求一些独特的"霸权"能力和显著的存在，使其在全球范围内的地位至少与其在布雷顿森林体系中的地位平等。但是，"一带一路"倡议、中巴经济走廊、亚投行、中国海军在印度洋的存在，甚至金砖国家新开发银行，都不是中国主宰世界的工具。

11. 于 2015 年 7 月在俄罗斯乌法举行的金砖国家领导人会晤的有趣之处在于，它强调的是宏观的发展方式。金砖国家新开发银行强调"新"一词，以区别于二战后的布雷顿森林体系。在南非的一份报告中，该机构的目标是"对全球秩序做出切实改变，而不仅仅是一个象征性的合作俱乐部"。乌法峰会的讨论内容超越了经济问题。它考虑了联合国安理会要求的改革。具有讽刺意味的是，作为二十国集团和金砖国家成员，中国和俄罗斯不愿牺牲自己在联合国安理会的否决权。

12. 然而，金砖国家本身不仅可以作为世界银行和国际货币基金组织的替代者，还可以成为联合国安理会的替代者，从某种意义上说，它可以成为全球经济的"安全委员会"，进而成为全球政治经济的重要组成部分。然而，这并不是一个具有高级政治性的可替代安全委员会。金砖国家认识到，如果不与第一世界互动，其关注问题就无法成功进入"高层政治"领域。这就是二十国集团变得重要的原因。美国和欧洲是二十国集团成员国，但它们不是金砖国家的一部分。

13. 全球政治经济将受到由中国和金砖国家主导的区域银行、基金和跨越关键地理区域基础设施走廊的影响。区域基础设施走廊也将对地缘政治产生重大影响。西方国家，尤其是美国，将在全球保持巨大的影响力。但是，从现在开始的 50 年后，金砖国家的两个成员国即中国和印度将使美国夹在中间，两国分别是世界第一大经济体和第三大经济体，而且中国的影响力将超越第二大经济体（即美国）。

金砖国家的民间团体：新国际发展格局中的新角色 [*]

原文标题：Civil Society from the BRICS：Emerging Roles in the New International Development Landscape

文章框架：国际发展的重要参与者金砖国家（巴西、俄罗斯、印度、中国和南非）催生了有关全球权力转移中的民间团体和南南发展合作的新篇章；民间团体必须力量均衡地应对国内挑战，并抓住南南发展合作的新契机，在多边和双边援助机构议程迅速变化的情况下与其保持长期关系；环境效应指数（EEI）是全球公民参与联盟在 2013 年推出的一项计划，其使用一系列指标来评估那些能使民间团体有效运作的政治、社会经济和社会文化环境，以对 109 个国家进行排名；在一段似乎是朝着更大的政治自由化发展的时期之后，许多国家的民间团体面临越来越多的限制；虽然它们影响到社会组织在国际发展合作辩论中的自由，但重点并不是限制社会组织的国际性合作，而是限制其参与金砖国家国内发展政策辩论，特别是关于治理、人权与环境问题的辩论；社会组织认为，迫切需要考虑新的替代资金来源，因为稳定的慈善基金正在流向较贫穷的国家，而且传统捐助者正在减少，其在某些情况下停止对中等收入国家进行资助；金砖国家的民间团体已经高度习惯了它们接受发展援助的方式。除了得到传统北方捐助者几十年的援助之外，每个金砖国家成员都有与区域和政治盟国进行发展合作的悠久历史，有时也为社会组织

* 来源：发展研究所（英国智库），2016 年 2 月 22 日。

提供国际参与机会；像其他面临贫困与不平等问题的国家一样，金砖国家倾向于谨慎地对待关于发展问题的辩论，在国际发展合作中的媒体辩论方面发挥相对较小的作用；民间团体与金砖国家政府之间在南南发展合作方面的相互作用是不平衡的，这是由于金砖国家的扶持环境差异、民间团体结构和政府政策架构的差异造成的；金砖国家现有的对外交政策和南南发展合作的讨论都是由民间团体的精英群体主导的。

观点摘要：

1. 国际发展的重要参与者金砖国家（巴西、俄罗斯、印度、中国和南非）催生了有关全球权力转移中的民间团体和南南发展合作的新篇章。然而，迄今为止，大多数注意力集中在通过国家主导的南南发展合作（SSDC）和金砖国家参与多边进程而建立的政府间关系。还有很多文章是关于金砖国家（特别是中国）对较贫穷的国家，特别是非洲的参与，关于这种参与的偏见已经开始转向更细致的分析，分析涉及这种参与在不同地方和不同部门发挥的多重作用。与这些不断增加的政府和企业文献相比，关注金砖国家民间团体参与者在这些国家发展中所扮演角色的文献很少。这份报告认为，在以金砖国家兴起为象征的广泛的地缘政治演变中，缺乏这类文献导致了对金砖国家民间团体参与者现有和潜在的对国际发展贡献的忽视。

2. 民间团体不能在"真空"中蓬勃发展，在其他领域的发展合作中，需要有利的环境才能发挥其潜力。根据 2013 年全球公民参与联盟（CIVICUS）的定义，对民间团体有利的环境包括提供一种使公民和组织以有效和持续的方式参与发展进程的条件，这包括法律和监管框架以及政治、社会文化和经济因素。金砖国家各成员国为民间团体提供的条件各不相同，尽管各国内部具有将民间团体从援助受益者定义为发展合作上升力量的共同因素，但这些共同因素意味着，在金砖国家，民间团体面临着平衡竞争性需求和保持相关性的挑战，同时在南北紧张局势早已形成的背景下，金砖国家应努力适应不断变化的"全球角色"。民间团体正在适应不断变化的国内需求，因为金砖国家社会、经济和政治变化议程已经从应对绝对贫穷的发展挑战转向应对不平等、环境问题和全球治理的挑战。同时，民间团体必须力量均衡地应对国内挑战，并抓住南南发展合作的新契机，在多边和双边援助机构议程迅速变化的情况下与其保持长期关系。

3. 环境效应指数（EEI）是全球公民参与联盟在 2013 年推出的一项计划，其使用一系列指标来评估那些能使民间团体有效运作的政治、社会经济和社会文化环境，以对 109 个国家进行排名。环境效应指数使用广泛的子维度之中的二手数据进行计算：在"治理"指标下，子维度包括民间团体基础设施、政策对话、腐败、政治权利和自由、联合权利、法治、人身权利、非政府组织法律背景和媒体自由；在"社会经济"指标下，子维度包括教育、交流、平等和性别；在"社会文化"指标下，子维度包括参与、容忍、信任、奉献和志愿服务。环境效应指数必然受到一些子维度中二手数据的限制，一些南方学者对指标的可靠性提出质疑，比如，在具有深远社会运动历史的国家中，"正规教育"和"宽带覆盖"等指标与民间团体行动主义的实际决定因素相关度并不高。然而，环境效应指数比任何指数的覆盖范围都广，并且其作为一个相对强大的指导指标用以对比金砖国家与其他国家的环境。比较显示，在金砖国家中，南非和巴西的水平高于全球平均水平，印度、俄罗斯和中国则被评为民间团体参与环境较差的国家。南非在金砖国家中排名最高，其政府合作以及有利于政策对话的环境评分较高。这一结果也说明了一个问题，即南非政府仍然愿意与社会组织接触，尽管局势越来越紧张，民间团体与执政党南非非洲人国民大会（ANC）之间关系的紧张程度随着该党受到的腐败指控，以及其与部分劳动者公开冲突的不断增加而增加。巴西在金砖国家中排名第二，但在治理层面的评分较低，这一评分反映出随着 2003 年由社会运动支持的工人党（PT）掌权，民间团体希望在政府决策中提高话语权的努力受挫。自环境效应指数发布以来，高度偏激的选举、经济衰退和一系列腐败丑闻，进一步加剧了巴西政府与民间团体关系的恶化。令人惊讶的是，尽管印度在政治和社会文化层面评分较高，但其不利的社会经济背景（尤其是极度的性别和经济不平等以及普遍缺乏通信基础设施）拉低了整体得分水平。印度与环境效应指数有关的数据是在莫迪政府掌权之前收集的，所以不能反映近期印度民间团体在法律和环境方面的恶化情况。俄罗斯和中国在有利于民间团体发展的社会经济环境方面都取得了很好的成绩，但是它们的治理环境评估结果差强人意。此外，中国在社会文化层面也取得了很高的评分，这表明中国在这方面有很大潜力，尽管目前受到法律限制。这在国际发展舞台上得到了证实，中国非政府组织将从广大公众中筹集的资金，用于相关援助，如支持应对埃博拉危机的人道主义援助，支持尼泊尔震后重建的紧急援助。如果不算环境效应指数中的治理指标，印度、巴西和南非与中国、俄罗斯之间的分数差异似乎可以将前三个国家与其他金砖国家成员区分开来，前三个国家被标榜为"民主新兴大国"。印度、巴西和南非的民间团体和政府区别往往不大。然而，尽管关于此事的言论和观点存在差异，但是，金砖国家的共同特征使其国内政策背景对社会组织寻求国际发展合作带来挑战，即使在印度、巴西和南非也是如此。满足环境效应指数所有指标的环境特征首先是要坚定国家能够发展的信念，不仅要拥有促进国家发展的优越财力和技术资源，而且还要具有一定的道德优势。这种道德优越性来源于国家精英作为人民利益代表的政治合法性（无论其是否正式当选），这些精英需要遵守规则，有时也应结合执政党的改革、转型和复兴国家的目标行动。这使得社会组织很难利用自己的合法性，并不再倾向精英，社会组织可能在帮助国家制定政策举措中占有一席之地，但它们不应该超越这一界限寻求自己提出举措。这与社会组织自己的看法有冲突，社会组织认为，如果它们不是金砖国家最近通过的许多成功政策的策划者，那么也是参与者。这也使金砖国家给予那些与其进行国际合作的政府以对话者特权。第一个特征是坚持把政府主权的原则作为合作的关键支柱，并且金砖国家成员国向相关社会组织提供资源的意愿较少。第二个特征是强烈的民族主义倾向，其中越来越多的民族自信与历史上根深蒂固的反殖民主义相融合，这使那些接受北方传统捐助国家资助的社会组织的运行特别困难。

4. 在一段似乎是朝着更大政治自由化发展的时期之后，许多国家的民间团体面临越来越多的限制。民间团体提出的关于这一担忧的报告越来越多地得到许多研究机构的支持，这在高调的政治人物的声明中得到回应。民间团体发现，越来越多的证据表明，社会组织获得外国和国内资金以及能够和平集会的权利越来越受到限制。2013年，国际非营利性法律中心（ICNL）记录表明，全世界已通过或提出超过50项限制性法律，以限制社会组织的组建、运作和筹资，以及和平集会的权利。2015年，中国开始就新的《境外非政府组织管理法》进行的磋商引起了人们的关注，这将对国内和国际非政府组织在中国运作带来限制性影响。这些限制引起了全球人权主义者的关注，也赋予世界大国挑战金砖国家以合法性。

5. 虽然它们影响到社会组织在国际发展合作辩论中的自由，但限制的重点并不是限制社会组织的国际性合作，而是限制其参与金砖国家国内发展政策辩论，特别是关于治理、人权与环境问题的辩论。这些领域的紧张局势当然不是刚刚出现的，在许多情况下，这是社会组织对之前斗争的延续。这些斗争的延续意味着国家精英对这些领域的挑战特别敏感，因为他们认同这些斗争所针对的政权，并担心其所具有的合法性再一次受到挑战（如中国和俄罗斯的情况），或者，这些国家精英认为自己是这些斗争的合法继承人，他们成为体现公民对公平公正诉求的捍卫者（如巴西和南非的情况），所以其不能接受那种批评，即和他们所推翻的制度受到一样的批评。然而，金砖国家内部的民间团体中的许多人认为，由于太专注于宣扬自己的发展成就，国家精英们忽视了社会组织在人权、社会与环境公平方面的斗争在塑造这些"成功"中所起的作用。通过南南发展合作传播广泛的政策创新，如印度的《圣雄甘地全国农村就业保障法》和巴西的"家庭补助金计划"的根源都是消除饥饿和贫困、反对腐败。正如巴西的辩论报告所说，巴西政府与其他发展中国家的许多共同公共政策都被认为是社会运动和政治斗争的结果，而民间团体在其中扮演一个重要角色。除了社会运动外，金砖国家社会组织还积累了在本国实施发展项目的长期经验。这使得它们能够在地方一级推广创新的"社会技术"，正如印度一家主要的民间团体发展合作讲习班所强调的那样，"重要的是承认民间团体对创新和发展方法的应用，特别是在当前多元化的背景下"。刺激这些创新经常引起对不平等社会和政治的争议，这是所有金砖国家的显著特征。正如 Scerri, Soares

和 Maharajh 所说："不平等是这些国家的独特特征，这一特征是了解金砖国家创新体系的配置和动态的关键因素。"他们还表明，当金砖国家崛起（或回归）到全球显著地位并且平均贫困程度急剧下降的时候，五个国家的不平等现象将增多，而巴西是一个显著例外。然而，由于巴西现在所面临的经济和政治挑战，其在减少不平等现象方面取得的巨大成功似乎也在被削弱。因为巴西的不平等基数水平极高，所以巴西不平等程度现在仍然高于除南非以外的任何其他金砖国成员，而且越来越多的证据表明，巴西的收入不平等问题已经得到改善，而该国的财富不平等水平实际上可能正在上升。社会组织以其独特的全球影响力和高创新能力为金砖国家和其他中等收入"崛起大国"的发展做出了独特贡献。这一贡献是通过协调或者竞争与合作来实现的，涉及促进金砖国家发展的政策，以塑造实践的参与者（包括社会运动者、企业和智库）。金砖国家的精英们对民间团体持开放态度，甚至鼓励民间团体参与应对影响其国家发展的贫困和不平等问题，至少，国家精英这样做的部分原因是他们意识到这些挑战会带来政治不稳定风险。然而，国家精英们仍然决心设定参与条件，并对民间团体参与的政治合法性和政策过程控制权提出挑战。这些因素导致了一种情况，就像 Tandon 和 Brown 所说，"民间团体的声音和行动的政治空间似乎在同时扩大和收缩"。结果是，虽然当地民间团体主导的发展举措仍然具有创新潜力，但是许多将其上升为国家政策并融入国际发展合作的机会可能会丧失。

　　6. 社会组织的地方发展活动对政府资金的依赖程度日益提高，这只是金砖国家的地方社会组织的投资环境受到地缘政治和经济变化影响的显著表现之一。社会组织认为，迫切需要考虑新的替代资金来源，因为稳定的慈善基金正在流向较贫穷的国家，而且传统捐助者正在减少，其在某些情况下停止对中等收入国家进行资助。虽然北方捐助者援助资金有一定的使用局限性和强制性（从过于严格的结果计量方法到既定的重点领域），但这仍然是金砖国家一些最有影响力和创新力的非政府组织的关键资金来源。在过去十年中，来自印度和巴西的主要非政府组织已经失去了大量的国际非政府组织或基金会的资金。过去，它们可以利用这些资金在政治或商业方面保持一定程度的自主权，同时将地方项目与知识和政策宣传相结合。南非非政府组织现在已经开始面临同样的压力，尽管这些国际非政府组织或基金会最近才逐步取消对南非的援助。如上所述，金砖国家的政策不利于从海外向国内转入资金。由于一系列历史、文化、经济和监管问题，金砖国家成员国的国内慈善事业的模式和发展水平不尽相同，而且所有金砖国家的发展援助和慈善活动缺乏资金透明度，本报告表明，金砖国家的国内慈善捐助者普遍缺乏深度和经验，并且明确倾向于优先考虑为本地社会提供援助资金，而不是进行战略性的政策研究和宣传工作。此外，经济增长放缓影响了大多数金砖国家，这可能会减少国内慈善投资。鉴于最近金砖国家在与南南发展合作有关的研究和宣传项目上的资金投入（来自外国捐助者）份额减少，这加剧了对新的替代资金来源的需求。在金砖国家长期存在的国际非政府组织，如乐施会（Oxfam）和行动援助（ActionAid）正在继续支持战略研究和宣传工作，并越来越多地寻求完善金砖国家的民间团体网络。然而，它们也在这些国家建立了"国有化"分支机构，在金砖国家内部，这些机构经常被本国非政府组织视为竞争对手，且其因为其外国代理机构身份而一直受到指责，尽管它们的法律地位、本国工作人员和领导地位不断变化。接受采访的金砖国家某社会组织负责人承认，随着国家继续走向"全球化"，这些情况都促使社会组织对参与国际发展合作的兴趣日益增加。一些国际非政府组织正在寻求与在金砖国家有分支机构的国际非政府组织（如巴西的"行动援助"和"无国界医生组织"）进行合作，通常使用社交媒体和创新的网络基金会平台与更广泛的公众联系，成功地在本国为海外人道主义援助和发展工作筹集资金。它们也获得越来越多的国家预算以用于发展和进行相关研究。

7. 金砖国家的民间团体已经高度习惯了它们接受发展援助的方式。除了得到传统北方捐助者几十年的援助之外，每个金砖国家成员都有与区域和政治盟国进行发展合作的悠久历史，有时也为社会组织提供国际参与机会。金砖国家社会组织在实施社会政策方面拥有丰富的经验，并在国内与发展机构密切合作，这往往会激发创新，并通过南南发展合作在国际上传播。近年来，随着金砖国家在国际合作中日益增长的作用以及海外投资的不断增加，这些国家的经济与发展合作政策已经成为民间团体更为频繁的辩论话题。新兴国家民间团体对南南发展合作，以及其作为金砖国家政策制定论坛的讨论需要"倾听"一系列不同的声音；民间团体是不同的，代表着广泛的兴趣、意识形态和城乡部门，这之间往往难以团结协调。然而，本报告表明了一些总体趋势。第一个趋势是，尽管讨论的兴趣越来越浓，但是大多数金砖国家国内民间团体对南南发展合作的辩论仍然是初级的，只有少数"声音"正在引导辩论。许多想法和言论仍然没有形成文件或以组织政策形式发布，而且难以获得外交政策信息（经常被视为是一个遥远而复杂的领域）仍然是这场辩论中妨碍社会组织更广泛参与的重大障碍。特别是印度和巴西已经看到政策导向的非政府组织做出重大努力来接触区域与地方民间组织，并试图实现社会组织对南南发展合作政策辩论的进一步参与，但到目前为止，其只取得有限的成功。第二个趋势是，普遍缺乏议会辩论和媒体对南南发展合作的讨论，以及公开资料的不足，使得难以扩大目前有限的国内南南发展合作参与区域，尽管有证据表明，随着时间的推移，这些参与区域如印度，有潜力成为"捐助者"。因此，金砖国家社会组织在国外开展工作的能力和需求仍然有限。第三个趋势是，鉴于这些国家的贫穷和不平等程度仍然很高，大多数社会组织都认为它们的主要任务是继续参与国内问题。然而，一般来说，在国内发展面临挑战的情况下，金砖国家非政府组织在服务国外"遥远的陌生人"的权利和需求方面仍然缺乏国内支持和资助，但也有证据表明这种情况已经开始改变了。超越国界的紧急人道主义行动可以得到广泛的公众支持，特别是对自然灾害难民的人道主义援助，比如俄罗斯对亚美尼亚发生地震的援助、巴西对海地发生地震的援助，以及印度对尼泊尔发生地震的援助。虽然这种援助措施往往由政府机构（特别是军队）领导，但社会组织通常也参与其中，在某些情况下，民间组织也在自发地进行人道主义援助。第四个趋势是，当重点是长期发展合作而不是应急响应时，与金砖国家政府讨论南南发展合作和外交政策问题最多的组织通常不是非政府组织或社会组织，而是智囊团。金砖国家领导人会晤可以加速举行，促进民间团体参与南南发展合作问题讨论，但由于没有正式公认的社会组织平台，这种参与往往通过学术渠道发挥作用，特别是近年来，金砖国家一系列会议逐渐开放，允许社会组织成员参加出席。即使在 2015 年成立了官方的"金砖国家民间论坛"之后，智囊团仍在主持俄罗斯金砖国家领导人会晤之前的首次会议。这加强了一种趋势，即在金砖国家之中，尤其在俄罗斯和中国，与政府关系密切的智囊团成为参与国际政策制定的最重要的社会组织。这反过来使那些在精英政策环境中缺乏运行经验的区域和当地社会组织更难在国际发展合作辩论中找到立足点，而政府更容易排除那些它觉得不合适的民间团体的意见。除了弥合在不同层次上运作、对精英政策熟悉程度不同的社会组织之间的差距的困难之外，社会组织对南南发展合作的参与和认知不一致。社会组织之间正在出现重大分歧，它们的意识形态分为三类：有些社会组织认为金砖国家是"帝国主义"组织，力图加大对前殖民地国家（国家还没有崛起）及国家边界地区资源的开采力度；有些社会组织把金砖国家视为一种地缘政治的激进力量和一种参与全球经济的机会；有些社会组织赞成务实的参与，最大限度地发挥其对金砖国家的社会组织开放的潜力，同时最大限度地减少其海外角色负面的社会和环境影响。金砖国家的另一个共同特点是，国际非政府组织在南南发展合作辩论中所发挥的作用被认为是非常重要的，同时也面对一定的争议。在本报告中，国家认识到国际非政府组织的专业知识、资金支持和提出跨金砖国家倡议的能力，同时也展示出对过度依赖国际非政府组织的担心和对其不断增长的权力和影响力感到的不安。这种矛盾心理包括南方和北方组织对跨国援助政策进程不一致的回应。这也反映了南方社会组织的沮丧感，南北方权力之间的不平等现象仍然存在，尽管以金砖国家兴起为象征的全球南北之间的历史不对称性正在发生转变。国家希望掌握发展政策议程，并在南南发展合作中发挥作用，但由于其国内环境的限制，它们依然依赖国际非政府组织的资金甚至技术支持。国际非政府组织不情愿放弃参与机会，因为它们需要在国际发展的新格局中保持相关性，其认为自己仍然有宝贵的专业知识，可以为金砖国家的长期合作伙伴提供服务，因为金砖国家已经开始参与其以往并不熟悉的国际政策议程。

8. 民间团体建设的关键挑战之一是媒体对其与南南发展合作关系的报道是有限的，因此公众对发展合作辩论的认知度低。像其他面临贫困与不平等问题的国家一样，金砖国家倾向于谨慎地对待关于发展问题的辩论，在国际发展合作中的媒体辩论方面发挥相对较小的作用。即使在国际交往成为政治辩论的焦点时，发展合作活动的实质和内容也很少被讨论。一些受访者表示政府不愿鼓励公众辩论，担心这可能导致公众批评政府没有有效利用资源应对国内发展挑战。在 2013 年巴西大规模抗议活动（争取政府加大对国内医疗、教育和交通基础设施的投资）之后的一场会议中，社会组织指责政府阻止发布最新的官方发展合作报告并拒绝建立发展合作政策公共论坛，这是由于担心政治反对派和右翼传媒会利用这些机会指责执政的工党，理由是比起国内抗议的公民，工党更偏向于服务"海外陌生人"的需要和权利。然而，这种恐惧可能被夸大了，因为现有的证据表明，金砖国家认为国际发展合作只是发展不充分而已，并不是反对，金砖国家原则上是支持国际发展合作辩论的，只是目前对合作涉及哪些层面的的内容的认识不到位。发展研究所"国际公众意见监测"计划在 2013 ~ 2014 年对印度、巴西和南非大量持有意见的公众进行了调查，发现他们对国际发展合作活动的支持高于预期，多数人赞成三个国家向其他发展中国家提供资金和其他形式的支持。调查报告中，国家辩论分析小组对媒体访谈和评论中支持国际发展合作的原因分析各不相同，这反映出不同国家的民族自豪感、团结精神和自身利益的混合。国际发展合作可能在区域安全和稳定方面发挥作用，促进商业利益，维护宗教和政治稳定，在世界上发挥更大作用，帮助那些迫切需要帮助的世界各地的人们，那些仍然努力与贫困做斗争的人们，金砖国家的国民觉得自己的国家正在这些方面取得进展。

9. 民间团体与金砖国家政府之间在南南发展合作方面的相互作用是不平衡的，这是由于金砖国家的扶持环境差异、民间团体结构和政府政策架构的差异造成的。在大多数国家，参与南南发展合作相关问题的外交政策是特别的。部分原因是金砖国家政府内部缺乏政策协调，例如，在南非，一半以上的政府部门都参与国际合作，但是，巴西国家辩论分析小组研究表明，巴西的政府机构独立于巴西合作处（ABC），而该机构本应协调国家的发展合作活动。南南发展合作的不同性质及其在许多政府部门的分配使得民间团体难以参与南南发展合作举措的辩论，因为不同的社会组织可能会在其专业领域内与不同的部委或半国营机构接触，它们意识不到其他不同的政策部门可能正在讨论类似的问题。很显然，政府部门之间的政治动态，以及关于将发展合作作为一个专门的政策领域的讨论，仍然是几个金砖国家之间的一个微妙问题。中国商务部和外交部经常争夺国际发展合作政策的控制权，俄罗斯也有报道说，财政部和外交部之间经常进行"拔河比赛"，争夺谁将有优势主导俄罗斯的海外援助计划愿景和基础设施建设。金砖国家加强协调并建立强大的发展机构为民间团体提供了机会，以便更有效地监督政府并在南南发展合作相关问题上加强与政府的接触，正如墨西哥建立墨西哥国际合作署（AMEXCID）以来的情况一样。印度宣布创立发展伙伴关系管理局（DPA）、南非成立南非发展合作局（SADPA）都受到民间团体的欢迎。尽管民间团体对社会组织参与南南发展合作决策辩论制度化缓慢而感到沮丧。

10. 即使建立了官方认可的永久的政策参与空间，社会组织仍然必须处理权力、发言和代表性问题。金砖国家对现有的外交政策和南南发展合作的讨论都是由民间团体的精英群体主导的。金砖国家领导人会晤期间举行的活动、与政府官员的会议，以及举办于金砖国家领导人会晤或二十国集团会议前后的国际会议，参加者主要局限于国际非政府组织、智囊团、学术界和获得外国资助的小型精英组织。国家和社区组织往往缺席这些辩论和舞台。例如，在印度，小型精英组织在分析和影响印度外交政策中发挥主导作用，民间团体领导人 Rajesh Tandon 谈道，在印度民间团体中存在智者参与外交政策的"真空"。同样，南非民间团体参与者也表示，在涉及外交政策和国际关系方面，这些讨论似乎是由思想界、专家、国际非政府组织和商业论坛代表的精英群体主导的。除了政策辩论之外，金砖国家的社会组织也是政府和企业参与者的外包服务提供者，其通过自己主导的举措参与发展合作。一些金砖国家的政府已经打开了社会组织进行国际发展合作工作的窗口，最著名的例子是印度长期的印度技术经济合作（ITEC）计划。中国对通过社会组织引进国际合作资金的兴趣也越来越大，尽管进展有限，但甚至像中国扶贫基金会这样的公益组织也越来越依靠国际非政府组织或国内企业资金进行公共直接筹资。南非长期以来在人道主义方面和处理与其他非洲国家的冲突工作中广泛利用社会组织，巴西也通过其对海地的大规模支持方案开始了这种活动。除了作为政府主导的南南发展合作的外包执行机构外，金砖国家的社会组织和社会活动的数量虽少，但呈增长态势，以领导金砖国家通过社会组织向海外提供南南发展合作援助。印度、巴西、南非等中等收入国家的民间组织有与来自全球南部其他地区（早在其国家成为"崛起国家"之前）组织合作的经验。随着崛起国家的海外作用日益扩大，这种合作为金砖国家社会组织和非洲同行进行联合社会活动奠定了重要基础。

金砖国家领导人应该抵制诱惑，避免询问世界可以为他们做些什么

Sanjaya Baru*

原文标题：Brics Leaders Should Resist Usual Temptation of Asking What World Can Do for Them

文章框架：2013 年，金砖国家领导人在德班峰会后宣布成立金砖国家（巴西、俄罗斯、印度、中国、南非）新开发银行，并宣布该银行走上世界舞台；德班峰会后，金砖国家领导人都面临不同的问题；尽管如此，把金砖国家的不幸归咎于金砖国家领导人依然是错误的；意在成为全球经济管理"有效董事会"的二十国集团（G20）失败，全球贸易和金融体系逐渐"区域化"，发达国家和发展中经济体的"以邻为壑"政策，都会导致金砖国家"砂浆"的分解；金砖五国要改善国内治理、尊重法治、遏制国内的破坏性和强硬性行为。

观点摘要：

1. 仅在三年前，2013 年 3 月，站在中间的南非总统雅各布·祖马（Jacob Zuma）露出一个微笑表情，他的两侧分别是俄罗斯总统弗拉基米尔·普京、中国国家主席习近平、巴西总统罗塞夫（Dilma Roussef）和印度总理曼莫汉·辛格（Manmohan Singh）。他们刚刚在德班结束了第五次金砖国家峰会，其被称之为"第一个周期峰会"。他们在峰会后宣布成立金砖国家（巴西、俄罗斯、印度、中国、南非）新开发银行，

---

* Sanjaya Baru，高级咨询研究员；在 2015 年之前担任英国国际战略研究所地缘经济和战略项目主任。来源：英国国际战略研究所（英国智库），2016 年 3 月 24 日。

并宣布该银行走上世界舞台。时至2016年3月，巴西因总统罗塞夫在8月份主办里约奥运会之前被罢免职务，这是一个可耻的退场，该国因而将面临不确定的前景。

2. 参加德班峰会的五位领导人，第一个下台的是曼莫汉·辛格，他的政府被击败，同样是一个可耻的退场。在南非，雅各布·祖马也被指责管理经济不善，并面临腐败问题，现在也被指控试图在自己执政时违反宪法精神，即使纳尔逊·曼德拉（Nelson Mandela）也很尊重宪法。在俄罗斯，普京继续庆祝他最近在地缘政治上的胜利，并希望他的人民不要过分关注俄罗斯暗淡的经济前景。

3. 但是尽管如此，把金砖国家的不幸归咎于他们依然是错误的。商品超级周期的下降，"康德拉季耶夫长波"（经济高涨和衰退的周期为40～60年）周期缩短，发达国家的内部倾向和保护主义浪潮也对全球经济，尤其是发展中国家的经济造成了破坏。国际货币基金组织（IMF）总裁克里斯蒂娜·拉加德（Christine Lagarde）本月早些时候在新德里召开的会议上指出，"升级的地缘政治紧张局势"将对全球经济管理构成挑战。

4. 意在成为全球经济管理"有效董事会"的二十国集团（G20）失败，全球贸易和金融体系逐渐"区域化"，发达国家和发展中经济体的"以邻为壑"政策，都会导致金砖国家"砂浆"的分解。如果说金砖国家在刚开始运行的时候，其在努力寻求凝聚力，那么现在它们担心的是凝聚力的不足。印度总理纳伦德拉·莫迪此前表示金砖国家中只有"我"做得最好，其几周前被要求修正他的说法。但在处理经济和腐败问题上，印度确实呈现比其他四个国家更令人安心的景象。

5. 但金砖国家对印度经济发展来说并不重要。相反，印度需要七国集团，尤其是日本、德国、美国和其他南部国家，以使自己的经济现代化超过俄罗斯或中国。正是在这样的背景下，印度在2016年担任金砖国家轮值主席国。果阿将在10月15～16日举行金砖国家领导人第八次会晤。在会晤时，金砖国家领导人应该抵制诱惑，避免询问世界可以为他们做些什么，而是通过解决国内问题看看他们能为世界做些什么。巴西、俄罗斯和南非需要改革国内政治和经济。金砖五国要改善国内治理、尊重法治、遏制国内的破坏性和强硬性行为。只有当他们在国内更好地应对这些挑战时，他们的领导和意见才会在国内外受到更为认真地对待，从而激发他们对于共同创建新的权力中心的信心。

国际发展中的金砖国家：新格局

Richard Carey；Xiaoyun Li*

原文标题：The BRICS in International Development：The New Landscape

文章框架：金砖国家与二十国集团首脑会议中的全球经济主要参与者一起被列入了一个历史性的全球治理创新体系，其中也包括了南非；金砖国家的形成历史；金砖国家作为一个政治联盟，致力于改变美国在二战后建立的全球治理准则和安排，以反映现在和将来世界经济和政治权力的分配；在新兴市场产生，以及金砖国家作为一个特定群体的经济发展轨迹方面，中国在其中有特殊作用；中国转向基于国内消费和经济脱碳的较低标准的"新常态"增长路径，而不是通过投资和出口推动商品周期逆转，这暴露了经济结构的薄弱环节，并对金砖国家商品出口政治制度进行了考验；中印两国作为全球主要增长引擎预计未来两年内确实会改变全球经济状况，从而塑造全球治理和发展模式；金砖国家的根本逻辑是，国际体系正处于向多极化转变的进程当中，而在未来的世界中，美国在世界秩序中的突出地位将让位于共享话语权、主动性和责任感；一个来自西方以外的主要国家对塑造未来国际体系的集体观点确有其逻辑和吸引力，即使金砖国家的地缘政治利益可能并不总是趋于一致；金砖国家寻求塑造未来全球治理体系的动态工作将是一个挑战与融合的过程，其以国际

---

* Richard Carey，发展研究所崛起国家与国际开发计划咨询委员会委员，经合组织发展合作部前主任。Xiaoyun Li，发展研究所崛起国家与国际开发计划咨询委员会委员。来源：发展研究所（英国智库），2016 年 4 月 14 日。

发展体系为重点；金砖国家不是一个与"西方"对抗或与金砖国家本身对抗的论坛；金砖国家当前的模式反映了在不断演变的世界秩序中提供足够的挑战功能的一种均衡状态；人们对于是否以及何时可能出现决定性的"全球转型"有不同的看法，而在这个转型中金砖国家显然成为承担伴随作用和责任的主要参与者；在宏观经济层面，金砖国家对于发展进展和前景的影响至关重要；所有金砖国家成员都有各自的议程，这使发展合作更有效，但到目前为止，并没有真正的制定金砖国家发展合作战略的尝试；所有中国的倡议以及金砖国家新开发银行有助于为多边发展融资带来生机。

观点摘要：

1. 众所周知的是，现在运作的 BRICS（即金砖国家）来源于缩略词 BRIC，其是 2001 年由高盛首席经济学家吉姆·奥尼尔（Jim O'Neill）在一篇报告中提出的。高盛投资集团的文章提出，基于巴西、俄罗斯、印度和中国在 20 世纪 90 年代的动态经济表现，在可预见的未来，它们将是世界经济增长的推动力，应该被邀请加入八国集团（G8），而自 1997 年以来俄罗斯已经是八国集团的成员。21 世纪头十年的发展证实了这一经济预测。2008 年，在金融危机严重的情况下，通过建立一个以二十国集团财政部部长会议为基础的进程，金砖国家与二十国集团首脑会议中的全球经济主要参与者一起被列入了一个历史性的全球治理创新体系，其中也包括了南非。

2. 然而，BRICS 的词源意义源于另一种方式，与一个进行中的政治联盟密切相关，该联盟于 2009 年在俄罗斯叶卡捷琳堡举行的首次国家元首会议中被提出。一切始于俄罗斯、印度和中国国家元首的会晤，他们于 2003 年在联合国（UN）大会期间在纽约进行非正式会晤，并在 2005 年后以外交部部长正式会议为基础进行年度会议。建立金砖国家的想法源于拉夫罗夫外长和普京总统通过精心设想而制定的俄罗斯倡议。2006 年，俄罗斯外长谢尔盖·拉夫罗夫（Sergey Lavrov）邀请巴西外交部部长塞尔索·阿莫林（Celso Amorim）（以长期的个人友谊之名）参加在纽约进行的俄罗斯、印度和中国国家元首会晤期间进行的外交部部长非正式午餐会。继第一次接触之后，根据普京总统的倡议，金砖四国外交部部长会议于 2006 年 9 月在纽约召开，2007 年再次在联合国大会期间召开。首次独立的金砖国家元首会议由时任俄罗斯总统梅德韦杰夫主持，于 2009 年 7 月在叶卡捷琳堡召开。在 2010 年巴西利亚举行的第二次金砖四国首脑会议之后，2011 年在三亚（中国的海南省）举行的首脑会议邀请南非加入，形成了"BRICS"。因此，字母缩写顺序的偶然排列补充了经济和政治逻辑。

3. 金砖国家作为一个经济向量：作为更广泛的新兴市场现象的象征，缩略词"BRICS"适用于广泛的用途，并在全球经济中进行了显著的转型。根据国际货币基金组织（IMF）首席经济学家的说法，20 世纪 80 年代，新兴市场和发展中国家的产值按购买力平价计算占世界总产值的 36%，在 10 年中，其占世界经济增长的 43%。2010～2015 年，其占世界总产值的比例跃升至 56%，占世界经济增长的比例为 79%。得出的结论是，主要的发达国家用一种过时的方式观察着世界经济。在这个时期，金砖国家及其以外的新兴市场的"故事"，已经成为全球贸易、投资与减贫的强大催化剂，特别是有助于推动亚洲、拉丁美洲和非洲地区的经济增长。这种"转移的财富"现象已经巩固了金砖国家的基本议程，其作为一个政治联盟，致力于改变美国在二战后建立的全球治理准则和安排，以反映现在和将来世界经济和政治权力的分配。

4. 与此同时，在新兴市场产生，以及金砖国家作为一个特定群体的经济发展轨迹方面，中国在其中的特殊作用对于这个"故事"都至关重要。随着中国融入全球贸易体制，向外国投资开放，中国的经济增长飙升，在商品流通方面形成了一个超级周期。在全球商品出口国，无论贫困地区还是富裕地区增长率都在上升。中国自主创造商品供应链的投资进一步推动了这一进程，从配合"走出去"战略，鼓励中国企业直接投资，特别是对建筑和信息通信技术（ICT）等行业进行投资。当中国通过对中国各省和地方政府进行重大的一揽子投资来对抗 2009 年全球经济衰退时，商品市场带来的宏观经济影响是全球性的，其帮助商品出口商在由美欧金融市场引起的金融危机中幸存下来。其中主要的受益者是金砖国家的成员国——巴西、俄罗斯和南非。

5. 从 2014 年开始，金砖国家经济向量发生变化。中国转向基于国内消费和经济脱碳的较低标准的"新常态"增长路径，而不是通过投资和出口推动商品周期逆转，这暴露了经济结构的薄弱环节，并对金砖国家商品出口政治制度进行了考验。巴西、俄罗斯和南非有各自独特的关于发展中期性质的结构性和政治性挑战，它们也不可能再次出现在新兴国家的行列，直到找到新的前进方向。与此同时，印度由于有助于私营部门发展、大众消费的经济改革、信息通信技术促进和改善了减贫计划，其正在快速向前迈进（尽管面临严重的社会和结构性挑战）。

6. 假设中国能够以维持"新常态"状态下 6.5% 的增长率来发展，进行全面的改革，那么中国和印度将在中长期发展中成为全球增长的主要驱动力。这无论对于其他金砖国家来说，还是对全球经济和发展前景来说都是重要的，其强调了 2015 年和 2016 年初出现的中国金融波动带来的问题的全球意义。金砖国家作为投资型组织的力量因此发生了根本性变化。截至 2010 年，金砖四国摩根士丹利资本国际（MSCI）指数回到了 308%，而同期标准普尔指数回到了 15%。但随着其他快速增长的发展中国家纷纷涌现，一个新的更大范围的新兴市场成为更引人注目的投资地。随着这一持续的变化，高盛投资集团象征性的金砖国家基金在五年内下降了 21%，而在 2015 年，其被并入了高盛集团更为宽泛的新兴市场股票基金。原来的金砖四国的"投资故事"已经结束。但是中印两国作为全球主要增长引擎预计未来两年内每年经济增长率为 6% ~ 8%，并有可能保持这种增长直到 21 世纪中叶，它们确实会改变全球经济现状，从而塑造全球治理和发展模式。到 21 世纪中叶，印度的经济规模将与美国一样大，而中国的经济规模将比美国和印度合并起来还大50%，在这种情况下，金砖国家的成员作为一种政治向量将如何发展？其他三个金砖国家以其作为资源供应商的互补性将与其他发展中国家和发达国家一样受到中国和印度这样的增长经济体的拉动，尽管绿色增长和更广泛的技术进步改变了商品和服务以及劳动和人力资本需求的性质，但世界资源密集度开始下降。

7. 金砖国家作为政治向量源于俄罗斯的倡议，其逻辑首先在俄罗斯关于外交政策和金砖国家的概念中被详细阐述，然后反映在连续的金砖国家首脑会议的声明中，最近的声明源自 2015 年 7 月的乌法峰会。金砖国家的根本逻辑是，国际体系正处于向多极化转变的进程当中，而在未来的世界中，美国在世界秩序中的"突出地位"将让位于共享话语权、主动性和责任感。长期贯穿于金砖国家领导人声明中的愿景是一个在国际法和联合国的规则下的更加公正和公平的世界，在这个世界中政权变革不是最强大国家议程的一部分，对布雷顿森林体系机构的投票结构进行改革，能够反映世界新的经济平衡。正是这种中心逻辑塑造了金砖国家，从俄罗斯这一寻求在全球转型中发挥重要角色的国家开始，其吸引了其他创始成员国，其中有三个国家认为自己是崛起中的国家，而南非则希望成为非洲崛起中的领导。

8. 在美国领导的联盟推翻伊拉克政权的时候，俄罗斯提出了这个倡议。在同一时期，严重的金融危机对处于全球经济管理核心地位的国家和机构造成重大的声誉损失。因此，一个来自这个圈子以外的主要国家对塑造未来国际体系的集体观点确有其逻辑和吸引力，即使金砖国家的地缘政治利益可能并不总是趋于一致。以史为鉴，二十国集团于 2008 年成立，旨在避免重大的全球金融和经济灾难。金砖国家在 2009 年作为世界首屈一指的经济论坛，完全共享二十国集团的自荐精神。对于金砖国家来说，二十国集团的出现是对全球治理体系需要走向多极化立场的验证。正是在 2010 年的二十国集团会议上，国际货币基金组织的投票结构完成了改革（因此世界银行的投票结构也随之进行改革）。美国国会反对这种相对经济权力的明显转变，导致这一改革结果的实施推迟了 5 年多，这种改革被广泛认为是在损害美国维持的在布雷顿森林体系机构中合法性方面的长期利益。因此，美国财政部部长在其新闻稿中欢迎将国际货币基金组织的改革纳入国会在 2015 年 12 月中旬通过的综合支出法案就是一种明显的缓和，这表明美国加强了其在全球经济体系中的领导作用，也表明美国将致力于维持这一立场。在此次公告中，国际货币基金组织总裁兼执行董事会主席克里斯蒂娜·拉加德指出，从另一方面来看，改革将改善国际货币基金组织的治理情况，更好地反映出新兴国家和发展中国家在全球经济中的作用，使四个新兴市场经济体（巴西、中国、印度和俄罗斯）成为国际货币基金组织十大股东，同时也吸引非洲国家加入其中。

9. 金砖国家寻求塑造未来全球治理体系的动态工作将是一个挑战与融合的过程，以国际发展体系为重点。面对已经提出的金砖国家新开发银行的想法（根据国家开发银行行长陈元的建议），中国也启动了建立亚洲基础设施投资银行（AIIB）的倡议。相对于美国官员的恐慌，英国决定在 2015 年初加入亚洲基础设施投资银行，这带动了大量其他发达国家的申请。

10. 每次金砖国家首脑会议的全面而缜密的宣言，都会认真跟踪和对待国际政治和经济舞台上复杂和不断演变的紧张与合作趋势。在这些声明中显而易见的是，在诸如乌克兰危机或中东的紧张局势等重大断层线方面，金砖国家成员没有统一的立场。在对待经济问题上也没有任何意识形态或概念性的内容。这反映了金砖国家不是作为一个与"西方"对抗或与金砖国家本身对抗的论坛的基本立场。金砖国家成员谨慎地留在二十国集团内，以避免重复其在联合国的立场；事实上，金砖国家进程旨在"加强"一个国际制度，即使假设它们在这个世界秩序中发挥越来越大的作用，它们也可以通过这个制度来产生和维持世界秩序。

11. 金砖国家不愿意放宽成员资格表明，金砖国家当前的模式代表了在不断演变的世界秩序中提供足够的挑战功能的一种均衡状态。进一步扩大将更复杂。相反，发展方向是丰富金砖国家的交流计划，这涉及各部门和专家级工作的广泛政策领域，以"为多极化秩序奠定基础，使其能够根据它们的兴趣塑造全球秩序"。在 2015 年乌法峰会最新行动计划中列出的当前的计划包括以永久开放网站的方式建立一个虚拟秘书处，该网站将作为所有金砖国家文件和工作计划的资料库。这样一个虚拟的秘书处将使金砖国家超过二十国集团，因为二十国集团目前仍在讨论如何在每一个轮值主席国任期内建立一个新网站。以实现进一步的发展。在实践"虚拟秘书处"的概念时，对金砖国家目标的最好理解或许是将其视为多极世界中成为公认的具有知识和主动性的来源。事实上，展望未来，很难想象有着 30 亿人口的中国和印度，接近 20 亿人口的非洲在全球经济动态的发展中起作用时，不会使全球治理体系产生深刻的变化，二十国集团以及金砖国家作为有着灵活议程和能够召集国家元首的论坛，是这些变化的主导者。

12. 与此同时，人们对于是否以及何时可能出现决定性的"全球转型"有不同的看法，而在这个转型中金砖国家显然成为承担伴随作用和责任的主要参与者。一种观点认为，一方面，美国不会衰落，其通过政策、企业、技术和军事能力形成的全球影响力甚至在不断增加。另一方面，在欧洲，相对衰落和政治一致性可能是不利的人口流动的结果，这种结果源自不稳定的中东和北非的难民流动，部分也是由 2003 年入侵伊拉克和 2011 年对利比亚进行干预后的反作用造成的。世界秩序的主要挑战可能使发达国家和新兴世界各国内的不平等现象日益加剧，这可能引发严重的社会和政治危机。气候变化（包括破坏性天气事件），将是超越任何全球治理转型的全球性问题之一。减贫方面取得的进展为有条件的现金转移提供财政空间，包括金融压力和重新出现的债务问题的解决已经成为解决赤贫问题的有效手段。南部的崛起，美国的"衰落"和国际秩序的"转型"应该放在更广泛的背景下讨论。2016 年 10 月在印度果阿举行的第八届金砖国家峰会宣布的"打造有效、包容、共同的解决方案"的主题可能被视为反映了对全球推动二十国集团和金砖国家议程设置的问题的看法。

13. 作为经济向量的金砖国家，在 2010~2015 年贡献了约 80% 的全球经济增长，在宏观经济层面，金砖国家对于发展进程和前景的影响至关重要。金砖国家复杂的周期性和结构性转型仍然是重要的，其中中国的转型具有特殊意义，而正如以上关于金砖国家对国际政治影响的讨论所表明的那样，该论坛对国际体系提出了挑战，同时其成员则支持和参与了二十国集团。金砖国家已经分别支持 2015 年联合国关于普遍可持续发展目标、超出官方发展援助的发展融资以及气候变化的三项协定，这三项协定已经被纳入全球治理体系的重大演变中。

14. 金砖国家对发展合作的影响，传统上分为对南北合作和南南合作的影响，这个过程是混合的。所有金砖国家成员都有各自的议程，这使发展合作更有效，但到目前为止，并没有真正的制定金砖国家发展合作战略的尝试。事实上，有人认为，寻求发展合作的南部参与者（即新兴国家）仍然是一项正在进行的工作，"没有积极的结果且产生一些令人担忧的副作用"。金砖国家作为一个政治联盟，并没有尝试进入这一领域，甚至没有评估其进入的机会。事实上，负责国际发展合作的金砖国家高级官员的第一次会议只在 2015 年 12 月举办，且似乎没有主要官员参与。这次高级官员会议遵循了金砖国家《乌法宣言》的要求，即金砖国家领导人致力于加强伙伴关系，并通过对话、合作和交流经验推动国际发展合作。

15. 同时，目前最著名的金砖国家倡议是建立金砖国家新开发银行（NDB）。该银行总部位于上海，行长是印度人，现在正处于首批业务的起步阶段。金砖国家新开发银行的政策和计划表明一种迹象，即其对制定环境和重新安置方面的保障措施的新方法非常感兴趣。对于作为一个政治联盟的金砖国家来说，其与金砖国家新开发银行作用有关的声誉是很高的。运营项目将围绕金砖国家成员所在地区，而非洲区域中心已在约翰内斯堡建立。所有中国的倡议以及金砖国家新开发银行都意味着一种由金砖国家领导和参与的新的关于国际发展合作的经济和政治地理学。它们也有助于为多边发展融资带来生机。新老机构现在必须竞争合作。前瞻性地说，这将大大增加发展融资在反映主权担保融资成本利率方面的需求和供给，从而贯彻 2015 年 7 月在亚的斯亚贝巴举行的发展筹资会议的主要政策建议。

16. 一个集合了新兴经济体的金砖国家的成立目前可以看作是 20 年内出现的一种特殊现象，即从 20 世纪 90 年代中期开始，到商品超级周期的最后阶段，这主要是由于 2013 年中国向"新常态"经济增长政策过渡（世界银行在最近的增长预测中仍然使用"金砖国家"这一类别，但其从未被纳入国际货币基金组织的分析类别）。今天，三个金砖国家（巴西、俄罗斯和南非）受到曾处于高峰期的商品价格下跌的严重影响，面临着调整现有财政状况和为实现更快增长及促进可持续发展进程制定新战略的问题。同时，印度和中国经济继续以相对较快的速度增长，尽管面临主要的国内政策挑战，鉴于人口数量和经济规模，特别是中国的经济规模，这意味着未来 30 年，印度的经济规模可能与美国一样大，而中国可能比美印合起来还大 50%。这将是对全球经济前景的展望。撒哈拉以南非洲地区的劳动适龄人口将快速增加，印度劳动适

龄人口也在增加，中国也一样。印度和撒哈拉以南非洲地区的劳动适龄
人口数量基本相等，且远远超过了其他大洲。虽然边际成本趋于零的技
术的普及使世界各地的生活水平大幅提高，但工资水平非常不同。

17. 在地缘政治方面，金砖国家很可能继续作为一个国家联盟致力
于世界多极化的工作，这一愿景也很可能成为现实，因为美国更加谨慎
地使用其权力。而且金砖国家的伙伴关系将是多种多样的，这超出了其
金砖国家的身份，这一点已经很清楚。在这里，金砖国家在二十国集团
中的积极成员身份是最重要的载体，而且相对于金砖国家，这对每个成
员来说更重要，当国际社会质疑俄罗斯吞并克里米亚时，它们已经联合
起来保证俄罗斯参加 2014 年布里斯班二十国集团首脑会议。在国际发
展体系的影响下，在既定的多边体系之外建立新机构也是显而易见的。
金砖国家新开发银行的工作方式很重要，中国在发展金融方面的多项举
措中如何表现，以及金砖国家在未来几年作为 21 世纪发展型国家集团
的表现，为"改造世界""不落下任何一个国家"提供了新的途径，并
根据 2015 年在联合国达成的全球协议，为应对全球气候变化做出贡献。

英国脱欧后，其新国际贸易部的工作重点

Raoul Ruparel[*]

原文标题：Priorities for the New Department for International Trade Post – Brexit

文章框架：一份报告显示，英国的出口结构和金砖国家的进口结构并不相同。

观点摘要：

一份报告显示，英国的出口结构和金砖国家的进口结构并不相同。金砖国家成员进口的70%～80%往往是商品，而这还不到英国出口的60%。这些往往不是相同类型的商品，它们进口大量的能源相关产品以及电信设备，虽然在汽车进口方面有一些重叠（汽车占英国出口的很大一部分和金砖国家进口的很大一部分）。此外，一旦将与货物相关的服务、运输和旅游从中剥离出来，那么在2015年，仅英国一个国家的服务进口额便与巴西、俄罗斯、印度、中国和南非的服务出口额的总和几乎相同。2015年，英国出口的金融服务价值是金砖国家出口总价值的六倍。

---

* Raoul Ruparel，脱欧部（DexEU）特别顾问。来源：开放欧洲（英国智库），2016年7月27日。

英国和金砖国家——为未来建立全球合作伙伴关系

Natalia Herbst*

原文标题： The UK and the BRICS：Forging Global Partnerships for the Future

文章框架： 金砖国家的出现转变了发展援助的格局；虽然金砖国家平台为崛起的国家提供了扩大话语权的空间，并在一定程度上进行了政策协调，但双边伙伴关系继续受到各国特殊情况的影响；英国将其想要成为全球发展领导者的愿望引入与金砖国家建立新的互利合作伙伴关系中；需要开辟金砖国家与传统捐助者之间的对话空间，及时参与知识共享过程，避免发展援助委员会捐赠国曾经犯下的阻挠可持续发展的错误；英国是否准备与金砖国家建立动态关系源于它是否准备与世界形成动态关系；金砖国家可能会利用该组织作为扩大其全球话语权的平台，但这与英国与其建立双边关系的立场非常不同。

观点摘要：

1. 十多年来，金砖国家的出现转变了发展援助的格局。目前的地缘政治环境使得许多新兴国家，特别是巴西、俄罗斯和南非，在政治和（或）经济领域的危机正在影响其作为发展合作提供者的角色。与此同时，英国在新任首相特蕾莎·梅（Theresa May）上台后，仍然致力于

---

* Natalia Herbst，毕业于苏塞克斯大学发展研究所，获发展研究学硕士；曾任布宜诺斯艾利斯市政府公民发展部门秘书，现就职于明德学院罗哈廷国际事务中心。来源：发展研究所（英国智库），2016 年 10 月 31 日。

将国民总收入的 0.7% 用于海外发展援助，但其正在改变英国的发展方向，使其更加重视贸易和安全。在可持续发展目标（SDG）时代，面对发展格局的潜在重新调整，金砖国家和英国是否有建立可持续发展全球合作伙伴关系的空间？

2. 在可持续发展目标（SDG）时代的发展合作前景：虽然金砖国家已经参与了几十年的发展合作，但其范围和规模的显著增长导致了 21 世纪以来超出其区域范围的扩张。巩固其作为全球发展行动者的这一目标促使发展体系的重大改组，其中包括建立亚洲基础设施投资银行（AIIB）和金砖国家新开发银行（NDB），这是对全球治理现状的挑战。然而，金砖国家五个兴起的成员国在其区域中的作用，以及在国际合作方面的利益有所不同，从而决定了它们在国际舞台上的机动空间。所以，虽然金砖国家平台为崛起的国家提供了扩大话语权的空间，并在一定程度上进行了政策协调，但双边伙伴关系继续受到各国特殊情况的影响。

3. 发展研究所（IDS）的新兴国家和全球发展中心最近主办了主题为"英国和金砖国家——为未来建立全球合作伙伴关系"的论坛，分析了这些新兴国家如何并可能与后脱欧时代的英国建立全球合作伙伴关系，而英国正在寻求重新发挥其在世界的作用。讨论结果反映出英国如何将其想要成为全球发展领导者的愿望引入与金砖国家建立新的互利合作伙伴关系中，金砖国家为更安全、更包容和繁荣的世界持续努力着。

4. 在金砖国家，援助机构被建立成以各种政治、经济和意识形态为基础的"精英项目"。然而，巴西和南非见证了民间社会的特殊参与，这种参与挑战了"精英项目"，并影响发展合作。前英国国际发展署（DFID）总司长理查德·曼宁（Richard Manning）目前与新兴国家和全球发展中心共同建议，认为需要开辟金砖国家与传统捐助者之间的对话空间，及时参与知识共享过程，避免发展援助委员会捐赠国犯下曾经的阻挠可持续发展的错误。

5. 构建积极的英国 - 金砖国家伙伴关系：在目前后脱欧时代的格局下，英国正试图重新确立英国的民族主义和国际主义的意义。会议主席认为，英国对其在世界中的作用的看法是由殖民主义和冷战关系的结果造成的，且特别着眼于与俄罗斯和中国的关系。他还提出，英国是否准备与金砖国家建立动态关系源于它是否准备与世界形成动态关系。

6. 英国将如何与金砖国家一起建立合作伙伴关系，以及如何与每一个金砖国家建立这种关系？会议主席认为，英国对于在政治上和战略上的新形象的理解仍然不足，这导致它怀疑国家是否有策略地准备好迎接动态新世界。目前，一方面，英国的援助制度尚未显示出新的援助方式如何影响其发展合作实践，以及哪些可持续发展目标将被优先考虑。另一方面，曼宁认为，与金砖国家建立积极伙伴关系是一个可能解决传统国际金融机构代表性不平衡的途径，从而更好地表明金砖国家在全球经济中的重要地位及其在发展合作中的作用。此次会议加强了这样的观点，即金砖国家成员可能会利用该组织作为扩大其全球话语权的平台，但这与英国同金砖国家建立双边关系的立场非常不同。

影响金砖国家出口贸易的因素：
企业资源与制度环境的作用[*]

原文标题：The Determinants of Export Performance in BRICS：The Role of Firm Resources and the Institutional Environment

文章框架：为回应许多国家的经济结构调整和市场自由化、贸易和投资自由化、交通和信息通信技术（ICT）的技术进步、金融自由化和世界金融市场一体化，世界经济已经发生了显著变化；国际化可以通过外商直接投资（FDI）、许可证或出口来实现；尽管所有企业的国际化都面临困难，但发达经济体的企业通常在本国受到欢迎，因为本国的制度环境使其在开展业务活动时受到的阻碍相对较小；在许多新兴经济体中，大量的经济活动是在非正式部门进行的，因此没有被记录在官方国内生产总值的统计数据中；正式注册的公司可以在海外市场寻找更公平的竞争环境，并充分利用其竞争力；腐败对企业的绩效有着强大且直接的负面影响，也影响着国家的经济和社会发展；人力资本是生产过程的必要输入，是创新和新技术发现的先决条件；除了员工的技能外，企业高级管理人员的经验也很重要；拥有国际公认的质量标准降低了与信息相关的交易成本，有助于克服买方和卖方之间的信息不对称，从而有利于出口；以一个独特的视角来观察四个最大、最重要的新兴市场（巴西、俄罗斯、印度和中国）企业出口业绩的影响因素。

观点摘要：

1. 近几十年来，为回应许多国家的经济结构调整和市场自由化、

＊ 来源：科技政策研究院（英国智库），2016 年 11 月 19 日。

贸易和投资自由化、交通和信息通信技术（ICT）的技术进步、金融自由化和世界金融市场一体化，世界经济已经发生了显著变化。世界在经济上变得更加一体化，这为许多新兴市场企业（EMFs）带来了机遇和挑战。许多新兴市场国家面临着新的竞争威胁，其中包括在国内市场上与外国企业进行更激烈的竞争。为了长期生存，许多新兴市场企业都转向国外市场，以弥补其国内市场的损失。

2. 国际化可以通过外商直接投资（FDI）、许可证或出口来实现。一般来说，在国际化的早期阶段，出口受到企业的青睐，因为这是最简单、最灵活的策略，需要降低资源投入，从而减少企业特有的风险。关于企业出口的决定因素有大量文献，但是这些研究主要集中在发达经济体的企业，而相对较少的实证研究来自新兴市场的企业。

3. 尽管所有企业的国际化都面临困难，但发达经济体的企业通常在本国受到欢迎，因为本国的制度环境使其在开展业务活动时受到的阻碍相对较小。不幸的是，对于许多新兴经济体来说，情况并非如此，许多新兴经济体近年来已经开始国际化，以逃避国内的制度限制。缺乏对创业活动的激励，也可能促使新兴市场企业寻找其他潜在的市场，以让企业家有更多的空间去经营。对许多新兴市场企业国际化的另一种解释是向国外竞争者开放。外国进入者的激烈竞争可能会促使新兴市场企业寻找可替代的国际市场。本报告从企业的制度理论和基于资源的观点出发，阐述了制度因素和企业资源如何一起确定新兴市场企业的出口绩效。本报告制定了六个假设，并利用来自金砖国家经济体（即巴西、俄罗斯、印度和中国）的数据，对这些假设进行实证检验。这四个经济体的出口总额在 2006～2010 年占世界出口总额的 13%，这一比例在稳步上升。

4. 在许多新兴经济体中，大量的经济活动是在非正式部门进行的，因此其没有被记录在官方国内生产总值的统计数据中。许多企业家不参与正式的经济活动，因为太过昂贵和复杂，因此他们反而参与了非正式的经济活动。许多学者认为，一个大型的非正式部门对资源的优化配置产生了负面影响，而且文献也表明，在发展中国家，非正式企业和企业生产率之间存在显著的负相关性。正式注册的公司平均比非正式公司更有生产力，这是由于公共服务准入的不平等、规则的实施以及对规模经济的优先准入。

5. 尽管正式注册的公司的生产率会提高，但在那些拥有大量非正式部门的国家，法律并没有得到充分执行，而且非正式的部门能够以一种战略性的方式设置额外的准入壁垒，从而限制竞争。许多正式的新兴市场企业发现，由于缺乏正规的处罚机制，它们无法保护自己的品牌、专利或合同。因此，正式注册的公司可以在海外市场寻找更公平的竞争环境，并充分利用其竞争力。

6. 不幸的是，在许多新兴经济体中，腐败仍然是一个普遍现象，在这些国家，法律体系不那么发达。许多学者指出，腐败对企业的绩效有着强大且直接的负面影响，也影响着国家的经济和社会发展。一方面，严重的腐败使得公司更加关注本土市场，并将注意力从潜在的有利可图的海外市场转移。另一方面，那些拥有最好出口前景的公司可能会从腐败的政府官员的帮助中受益，从这个角度来看，贿赂可能被视为提高新兴市场企业竞争力的一种战略资源。然而，现有的实证研究表明，第一种影响占主导地位。

7. 人力资本是生产过程的必要输入，是创新和新技术发现的先决条件。此外，人力资本和实物资本之间的相互作用促进了两种资本的投资，从而作为一个额外的因素，促进企业层面的生产力。因此，劳动力的质量是决定公司长期竞争力的一个重要因素，不仅会对劳动生产率产生影响，而且还会影响到公司在海外市场上克服外国负债风险的能力。

8. 除了员工的技能外，企业高级管理人员的经验也是很重要的。许多作者认为，管理实践对于解释公司绩效的差异至关重要。也就是说，更好的管理实践与企业更好的绩效密切相关。从基于资源的角度来看，经验丰富的管理人员对行业及出口有着深刻的认识，并且能够有效地管理人员，从而创造并维持竞争优势。

9. 对于将产品出口到发达经济体市场的许多新兴市场企业来说，，一个重要的问题是，它们的产品往往被认为是低质量的、不精细的。当供应商有能力设计并供应符合要求的产品时，质量是很重要的，因为它向潜在的购买者发出一个明确的信息，以说明出口商及其生产过程的精细程度。拥有国际公认的质量标准降低了与信息相关的交易成本，有助于克服买方和卖方之间的信息不对称，从而有利于出口。因此，诸如 ISO 9000 这样的最低质量标准可以显著降低与交易相关的成本。

10. 此外，通过在"金砖四国"的背景下考察新兴市场企业，可以提供一个独特的视角来观察四个最大、最重要的新兴市场（巴西、俄罗斯、印度和中国）企业出口业绩的影响因素。这四个经济体共同承担了将近四分之一的全球国内生产总值，并且就国内生产总值而言，到2050 年其将超过七国集团。

金砖国家在当今多极世界中的作用

Richard Carey[*]

原文标题：The BRICS Role in Today's Multipolar World

文章框架：今年早些时候在印度举办的第八届金砖国家峰会并没有关注金砖国家本身，其对国际社会的关注甚至更少，这显示出该峰会是多极世界架构的一个独立组成部分；虽然大部分讨论集中在恐怖主义问题上，但上个月在杭州举行的二十国集团会议之后，金砖国家强烈认同 2015 年联合国可持续发展目标，并就发展和气候变化问题进行融资；民间社会组织在向金砖国家峰会提交的文件中总结了讨论的要点，特别强调了金砖国家成员之间的高度不平等，以及在实现可持续发展目标时需要解决的问题；二十国集团和金砖国家代表了新的多极世界的两个类似的进程，在一个没有传统管理机构的非正规经济空间内，它们在处理复杂问题上有很大的灵活性。

观点摘要：

1. 2017 年全球西部和北部的不确定性将持续，由于欧盟与英国之间长期的"脱欧"谈判和美国下届总统特朗普不可预测的外交政策，金砖国家（巴西、俄罗斯、印度、中国、南非）内部的一致性也将受到考验。本报告回顾了最近的金砖国家峰会，并研究了金砖国家在安全、经济、卫生、教育和文化等诸多领域的具体承诺对全球治理的意义。今年早些时候在印度举办的第八届金砖国家峰会并没有关注金砖国家本身，对国际社会的关注甚至更少，这显示出该峰会是多极世界架构

---

* Richard Carey，发展研究所崛起国家与国际开发计划咨询委员会委员，经合组织发展合作部前主任。来源：发展研究所（英国智库），2016 年 12 月 22 日。

的一个独立组成部分。正如印度专家所说，金砖国家在今天世界多极化发展中发挥了决定性作用。此外，金砖国家正在加强对多边体系的支持，而美国一直拒绝支持多边体系，这一趋势在特朗普领导下可能持续。在全球治理方面，金砖国家是一个新的倡议来源。

2. 虽然大部分讨论集中在恐怖主义问题上，但2016年11月在杭州举行的二十国集团峰会之后，金砖国家强烈认同2015年联合国可持续发展目标，并就发展和气候变化问题进行融资。金砖国家是二十国集团和2015年联合国可持续发展目标的坚定支持者，这并不是一件小事。这是一个非常重要的演变，反映出多边国际体系的兴起，该体系在共同目标和差异责任的基础上，使世界从无所不在的南北冲突时代转变为一个尊重联合国发展目标的时代。金砖国家是这种新体系的组成部分。更具体地说，金砖国家峰会赞同2030年联合国议程（包括性别平等和赋予所有妇女、女童权利）。金砖国家成员之间经济部门和银行间合作机制取得进一步发展，即使有些项目仍处在议程当中，包括金砖国家新开发银行与金砖国家成员国的进出口银行之间的协议，以及根据市场原则建立一个金砖国家成员信用评级机构。金砖国家重视反洗钱金融行动特别工作组（FATF）的工作，坚决打击包括恐怖主义融资在内的非法资金流动。二十国集团的国际税收议案是有关税收透明度、税基侵蚀和利润转移的重要议案，也得到了金砖国家的高度认可（税收透明度与信息交换全球论坛是在经济合作与发展组织的基础上设立的，它的辅助单位由一位来自印度财政部的经验丰富的女性领导）。金砖国家反腐败网络已经建成。而且，《关于建立金砖国家农业研究平台的谅解备忘录》已经签署。在2016年11月的杭州峰会上，金砖国家议程是二十国集团创新和增长议程的一部分。这些议程包括大力推动基础设施建设，通过联合多边开发银行（包括金砖国家新开发银行和亚洲基础设施投资银行）共同努力、确定和支持全球的基础设施连通计划。中国提出的二十国集团推动非洲工业化的倡议在金砖国家果阿峰会上得到了支持，果阿峰会也支持非洲2063年转型议程及其十年落实计划。金砖国家的这些做法对全球治理的贡献是显而易见的。

3. 峰会不只有国家元首和其他国家官员之间的讨论。在果阿峰会上，民间社会组织也通过金砖国家民间论坛参与讨论。阿努拉德·切诺伊（Anuradha Chenoy）被邀请参加这个活动，并将其描述为广泛参与的、民间社会筹备的活动，这个活动以一些民间社会组织的地方、区域和国家层面的会议作为前奏。印度外交部支持这项民间活动，但议程是自主的，来自所有国家的优秀代表团可以自由和积极地进行讨论。民间社会组织在向金砖国家峰会提交的文件中总结了讨论的要点，特别强调了金砖国家之间的高度不平等，以及在实现可持续发展目标时需要解决的问题。

4. 二十国集团和金砖国家代表了新的多极世界的两个类似的进程，在一个没有传统管理机构的非正规经济空间内，它们在处理复杂问题上有很大的灵活性。《果阿宣言》证明，金砖国家议程广泛涵盖安全和全球治理，政治、社会、环境和经济问题。金砖国家的成员都知道它们正在协助构建一个多极世界，而正是这一目标使它们团结。但金砖国家在其他地方仍然有不同的利益、战略交叉，这些差距已经被即将上任的美国总统特朗普扩大。

对莫斯科经济合作的消极预测

Hannah Wurf*

原文标题： Gloomy Forecasts for Economic Cooperation in Moscow

文章框架： 对俄罗斯经济合作的评价；德国面临的挑战；金砖国家在国际合作中的举措。

观点摘要：

1. 上周，俄罗斯国民经济和公共管理学院主办了关于二十国集团和金砖国家的会议，并推动了国际经济合作。在同一周，《经济学人》发表了《俄罗斯特别报告》，报告的结论指出，西方应该继续小心翼翼地与变化莫测的俄罗斯合作。

2. 德国驻俄大使谈到德国 2017 年的二十国集团候选人时，发表了他的个人观点：全球化是一个积极的力量。德国可能会把重点放在经济复苏上，但安吉拉·默克尔（Angela Merkel）将继续在非正规移民流动的挑战和欧盟凝聚力的威胁方面吃苦头。

3. 与此同时，金砖国家成员国对该组织"尚未死亡"表示自豪，但是它们对金砖国家合作将如何演变并不清楚。一位中国学者提到中国在 2017 年 9 月举办金砖国家峰会期间，该组织可能会出现"制度深化"。印度驻俄大使强调，金砖国家正在促进人文联系，甚至连足球比赛都有涉及。

4. 二十国集团涵盖了广泛的国际问题，但至少在促进经济增长和

---

* Hannah Wurf，伦敦政治经济学院比较政治学硕士，悉尼大学国际政治学学士；曾是国际经济治理问题的研究员；研究领域为二十国集团和多边开发银行。来源：洛伊国际政策研究所（澳大利亚智库），2016 年 11 月 4 日。

创造就业机会上有明确的任务。同时，2016 年度金砖国家峰会涵盖了农业研究、外交、法规和习俗、金砖国家信贷机构、恐怖主义、核能、基础设施和医药等方面。金砖国家迄今最大的成就是建立了金砖国家新开发银行。否则，金砖国家似乎会一致地希望建立一个较不西方化的国际体系。

5. 俄罗斯举办的会议涉及科技领域，在该领域，二十国集团和金砖国家在数字经济、贸易、货币体系、税收和基础设施投资等方面都可进行合作。但是洛伊国际政策研究所的迈克·卡拉汉（Mike Callaghan）警告说，在认真履行国际承诺前，各国需要就其问题的原因和解决方法达成一致。在全球金融危机期间，当国家被迫要求紧急响应时就应这样。

中等强国合作体：找寻意义

Melissa Conley Tyler *

原文标题：MIKTA：An Acronym in Search of Meaning

文章框架：中等强国合作体的知名度低于由新兴国家组成的金砖国家（BRICS），但其有着惊人的凝聚力；中等强国合作体各成员国之间有着相似的经济规模，这种共同点在金砖国家成员国之间并不存在；中等强国合作体可以建立一个共同的机构，不一定要像金砖国家一样建立金砖国家新开发银行，但是共同的机构可能有助于促进海外援助行动取得最佳效果；金砖国家取得的一个成就便是成员国之间在各个层面上互相咨询意见和建议。

观点摘要：

1. 第八届中等强国合作体（MIKTA）外长会议在澳大利亚悉尼举行，澳大利亚外交部部长朱莉·毕晓普欢迎成员国墨西哥、印度尼西亚、韩国以及土耳其外长前来参会。中等强国合作体的知名度低于由新兴国家组成的金砖国家（BRICS），但其有着惊人的凝聚力。中等强国合作体各成员国之间有着相似的经济规模，这种共同点在金砖国家成员国之间并不存在。中等强国合作体是民主国家组织，实行开放经济，与周边地区有着密切联系。自2013年以来，中等强国合作体主要在二十国集团（G20）会议和联合国大会期间举行会议。除了部长级会议之外，中等强国合作体还举办了高级别官员对话、会议和学术界磋商等活动。澳大利亚举行的中等强国合作体外长会议还对庆祝国际妇女节、举

　　＊　Melissa Conley Tyler，澳大利亚国际事务研究所执行主任。来源：澳大利亚国际事务研究所（澳大利亚智库），2016年11月25日。

办社区足球赛事等问题进行了讨论。

2. 中等强国合作体外长会议和双边会议无疑成效显著，但其之所以没有得到很高的关注，是因为其缺乏具体的任务及倡议。中等强国合作体会议的每次公报都会提到一系列潜在合作领域的问题，比如援助效益、网络空间、气候变化以及联合国安理会改革等，但这其中没有一个可被视作中等强国合作体所发起的倡议。中等强国合作体可以建立一个共同的机构，不一定要像金砖国家一样建立金砖国家新开发银行，但是共同的机构可能有助于促进海外援助行动取得最佳效果。中等强国合作体还可以建立一个维和训练中心，提升成员国的军事能力，或者创立应对气候变化基金会，支持可再生能源技术的传播。中等强国合作体未必能够达成"五只眼"情报共享协议（该协议由澳大利亚、美国、英国、加拿大和新西兰共同签署），但中等强国合作体成员国可以在其他领域达成信息共享。金砖国家取得的一个成就便是成员国之间在各个层面上互相咨询意见和建议。

2016 年金砖国家：影响力增长

Adrian Bazbauers[*]

原文标题： BRICS in 2016：Growing Influence

文章框架： 金砖国家（巴西、俄罗斯、印度、中国、南非）作为正式组织对国际社会产生了重要影响；2010 年，随着南非加入，"金砖四国"变为"金砖五国"，该组织的人口总数现在占世界人口总数的 40% 以上，其国内生产总值占世界国内生产总值的四分之一；金砖国家 2016 年的议程提供了一些对金砖国家活动范围的了解；2016 年 10 月 15～16 日在印度果阿举行的第八届金砖国家峰会揭示了金砖国家成员国之间的紧张局势；尽管有这些担忧，但金砖国家并没有解散。

观点摘要：

1. 去年，金砖国家（巴西、俄罗斯、印度、中国、南非）作为正式组织对国际社会产生了重要影响。然而，2016 年成员之间的紧张关系可能是金砖国家继续取得成功的主要障碍。一方面，金砖国家已经开始经营两个新的多边组织：金砖国家新开发银行（NDB）和应急储备安排（CRA），这表明分工日益制度化。另一方面，金砖国家成员外交政策利益竞争导致紧张、不和谐的局势。

2. 高盛集团首席经济学家吉姆·奥尼尔 2001 年就提出了"金砖四国"（当时指巴西、俄罗斯、印度和中国）这一术语。这一术语代表那些在 21 世纪上半叶最具增长潜力的新兴经济体，这些新兴经济体可能在日后获得更大的全球事务领导地位。"金砖四国"这一术语在 2006

---

* Adrian Bazbauers，堪培拉大学管理与政策学院讲师。来源：澳大利亚国际事务研究所（澳大利亚智库），2016 年 12 月 26 日。

年被正式化，这个概念源于一项投资策略，金砖四国试图摆脱和挑战全球北方主导的现状。2010 年，随着南非加入，"金砖四国"变为"金砖五国"，该组织的人口总数现在占世界人口总数的 40% 以上，其占世界国内生产总值的四分之一。这是全球权力格局的重大改变，因为金砖五国宣布将在国际舞台上获得更大发言权。

3. 许多评论家认为 2016 年金砖国家的经济衰退意味着该组织的终结；俄罗斯和巴西面临经济衰退，它们大规模撤出约 5000 亿美元的全球投资，预计南非经济将以 0.6% 的微弱速度增长。但是仅凭这样一种狭隘的经济学观点是无法理解金砖国家的发展趋势的。金砖国家不仅仅是一个"投资市场"。金砖国家 2016 年的议程提供了一些对金砖国家活动范围的了解。从 2016 年 2 月至 12 月，共举行了 120 多次金砖国家会议，从高调公开的第八届金砖国家峰会到涉及城市化、外交政策、经济包容、环境可持续性、贸易与健康等方面的小型会议。金砖国家不仅是一个成员国首字母的缩略词，而且金砖国家新开发银行和应急储备安排的启动明确说明了这一点。建设金砖国家新开发银行的提议于 2013 年提出，2016 年 2 月开始运作。作为一个多边开发银行，金砖国家新开发银行的任务是"为金砖国家、其他新兴经济体和发展中国家的基础设施和可持续发展项目提供资金"，金砖国家新开发银行建立第一年发展良好。金砖国家新开发银行总部设在上海，第二个区域办事处——非洲区域中心最近在约翰内斯堡开始运营，2016 年，金砖国家新开发银行制定了业务政策和程序，并批准了首批贷款。在 2016 年承诺贷款 15 亿美元的基础上，预计 2017 年贷款规模达到 25 亿美元。金砖国家新开发银行业务主流是为可再生能源项目提供贷款，另外还有为俄罗斯老旧道路、铁路基础设施项目提供贷款，11 月底，金砖国家新开发银行批准了中国价值 2.9 亿美元的莆田平海湾海上风电项目，并发行了约合 4.5 亿美元，以人民币计价的"绿色债券"。金砖国家新开发银行行长瓦曼·卡马斯（K. V. Kamath）表示银行将致力于可再生能源，并打算将银行塑造成一个专门的"知识型"机构。10 月份发起的应急储备安排补充了金砖国家新开发银行的业务。虽然尚未批准其首次贷款，但应急储备安排（金砖国家的国际货币基金组织替代计划）现在已准备好支付紧急流动资金，以缓解短期国际收支压力。金砖国家的制度化显示出其全球影响力不断上升。另外，由中国领导的亚洲基础设施投资银行在 6 月份批准了第一笔贷款，新兴经济体正在改变全球治理状况，同时仍然参与现有的国际治理。

4. 2016 年 10 月 15 ~ 16 日在印度果阿举行的第八届金砖国家峰会揭示了金砖国家成员之间的紧张局势。果阿峰会的官方致辞是"团结""合作""开放"，旨在打造"公平公正"的多极世界秩序。然而，除官方致辞之外，非正式会议和新闻报道揭示了它们合作努力的不确定性。首先，印度总理纳伦德拉·莫迪（Narendra Modi）在峰会上暗斥巴基斯坦为"恐怖主义母舰"。莫迪的声明遭到俄罗斯和中国的强烈反对，俄罗斯和中国最近都在为支持巴基斯坦而动员，中国也将巴基斯坦视作"全天候盟友"。印度与中国的紧张局势早在中国利用联合国安理会否决权来阻止印度加入核供应国集团的那一年就开始了。其次，巴西最近的政治动乱并没有被金砖国家接受。在 8 月份罢免迪尔玛·罗塞夫之后，新总统米歇尔·特梅尔（Michel Temer）表示将与美国建立更牢固的关系。这导致金砖国家内部发生摩擦，俄罗斯总统弗拉基米尔·普京在果阿峰会上公开嘲笑特梅尔；普京与所有金砖国家元首会晤，唯独没有会见巴西总统。特梅尔的地缘政治重新定位也可能使巴西与中国的关系复杂化。

5. 尽管有这些担忧，但金砖国家并没有解散。制度化巩固了其在新兴经济体中的领导地位。在承认他们的个人问题（南非总统雅各布·祖马接受两年内第八次"不信任投票"后"幸存"下来）之后，金砖国家仍然保持完整。这是十分重要的，因为在全球北方民族主义和保护主义不断上升的背景下，金砖国家是全球化的堡垒。随着 2017 年中国举办第九届金砖国家峰会，金砖国家可能成为有利于加强全球联系的领先集体。现在，中国在"核心领导"习近平主席的稳定指导下有希望推动全球化，使金砖国家驱动世界发展。

巴西、俄罗斯、印度、中国和南非（金砖国家）的结构转型

Wim Naudé ; Adam Szirmai; Nobuya Haraguchi *

原文标题： Structural Transformation in Brazil, Russia, India, China and South Africa (BRICS)

文章框架： 过去30年来，尽管方法不同，成效各异，但金砖国家（巴西、俄罗斯、印度、中国和南非）的经济结构发生显著转变，减贫也取得显著成效；虽然现在分析人士不再认为制造业是经济发展的唯一推动力，但制造业部门仍然是经济发展的关键部门，这对于中低收入国家和金砖国家的发展至关重要；总的来说，金砖国家的经济水平已经超越美国和欧盟；出口在拉动金砖国家经济增长方面发挥着不可忽视的作用；经济结构的转变对金砖国家各国的减贫也有不同程度的影响。

观点摘要：

1. 结构性经济转型——经济结构从低生产力传统活动（如传统农业）转变为高生产力现代活动（如制造业和服务业）是一项基本的发展要求。这种转变不仅会促进生产力的提升和人均收入的增加，而且带来了经济结构的多样化，有助于降低国家贫困率，避免外部冲击。今

---

* Wim Naudé，马斯特里赫特大学新兴市场商业与创业专业教授，管理学院院长，德国劳动研究所研究员。Adam Szirmai，马斯特里赫特大学教授。Nobuya Haraguchi，联合国工业发展组织研究员。来源：联合国大学（日本智库），2016年4月1日。

天，许多中低收入国家渴望转变其经济增长结构。然而，以何种方式转变仍是国际发展议程中的前沿问题之一。要实现经济的结构性变化，就必须制定政策来推动技术的发展、采纳和使用。经济结构转型促进生产率的提高和经济的增长，从而也会进一步推动技术进步。过去30年，尽管方法不同，成效各异，但金砖国家（巴西、俄罗斯、印度、中国和南非）的经济结构发生显著转变，减贫也取得显著成效。它们的经验为那些渴望进行结构转型的中低收入国家提供了经验。然而，迄今为止，虽然关于金砖国家的文献资料汗牛充栋，但是对于金砖国家结构转型性质的系统性和比较性分析几乎没有。本报告通过对金砖国家的结构改革进行分析来填补这一空白。

2. 制造业为何如此特殊？有以下几个理由。第一，在人均收入水平较低的情况下，制造业的发展与国内生产总值（GDP）的增加之间存在经验关系。随着人均国内生产总值的增加，制造业份额不断上升，直至达到峰值。第二，由于制造业部门的工人附加价值高于农业部门，因此资源转向制造业会产生"生产力红利"。第三，制造业部门可能会为资本的积累提供特殊的机会。工人资本水平的提升是工业发展的标志之一。第四，与农业或服务业相比，制造业可能会为规模经济带来更多机会。第五，制造业可能是技术进步的主要动力。技术进步来源于制造业，并由此扩散到其他部门。因此，制造业在经济结构转型过程中发挥的作用特别值得关注。虽然现在分析人士不再认为制造业是经济发展的唯一推动力，但其仍然是经济发展的关键部门，对于中低收入国家和金砖国家的发展至关重要。金砖国家制造业的发展可能会为其他国家的结构转型提供有益经验。

3. 在金砖国家中，制造业和服务业发挥着不同的作用。而在制造业内部有着不同的驱动部门，并且各部门有着不同的工业化模式。总之，金砖国家各成员国有着不同的制造业发展经验，而且并不是所有的经验都值得借鉴。金砖国家的出现反映了国际经济秩序正处在不断变革当中。金砖国家国内生产总值在全球国内生产总值中占很大比重，金砖国家的制成品增值以及出口也占全球制成品增值和出口的很大比重。在金砖国家中，中国和印度经济规模的扩大最为显著。到2010年，中国和印度的国内生产总值水平已经无法用购买力平价衡量。中国预计在未来 20 ~ 30 年会超越美国，成为全球最大的经济体。到 2050 年，印度可能会成为世界第三大经济体。预计到 2036 年，巴西的经济总量将超过德国。到 2050 年，巴西将成为世界第五大经济体。中国、印度和巴西三国的经济规模在 2010 年时已经超过美国，达到 4.7 万亿美元，国内生产总值总量达到 20.7 万亿美元。因此，总的来说，金砖国家的经济水平已经超越美国和欧盟。此外，金砖国家中还包含了世界上人口最多的两个国家（中国和印度）。经济规模只是衡量经济发展的指标之一，另外一项重要指标是人均国内生产总值，在这方面，中国和印度正在努力赶上，但与其他三个金砖国家成员国相比仍相差甚远。据统计，2010 年，俄罗斯是金砖国家中人均国内生产总值最高的国家，达到 16983 美元。巴西次之，人均国内生产总值为 9787 美元，南非的人均国内生产总值为 8901 美元，中国为 8741 美元。金砖国家中人均国内生产总值最低的是印度，仅为 4649 美元。在金砖国家成员国当中，人均国内生产总值增长最为显著的是中国，俄罗斯人均国内生产总值在 1998 年大幅下跌之后开始呈现快速增长势头。印度人均国内生产总值增长较为温和，而巴西和南非的增长缓慢。与韩国等其他崛起国家以及全球技术领导者美国相比，金砖国家在人均国内生产总值上仍远远落后。巴西、中国和南非的人均国内生产总值约为美国的四分之一，而印度的人均国内生产总值甚至没有达到美国人均国内生产总值的 10%。推动人均国内生产总值增长的一个重要因素是生产力水平的提高。因此，了解金砖国家生产力水平的提升有助于了解金砖国家人均国内生产总值的提高。劳动生产率通常能够反映一个国家的技术水平，通过与美国劳动生产率的比较，就能够发现一个国家与美国之间的技术差距。金砖国家成员在劳动生产率方面有着很大差异。巴西和南非的劳动生产率远远落后（一直以来，这两国与美国的劳动生产率差距在扩大）。中国一直在设法缩小与美国之间的劳动生产率差距。而印度与美国之间的劳动生产率差距一直保持不变。然而，中国和印度的劳动生产力水平仍远远落后于美国（两国的劳动生产率分别为 19% 和 9%）。

4. 要使金砖国家经济取得成功，出口在拉动经济增长方面发挥的作用不可忽视。中国是典型的案例。20 世纪 70 年代末，中国实行对外开放，极大地推动了其经济增长。印度也通过制造业出口拉动了经济增长，而近年来，印度的信息技术服务行业出口也越来越多。俄罗斯和南非主要出口资源和商品。巴西也成功出口了自然资源、资源制成品和高技术制造业产品。这些融入世界经济的发展模式对于金砖国家的经济发展至关重要，而贸易也是获得并引入外国先进技术的重要途径之一。根据对金砖国家的出口进行的统计，研究人员发现，金砖五国经济的发展越来越离不开全球经济。在 20 世纪 80 年代初，金砖国家的出口量占世界出口量的比例不到 4%，而到了 2010 年，金砖国家的出口量占世界出口量的 13%。中国的对外出口增长尤为显著。俄罗斯紧随中国，之后是印度和巴西。据研究表明，1980～2005 年，南非的人均出口额在金砖五国中排在首位。到 2009 年，南非的出口额仅为 1980 年出口额的 3.5 倍，而中国 2009 年的出口额则是 1980 年的 97 倍。

5. 发展从根本上来说就是结构转变。在过去 30 年里，通过结构转变，金砖国家成员的经济取得了不同程度的成功。在中国和印度，经济结构的转变推动了制造业和服务业的发展，中国更加重视制造业，而印度则更加重视服务业。从出口的行业构成来看，中印两国的制造业出口额都大幅增加。相比之下，俄罗斯制造业出口额在 1995～2008 年几乎鲜有增加。在同一时期，南非制造业出口额下降了三个百分点，而服务业出口额增长超过 10%。服务行业是南非、俄罗斯、巴西以及印度的主要行业。事实上，自 1980 年以来，服务业一直是巴西经济的主导部门。中国是金砖国家当中唯一一个服务业占国内生产总值比重在 50% 以下的国家。尽管份额不同，但自 1999 年以来金砖国家成员的制造业都取得了相对较大的发展。由于与其他行业相比，制造业与国内经济的联系更大，因此在过去十年中其为经济发展打下了坚实基础。作为一个国际组织，金砖国家的经济规模已经超过美国和欧盟。这是 20 世纪 90 年代各成员国经济稳定增长的结果。虽然金砖国家的经济体量得到了很大发展，但是仍有很多方面需要不断进步。

6. 经济结构的转变对金砖国家各成员国的减贫也有不同程度的影响。衡量经济结构转变是否有助于减少贫困需要考虑以下几个问题：①是否创造了新的工作岗位；②生产力和工资差距是否扩大；③行业内工资和生产力发展趋势。经过对这三个问题进行调查，研究人员发现只有中国的制造业发展促进了减贫。主要原因是贫穷山村地区的居民来到城市，在制造业部门中找到了工作。而制造业已经成为接收中国农民工最大的部门。应该指出的一点是，中国减贫取得重大发展不应仅仅归因于制造业为农民工创造了工作岗位，中国的惠农政策同样发挥了重要作用。在巴西、俄罗斯和印度，结构转变也带来了贫困率的下降。在 1977 ~ 2006 年，印度的贫困率从 65.9% 降至 32.7%。贫困率的下降归因于经济增长、工业化以及国家制定的再分配政策。研究认为，服务业主导下的经济发展并没有对减贫做出有力的贡献。近年来，印度制造业就业岗位正不断减少，制造业中低技能、低收入劳动力居多。研究表明，自 1990 年改革以来，印度的减贫呈放缓趋势，但从长远来看，印度减贫取得了实质性进展。在巴西，1990 ~ 2009 年，贫困率从 17.9% 降至 6.1%。在过去十年间，社会保护政策以及针对贫困人口发起实施的现金援助项目有效减少了贫困人口，缩小了收入差距。在俄罗斯，2000 ~ 2011 年，贫困率降低了一半以上。俄罗斯在苏联解体后经历了经济极为困难，人均国内生产总值和人民生活水平大幅下降的时期之后出现贫困率下降的。制造业的发展并没有为减贫带来帮助。相反，养老金的增加，非市场服务部门工资的上涨以及公共部门就业岗位的增加是促进俄罗斯贫困率下降的主要因素。南非在 1993 ~ 2008 年贫困率从 24.3% 降低至 13.8%，其中 2000 年后，贫困率下降幅度最大。研究发现，巴西、俄罗斯以及南非贫困率的下降不能直接归因于工业化或制造业的发展，因为这些国家的制造业就业岗位增加缓慢甚至有所下降。例如，巴西制造业就业率在 1990 ~ 2009 年仅增加了 1.5%。在 2000 ~ 2007 年，俄罗斯制造业发展缓慢，大批工人失业，制造业工作岗位减少了 200 万个。在这两个国家中，贫困率的下降主要归功于社会福利水平的提升以及服务业就业岗位的增加，例如医疗、金融以及教育部门。在南非，大部分劳动力被排除在正规劳动力市场之外，制造业工作岗位减少，这都不利于其国家贫困率的下降。

多边外交与多边主义：联合国、八国集团、二十国集团、布雷顿森林体系

Ryo Oshiba[*]

原文标题： Multilateral Diplomacy And Multilateralism：The United Nations，the G8，the G20，And the Bretton Woods Institutions

文章框架： 鉴于金砖国家和其他新兴经济体的经济增长迅猛，美国强烈要求扩大其在世界银行中的投票权；美国意图加强与金砖国家的关系，同时减少欧洲国家在世界银行中的投票权；事实上，2014 年中国与金砖国家其他成员国合作成立了金砖国家新开发银行，以减少发展中国家向世界银行贷款。

观点摘要：

1. 进入 21 世纪后，金砖国家的经济增长更让人"眼花缭乱"。在美国，许多人认为，世界银行无法再为中等收入国家提供贷款，其资金只够流向世界上最贫穷的国家。而金融危机发生后，世界银行的资金增加至上一年的 2.5 倍。随后，2010 年 4 月，世界银行决定增加其资金，以应对融资需求的扩大。当世界银行的资金增加时，各国投入其中的额外资本也要相应增加。各国在世界银行中的投票权由其认购比率决定，因此关于股金增加的谈判至关重要。鉴于金砖国家和其他新兴经济体的经济增长迅猛，美国强烈要求扩大其在世界银行中的投票权。美国意图加强与金砖国家的关系，同时减少欧洲国家在世界银行中的投票权。欧洲国家对美国的提议表示反对。但面对世界经济中心向发展中国家转移

* Ryo Oshiba，获得耶鲁大学政治学博士学位，青山学院大学国际关系学教授，曾是牛津大学和普林斯顿大学访问研究员。来源：日本国际问题研究所（日本智库），2016 年 4 月 15 日。

这一不争的事实，欧洲国家也只好接受投票权的减少。

2. 在社会和环境问题上，中国的政策与世界银行的政策存在很大差异。世界银行的基本方针是，任何开发项目的规划和实施必须对其对少数民族、社会弱势群体以及环境的潜在影响做出评估。然而，从中国近年来在撒哈拉以南非洲和东南亚地区加速实施的投资和发展援助项目来看，中国似乎并没有遵守世界银行的基本方针。事实上，2014 年中国与金砖国家其他成员国合作成立了金砖国家新开发银行，以减少发展中国家向世界银行贷款。由于多个经济大国出现，多边主义对于全球经济的发展来说变得至关重要。但不可否认，现在美国、欧盟、金砖国家其他成员与中国之间存在着缺乏共同价值观、共同利益和身份认同等问题。

应对一个模棱两可的世界

Bilahari Kausikan *

原文标题：Dealing with An Ambiguous World

文章框架：金砖国家现在举行定期的首脑会议和其他会议，建立了一个
秘书处，还建立了一个金砖国家新开发银行。

观点摘要：

金砖国家现在举行定期的首脑会议和其他会议，建立了一个秘书
处，还建立了一个金砖国家新开发银行。金砖国家渴望更大程度地被承
认地位。在这其中也存在一些疑问：中国支持印度成为联合国安理会
（UNSC）常任理事国吗？俄罗斯和中国现在坚持宣称合作伙伴关系，
也许过于坚持，但中国和俄罗斯在中亚真的能实现和解吗？金砖国家的
凝聚力是由其他成员与中国的经济联系所提供的，它们与中国之间的贸
易和投资要多于与其他国家的贸易和投资，而中国在这一组织中扮演着
核心角色。在任何情况下，巴西和南非在地区扮演的角色都相对有限，
而这些区域角色并不是没有竞争力的。

---

* Bilahari Kausikan，现任新加坡外交部无任所大使；2010~2013年，任新加坡外
交部常任秘书长；在新加坡外交部担任过多种职务，包括新加坡常驻联合国代
表和驻俄罗斯大使。来源：政策研究所（新加坡智库），2016年1月29日。

金砖国家中的中国和印度：是"一些"合作的基础吗？

David Scott[*]

原文标题：China And India in BRICS – A Building Block for "Some" Cooperation？

文章框架：金砖国家的明确目标就是挑战迄今为止西方国家仍占主导地位的国际经济金融机构的运作，实际上就是宣传多极世界秩序以挑战现有国际秩序；金砖国家促进了中国和印度之间的合作；中印两国仍然致力于发掘金砖国家机制的经济潜力，尽管重点可能略有不同；中国对金砖国家的评论一直都是积极的，但其"言论"也引发了印度的担忧；中国经济的放缓和印度经济的增长可能会纠正金砖国家中的一些不平衡现象；中国对印度与影响中国利益的国家，特别是日本和美国进行区域平衡表示担忧；金砖国家在中印关系中的作用似乎是"一些"合作的基础；印度将通过经济和全球合作（通过金砖国家机制）加上持续的内部和外部"平衡"继续"包围"中国。

观点摘要：

1. 印度于 2016 年 2 月 15 日成为金砖国家轮值主席国。2009 年巴西、俄罗斯、印度和中国建立"金砖四国"（简称 BRIC），2011 年南非加入该组织（简称变为 BRICS）。从这一时期开始，金砖国家的明确目标就是挑战迄今为止西方国家仍占主导地位的国际经济金融机构的运

---

* David Scott，印度和中国外交政策顾问、分析师、作家，2015 年从英国布鲁内尔大学退休。来源：李光耀公共政策学院（新加坡智库），2016 年 4 月 13 日。

作，实际上这是通过金砖国家来宣传多极世界秩序以挑战国际体系，中国和印度也在不断重申这一点。2016 年 2 月 24 日，中国方面发表了第一篇关于 2016 年度印度担任金砖国家轮值主席国的评论，当时《环球时报》刊登了一篇上海国际问题研究院高级研究员刘宗义的文章，题为"印度应避免与金砖国家之间的分歧"。

2. 以一种积极的态度来看，刘宗义指出，在印度担任金砖国家轮值主席国的情况下，通过在 2012 年提出的金砖国家新开发银行，印度将"为金砖国家间的合作和全球治理改革做出重大贡献"。金砖国家促进了中国和印度之间的合作在刘宗义关于金砖国家新开发银行（NDB）的文章发表的三天后得到了证明，2016 年 2 月 27 日中国外交部部长王毅和金砖国家新开发银行行长瓦曼·卡马斯（K. V. Kamath）签署了法律文件，确定将在上海设立金砖国家新开发银行。金砖国家新开发银行的规模很大，启动资金为 500 亿美元，每个金砖国家成员提供了 100 亿美元。尽管如此，Shaji Vikraman 认为，对于卡马斯来说，最大的挑战事实上可能是中国。他的担忧是双重的。一部分也许是因为银行总部设于上海，中国的影响力会很大。另一部分是因为中国也可能更有兴趣推动亚洲基础设施投资银行（AIIB），其于 2016 年 1 月 16 日开始运作，并由中国人金立群领导，总部在中国北京。

3. 当然，中印两国仍然致力于发掘金砖国家机制的经济潜力，尽管重点可能略有不同。在 2015 年金砖国家峰会上，中国领导人习近平宣布"金砖国家的崛起是不可逆转的"，其将作为"塑造国际经济秩序"的机制，而印度领导人纳伦德拉·莫迪（Narendra Modi）则表示，"我们必须承认金砖国家在经济领域取得的成功"，他以建立金砖国家新开发银行、应急储备安排、出口信用保险并提出创新融资和海关合作及再保险新建议为例。

4. 中国对金砖国家的评论一直都是积极的。2010 年，有中国学者认为，建立金砖国家机制是一个预示着"走向多极化世界"且受欢迎的发展。五年后，另一位中国学者则认为，"中国没有仅把金砖国家视为经济平台，而且也重视其在政治和软实力层面的重要性，以塑造更好的世界秩序"。然而，中国有关金砖国家作用的一些解释有些含糊的意味。2014 年中国官方媒体新华社发表声明："中国会机动地将金砖国家发展成为一个综合市场；连接陆海空……加速西方国家控制的国际金融体系、长远发展目标和国际民主化进程的改革。"正是"机动"这一术语引起印度对中国意图的担忧。

5. 印度对金砖国家的评论往往也是积极的。例如 2013 年贾甘纳特·潘达（Jagannath Panda）在《金砖国家和中印建设：正在制定一个新世界秩序吗？》（*BRICS and the China – India Construct：A New World Order in Making?*）一书中提出了金砖国家的外部影响力。然而，印度对于金砖国家内部动态的不安是显而易见的。在 2013 年的研究中，哈西·潘特（Harsh Pant）指出"金砖国家并不坚固"，他认为"金砖国家的核心是空白的"，其中"金砖国家面临的主要挑战使中国与其他四个成员国相比处于主导地位"。具有讽刺意味的是，中国经济的放缓和印度经济的增长可能会纠正金砖国家中的一些不平衡现象。这个发展也许可以如刘宗义表示的那样，"中国在进入'新常态'后，正在努力调整其经济结构，只有印度发展良好"。

6. 从负面效果来看，刘宗义表达了中国对印度的担忧，"印度应重点关注如何提高金砖国家的内部团结，特别是克服历史原因造成的对中国的长期偏见，中印两国因意识形态的不同和历史问题而分裂是不明智的"。"历史问题"是指两国在喜马拉雅山地区的领土争端，并导致了 1962 年的战争，目前两国关系仍然陷入僵局，还没有任何关于主权或陆地边界的解决方案。"意识形态问题"是指印度作为世界上最大的（自由主义）民主国家，反对中国的政治体制。把两者放在一起，就可以了解到中国对印度与影响中国利益的国家，特别是日本和美国进行区域平衡的担忧。

7. 总的来说，金砖国家在中印关系中的作用似乎是"一些"合作的基础。2011 年中国担任金砖国家轮值主席国和 2012 年印度担任轮值主席国期间发表的《三亚宣言》和《新德里宣言》同时强调了经济发展，重申并欢迎多极化。中国希望印度在担任轮值主席国期间继续努力。

8. 展望未来，印度在担任轮值主席国期间的任务是实现 2015 年金砖国家峰会上确定的在 2020 年制定"金砖国家贸易、经济与投资合作路线图"的目标。在任期内，印度可能推动包括中国在内的金砖国家成员内部的经济和金融机制发展。中国、印度和其他金砖国家成员也将继续在全球范围内推动多极化。然而，在区域性方面，印度也不太可能参与中国的"21 世纪海上丝绸之路"倡议，因为这一举措有可能使中国更大程度上在印度洋——印度的战略后院中获得存在感。印度也不可能停止对中国的"包围"，这意味着印度将通过经济和全球合作（通过金砖国家机制）加上持续的内部和外部"平衡"继续"参与"其中，随着印度推行"东向政策"，其寻求与日本、美国进行更广泛的军事合作。

金砖国家新开发银行——讨论保护人权的可能性*

原文标题：BRICS Bank：Event Discusses Possibilities for the Protection of Human Rights

文章框架：当前存在权力不平衡，目前的全球经济治理不能反映金砖国家的经济，但其也质疑新兴国家在其自己的机构贷款中保障人权的机制；金砖国家新开发银行政策没有达到社会环境和人权问题的高标准，这在该银行的海外项目的投资中表现得很明确；金砖国家新开发银行的发展模式不包含信息自由政策，也没有紧急援助方案或政策；鉴于该银行是五个国家的第一个正式承诺的兑现，它将是一个可以促进民间社会监督的机构。

观点摘要：

1. 巴西人权组织 Conectas 的商业和人权项目律师 Caio Borges 通过提出一个关于金砖国家新开发银行计划于 2016 年初就首次贷款的问题开始了会议，即金砖国家新开发银行是否将全球经济金融秩序的真正改变制度化了？其真的会面向可持续发展吗？如何确保金砖国家新开发银行的融资不仅可以防止违规行为，还能促进人权？Caio Borges 说，当前存在权力不平衡，目前的全球经济治理不能反映金砖国家的经济，但他也质疑新兴国家在其自己的机构贷款中保障人权的机制。

2. Iderley Colombini Neto 和 Caio Borges 关于金砖国家新开发银行社

---

* 来源：人权研究会（巴西智库），2016 年 1 月 6 日。

会环境政策的文章对一些金砖国家成员采用了"新发展模式"分析，Rebrip 和 Iderley Colombini Neto 回顾了金砖国家新开发银行出现的历史背景，强调了金砖国家社会环境保障政策的时间安排。Colombini Neto 指出，金砖国家新开发银行直到 21 世纪初才开始制定社会环境政策。他还指出，金砖国家新开发银行政策没有达到社会环境和人权问题的高标准，这在该银行的海外项目投资中表现得很明确。

3. 美国大学中国－拉美可持续投资倡议研究员 Paulina Garzón 比较了世界银行和美洲银行与金砖国家新开发银行（NDB）和亚洲基础设施投资银行（AIIB）在治理和政策方面的不同。Garzón 强调，后两家银行最近的发展模式不包含信息自由政策，也没有紧急援助方案或政策。她还进行了金砖国家新开发银行和亚洲基础设施投资银行间的另一个比较，确定了两家银行选择融资项目和成员决策权的差异。这些比较强调了亚洲基础设施投资银行保障政策的质量，她认为这代表着多边银行政策方面的进步。

4. Michelle Ratton 教授做了最后的展示，她对金砖国家新开发银行的重要性提出了一些意见。鉴于该银行是五个国家的第一个正式承诺的兑现，它将是一个可以促进民间社会监督的机构。但她也指出，为了对银行进行有效而全面的社会管理，还有其他的障碍需要克服。

金砖国家新开发银行 [*]

原文标题： New Development Bank

文章框架： 自2013年宣布成立金砖国家新开发银行（NBD）以来，
一些民间社会组织已经开始其影响创建新多边银行进程
的努力，其目的是将这些努力纳入新组织的组建流程，
就银行将采用的发展概念、融资的项目类型及其透明度、
社会环境和人权政策以及接受投诉的机制进行公开和参
与性的讨论；不能获得关于金砖国家新开发银行业务进
程的信息，促使民间社会建立战略对话论坛，以要求银
行的透明度，并保证银行及其"借款人"不会侵犯他者
的权利；出席金砖国家会议的组织指出，立法者对金砖
国家新开发银行项目的批准非常快，且不包括公开磋商
或辩论；金砖国家新开发银行独立的补救机制具有重要
性，符合联合国《工商业与人权指导原则》，这也可以使
其成为问责制的全球范例。

观点摘要：

1. 2016年3月21日和22日，在圣保罗举行了金砖国家（包括巴
西、俄罗斯、印度、中国和南非）和金砖国家新开发银行的民间社会
战略会议（Civil Society Strategy Meeting）。活动由巴西人权组织 Conec-
tas，巴西人民融合网络（Rebrip）和巴西乐施会组织。自2013年宣布
成立金砖国家新开发银行（NBD）以来，一些民间社会组织已经开始
其影响创建新多边银行进程的努力，其目的是将这些努力纳入新组织的
组建流程，就银行将采用的发展概念、融资的项目类型及其透明度、社

＊ 来源：人权研究会（巴西智库），2016年6月22日。

会环境和人权政策以及接受投诉的机制进行公开和参与性的讨论。在俄罗斯乌法举行的金砖国家峰会上，有几十个组织向金砖国家致信，提出了金砖国家新开发银行应遵循的四项原则，以推动建立一种真正意义上新的（如非滥用的）发展模式。然而，到目前为止，在银行（定于4月份）首批项目被批准之前，民间社会的动员在国家政府或银行本身的行动中并没有形成共鸣。

2. 不能获得关于金砖国家新开发银行业务进程的信息，促使民间社会建立战略对话论坛，以要求银行的透明度，并保证银行及其"借款人"不会侵犯人权。除民间社会组织外，外交部和财政部的代表也出席了本月的活动，以解决环境和社会政策等问题，并讨论与民间社会开放对话渠道的可能性。印度－巴西－南非三边对话论坛（IBSA）负责人 Otávio Cançado Trindade 强调，金砖国家新开发银行将执行一个"银行项目"，并接受来自私人银行的共同融资。他还解释说，该银行将利用国际监管框架（如《2030 年可持续发展议程》）中的可持续发展概念。

3. 来自五个国家的组织分享了对国家和多边开发银行进行宣传的经验。Adhemar Mineiro 强调了要重视对如巴西国家开发银行（BNDES）等银行进行宣传的经验。但他也提到要注意这些机构对更透明和参与进程要求的抵制。出席金砖国家会议的组织指出，立法者对金砖国家新开发银行项目的批准非常快，且不包括公开磋商或辩论。俄罗斯的 Boris Kagarlitskiy 说，有关金砖国家的辩论，更具体地说，关于金砖国家新开发银行的辩论还没有涉及俄罗斯。

4. 财政部国际事务部的马塞洛·利马（Marcelo Lima）在发言中表示，执行董事会目前正在起草和审查若干金砖国家新开发银行的政策。马塞洛·利马和巴西政府与其他金砖国家成员拥有相同的立场，即认同金砖国家新开发银行制定透明政策的重要性。由于金砖国家新开发银行没有公布其政策或正在审查的项目，Gretchen Gordon 对于其没有公布优先事项信息以及缺乏有效的融资项目监督结构表示担忧。她还指出，一些国际金融机构已经采取人权发展方针，而金砖国家新开发银行也应该考虑《2030 年可持续发展议程》的目标。Komala Ramachandra 引用她自己的经验，以被世界银行所资助项目影响的社区和投诉机制为例，强调制定强有力的环境和社会保障措施仍是不充分的。她还肯定了金砖国家新开发银行具有独立补救机制的重要性，其符合联合国《工商业与人权指导原则》，这也可以使其成为问责制的全球范例。

金砖国家新开发银行：运营一周年回顾 *

原文标题：NDB：Overview of the First Year

文章框架：对金砖国家新开发银行的另一个批评是其缺乏对"可持续发展"概念的定义，该定义将指导其所有行动；金砖国家新开发银行与其他多边开发银行（如世界银行）的主要区别体现在可持续发展、精简机构和批准贷款的速度方面。

观点摘要：

1. 金砖国家新开发银行（巴西、俄罗斯、印度、中国和南非组建的国际组织）首次年度会议于 2016 年 7 月 21 日（星期四）在中国上海结束。这次会议是在该银行批准了其第一轮约 8 亿美元的贷款后召开的，其用于为可再生能源领域的项目提供资金。政府机关、商界人士、学者和民间团体出席了会议，银行宣布打算就政策和项目与民间团体进行磋商。巴西人权组织 Conectas 的商业与人权项目律师 Caio Borges 表示："我们希望银行能够履行承诺，并希望社会组织参与将能够影响银行的决策。有关利益各方的有效参与是任何尊重人权发展项目的基本原则之一。此外，我们不能忘记，这些项目是由金砖国家的公共资金支付的，因此银行有义务遵守最高的问责制。"

2. 民间组织代表第一次被邀请并积极参与讨论，虽然有所限制。会议持续了两天，但在第二天只对学者和活动家开放。人权组织利用这一事件指责该机构缺乏透明度，该机构尚未公布其环境和社会保障措施以及信息自由政策。对金砖国家新开发银行的另一个批评是其缺乏对"可持续发展"概念的定义，该定义将指导其所有行动。各组织也对金砖国家新开发银行采用成员国国内立法作为批准贷款的标准提出质疑。

---

* 来源：人权研究会（巴西智库），2016 年 7 月 26 日。

在国内环境和社会条例放宽的情况下，这可能是有问题的。

3. 金砖国家新开发银行成立于 2014 年，并于 4 月份开始运营，总部位于中国上海。银行发言人介绍，金砖国家新开发银行与其他多边开发银行（如世界银行）的主要区别体现在可持续发展、精简机构和批准贷款的速度方面，世界银行批准贷款的时间平均为 18 个月，而金砖国家新开发银行的目标时间是 6 个月。它也是第一个由新兴国家提供资金和进行管理的国际金融机构。

社会创新是提高妇女应对气候变化能力的工具：以金砖国家为研究对象

Paula Cruz；Isabella Todaro；Elena Bizzi *

原文标题： Social Innovation as A Tool for Enhancing Women's Resilience to Climate Change：A Look at the BRICS

文章框架： 本报告探讨气候变化与性别之间的关系，特别关注金砖国家，并认为社会创新是提高妇女（特别是农村地区的妇女）应对环境变化能力的工具；尽管 15～49 岁这个年龄阶段的妇女占金砖国家农村人口的近一半，但是妇女在参与农村经济活动（按照传统理解）方面仍然面临很大困难，也难以实现经济自主权；气候变化最有害的影响涉及健康问题；除了增加死亡人数和健康问题的可能性外，自然灾害还会造成人们流离失所，继而造成额外的痛苦；政府一般在签订国际协定之后执行缓解政策和战略，与之不同，适应举措（特别是对气候变化直接影响人们日常生活的回应）主要是由区域和地方各级的个人和集体所驱动的。

观点摘要：

1. 随着世界正面临气候变化并努力扭转气候变化趋势，重要的是认真对待气候变化的影响，以及其影响在世界各地（跨地域、跨国界、跨种族和性别）如何体现。谁将面临最大的挑战？他们是否有能力应付这些挑战？只有回答这些问题，我们才能开始强化世界和人民应对气

---

* Paula Cruz，巴西里约热内卢天主教大学教授。Isabella Todaro，美国华盛顿特区乔治城大学助理研究员。Elena Bizzi，意大利特伦托大学教授。来源：巴西金砖国家政策中心，2016 年 8 月。

候变化的迫切挑战。本报告探讨气候变化与性别之间的关系，特别关注金砖国家，并认为社会创新是提高妇女（特别是农村地区的妇女）应对环境变化能力的工具。海平面上升、天气不稳定和自然灾害影响到世界上最贫穷和最弱势的国家。随着气候变化，种植农业作物和获得足量的水资源变得更加困难。这迫使数百万人流离失所。所有这些后果更可能影响到女性。毕竟，世界上的穷人和遭受文化偏见的人大多数是女性，这提高了她们的风险。金砖国家面对的是发展中国家遭受的气候变化挑战，担负的却是发达国家应该承担的责任。金砖国家一直是发展中国家气候谈判的"领导人"，并承担责任和采取行动，应对气候变化问题。然而，金砖国家中，数百万被边缘化的人，特别是妇女，面对着日常的气候变化挑战。本报告先考察了妇女如何受到气候变化的严重影响，特别是在农村地区。然后，我们强调性别敏感、社会创新的重要性，以应对气候变化和温室气体排放的影响，并提供了金砖国家帮助妇女增强应对能力的一些例子。展望未来，随着气候变化的影响越来越普遍，我们希望更多的性别敏感、社会创新的解决方案可以在全世界传播，以维护处于更大风险之中的人的生活。

2. 根据联合国粮食及农业组织提供的数据（2011 年），2010 年金砖国家农村地区有接近 16.8 亿人口。15～49 岁妇女占巴西 15～49 岁农村人口的 46.8%，中国的这一比例是 48.6%，印度的这一比例是48.7%，俄罗斯的这一比例是 48.9%。在南非，女性的这一比例甚至比男性多 4%。综合来看，15～49 岁妇女占金砖国家 15～49 岁农村总人口的 49.4%。如上所述，这些妇女是金砖国家中受到气候变化不利影响的最脆弱的群体之一。妇女对金砖国家农业和农村经济活动的贡献占比为 24.5%～48.6%，平均来讲，金砖国家女性在农业经济活动人口中所占的比例约为 32%，比发达国家平均水平（几乎达 43%）高出约 10 个百分点。除了中国农业人口中女性比例几乎与男性比例相当外，其他金砖国家成员国中女性占比相当低：印度为 32.4%，南非为29.6%，俄罗斯为 24.7%，巴西为 24.5%。可以推断，尽管 15～49 岁这个年龄阶段的妇女占金砖国家农村人口的近一半，但是妇女在参与农村经济活动（按照传统理解）方面仍然面临很大困难，也难以实现经济自主权。此外，这表明经济指标仍然在很大程度上忽视了无偿工作的重要性，如日常家务和照顾家庭成员。关于有偿和无报酬工作之间的不平衡问题，《2015 年人类发展报告》提供了三个金砖国家（中国、印度和南非）的数据。这三个国家的这种失衡显然与性别有关。印度是这三个国家中最不平等的国家，印度妇女从事大部分无报酬工作，而男性每天进行不到一小时不能直接获得收入的工作。在南非，妇女也主要进行无报酬工作。在《2015 年全球性别差距报告》中，世界经济论坛从四个方面——经济参与机会、教育程度、健康和生存以及政治赋权分析了 145 个国家的男女不平等现象。据报道，在金砖国家中，只有南非在全球指标中位于前 20，这尤其是由于南非妇女在健康和生存以及政治赋权方面的改善。一方面，巴西还在健康和生存、教育程度方面实现了两性平等。另一方面，巴西在经济参与机会以及政治赋权方面还有很大的性别差距。政治赋权迄今为止也是俄罗斯性别不平等的最关键层面。在中国，健康和生存方面存在很大的性别差距。然而，最糟糕的情况出现在印度。尽管目前印度是世界上国内生产总值最高的国家之一，且印度妇女进一步推动政治赋权平等方面的发展，但在该国的经济参与机会、教育程度以及健康和生存方面仍然存在巨大的性别差距。这说明经济发展并不意味着社会公平（包括性别）。

3. 气候变化最有害的影响涉及健康问题。根据《世界卫生组织2015 年报告》（WHO 2015），鉴于气候变化对健康的社会和环境因素（即清洁空气、安全饮用水、充足的食物和安全的住所）的影响，"气候变化的整体健康影响可能是完全消极的"。《世界卫生组织 2015 年报告》估计，2030～2050 年，由于热应激、腹泻、疟疾和营养不良，气候变化将造成每年约 25 万人死亡。值得注意的是，其中一些疾病是金砖国家面临的主要公共卫生问题，例如，中国的血吸虫病、巴西与印度的登革热疾病。《世界卫生组织 2015 年报告》显示，巴西和印度报道的登革热感染人数已经大幅增加，埃及伊蚊（登革热传染媒介）对气候条件非常敏感，随着气候变化，感染人数上升趋势可能会继续。金砖国家的疟疾和寨卡（Zika）病毒致病率差异很大。一方面，根据疾病预防控制中心（CDC），中国农村地区疟疾风险很低，巴西北部地区和南非东北部地区风险较低，印度所有地区（包括孟买和德里市）风险都较低。另一方面，除巴西以外的任何金砖国家成员尚未有关于寨卡病毒的报道，巴西首例寨卡病毒感染病例于 2015 年 5 月得到确认。然而，根据疾病预防控制中心，寨卡病毒目前正在许多国家传播，病毒将继续蔓延。除了极端炎热气候、自然灾害和其他环境变化引起的死亡和健康问题外，人为因素加剧气候变化，化石燃料燃烧导致死亡和健康问题。二氧化碳（CO_2）造成的三百多万例死亡病例与室内烟雾有关，这直接涉及妇女，特别是农村妇女。农村地区的家务活很多，大部分农村人口仍然使用木材、粪便、煤炭或农业残留物生火烹饪。固体燃料的室内烟雾导致的下呼吸道感染死亡者占全球死亡人数的约 21%，慢性阻塞性肺部死亡者占 35%，肺癌死亡者约占 3%，其中 64% 的死亡发生在低收入国家。鉴于农村家庭劳动力和角色的传统分配，妇女一般比男性花更多的时间烹饪，因此其比男性吸入更多的室内烟雾。在金砖国家内，固体燃料仍然主要用于农村地区的烹饪。在巴西和中国，一半以上的农户使用固体燃料进行烹饪，而在印度，这一比例达到 85%。妇女在获得卫生保健方面遇到重大困难。根据联合国开发计划署（UNDP）的统计，卫生保健方面的两性平等全球趋势"不太积极"（相比教育方面），预期寿命比例不均衡，表现出更大的全球差距。随着世界范围内获得卫生保健服务的城乡差距扩大，农村妇女在应对气候变化的不利影响方面更是处于不利地位。事实上，除了印度之外，总体来讲，生活在金砖国家农村地区的人们都自己支付卫生保健费用。国际劳工组织提供的最新数据显示，金砖国家在这方面存在巨大城乡差异。尽管南非人和巴西人受到公共卫生系统的法律保护，但城市居民总体健康支出的 10%（南非）和 35% 以上（巴西）均出自居民的口袋。这主要是由于这些公共机构所提供的健康服务质量较差，而这最终会影响到农村居民，因为他们一般负担不起私营机构的服务费用。一方面，过去几十年，中国和俄罗斯的公共卫生已经越来越私有化，这也对农村居民不利。在这些国家，城镇居民的自付支出达到卫生总支出的 40%~50%，而农村居民卫生支出的这一比例平均低于 20%（中国），甚至在 10% 以下（俄罗斯）。另一方面，印度呈现不同的趋势，农村居民卫生支出超过城市居民卫生支出近20个百分点。虽然印度的农村居民在医疗保健方面的大部分花费都是自己支付的，但这似乎是为了弥补大多数人缺乏医疗保健合法覆盖的一种尝试。不过，印度的农村居民卫生支出比例确实很高，即使与世界平均水平相比也是如此。

4. 除了增加死亡人数和健康问题的可能性外，自然灾害还会造成人们流离失所，继而造成额外的痛苦。2007年联合国政府间气候变化专门委员会报告预计，气候变化的负面影响可能会造成一系列由气候难民（即由于自然灾害、作物歉收和气候变化造成的基础设施故障而流离失所的人员）构成的全新移民。根据国内流离失所监测中心（ID-MC），在2008~2014年，世界上超过1.84亿人（金砖国家接近89500万人）因自然灾害而流离失所。随着气候变化的影响加剧，这些数据预计会增加。中国和印度是世界上流离失所人数最多的三大国家的其中两个，绝大多数流离失所者是由自然灾害造成的，中国有超过5800万人，印度近3000万人。金砖国家也容易受到气候变化的影响，而这可能造成气候难民。联合国政府间气候变化专门委员会2014年预计，一系列气候变化会对此产生影响。特别是农村居民，他们依赖自然水道和森林，一旦这些系统受到破坏，那么他们就会被迫迁移。在亚马孙，亚马孙河流域的流量变化、树木死亡率增加和森林火灾都可能迫使人们逃离原来的家园。在巴西，沙漠化和干旱可能对该国的半干旱地区产生同样的影响，因为当地的供水已经成为一个关键问题。同样，南非的降雨量急剧变化已经影响到人们的生活。印度和中国部分地区的洪灾、中国玉米和小麦产量的下降、俄罗斯北极地区的气候变暖也在影响着这些地区的居民生活，这迫使他们迁移到避难所或者寻找气候更加稳定的地方。目前贩运人口网络对流离失所的妇女和女童构成了另外的威胁。2015年美国国务院关于世界各地被贩卖人口的报告将巴西、印度和南非列为"二级"严重国家。这意味着这些国家未能达到2000年美国《人口贩运受害者保护法》的标准，但它们仍在努力达到这些标准。中国被列为"二级"严重待观察国家，这意味着它也不符合标准的要求。俄罗斯是"三级"国家，这意味着俄罗斯的贩运问题也需要特别关注，因为目前俄罗斯没有努力解决这个问题。

5. 政府一般在签订国际协定之后执行缓解政策和战略，与之不同，适应举措（特别是对气候变化直接影响人们日常生活的回应）主要是由区域和地方各级的个人和集体所驱动的。总之，减缓和适应措施都应该在战略上有助于提高人们的恢复力，特别是对于那些面临更大风险的人来说。正如我们在本报告中所展示的那样，在全球范围内，气候变化的不利影响更多地威胁到妇女。然而，世界各地普遍缺乏对性别敏感问题的缓解或适应政策和战略，这涉及金砖国家。在 2015 年巴黎《联合国气候变化框架条约》第 21 次缔约方会议（COP21）之前，可以推断出金砖国家的缓解目标基本上都包括"自上而下减少碳排放，以避免全球气温升高 2 度"。尽管如此，随着世界各国仍面临全球变化的挑战，并为实现这一总体目标而出台一些政策，重要的还是应对性别问题给予适当的考虑。需要确保适应和减缓气候变化决策过程中的男女代表比例恰当。简而言之，决策团体的性别比例对于产生最佳政策结果至关重要。不仅如此，在全球鼓励、发展和传播更多自下而上的解决方案也是至关重要的。

全球治理指标：如何与金砖国家的社会经济指标相联系

Pedro de Barros Leal Pinheiro Marino；Rômulo Alves Soares；
Márcia Martins Mendes De Luca；Alessandra Carvalho de
Vasconcelos *

原文标题： Global Governance Indicators：How They Relate to the Socioeconomic Indicators of the BRICS

文章框架： 金砖国家在全球经济发展中日益重要；全球治理指标与金砖国家社会经济发展指标的关系；金砖国家人类发展指数的变化；影响金砖国家经济发展的因素。

观点摘要：

1. 金砖国家成员——巴西、俄罗斯、印度、中国和南非在全球经济发展中日益重要，其经济总量有可能在 2050 年超越美国。然而，这些国家的社会发展速度并没有跟上经济的快速发展。这就导致各国对善政与民主参与的需求不断增加。

2. 考虑到公共治理与社会经济发展的相关性以及金砖国家在全球经济发展中的重要性，笔者制定了以下研究问题：全球治理指标与金砖国家社会经济发展指标是什么关系？基于早期的研究，笔者假设金砖国家的社会经济发展受到全球治理指标的影响。

3. 笔者调查了金砖国家的社会经济发展指数与全球治理指标之间

---

* Pedro de Barros Leal Pinheiro Marino，巴西利亚大学管理学院院长。Rômulo Alves Soares，巴西利亚大学管理学硕士。Márcia Martins Mendes de Luca，巴西利亚大学管理学硕士。Alessandra Carvalho de Vasconcelos，巴西利亚大学管理学硕士。来源：瓦加斯基金会商学院（巴西智库），2016 年 10 月 28 日。

的关系。尽管过去几年的经济增长率有所下降，尤其是在 2008 年以后，但金砖国家在全球事务中发挥着越来越重要的作用。

4. 这些国家的社会发展并没有跟上经济发展。事实上，世界近一半的穷人（每日人均收入低于两美元）生活在金砖国家。据统计，这些国家的经济增长带来了对善政和民主参与需求的增长。因此，选择金砖国家作为研究对象是因为其国际相关性以及大多数人对提高公共政策的有效性和透明度的需求。

5. 根据《人类发展报告》，人类发展指数在巴西和俄罗斯被评为"高"，在南非、中国和印度被评为"中等"。联合国开发计划署将人类发展指数分为四个等级，其中有"非常高"、"高"、"中等"和"低"。前三个等级有 47 个国家，最后一个等级有 46 个国家。

6. 金砖国家的特点是区域社会经济差异很大。例如，俄罗斯和中国最发达地区的人均国内生产总值可能比最不发达地区高出 20 倍，且还会更高。然而，就巴西而言，其历史上最贫弱的东北地区，在得到小额信贷和福利计划的支持后，发展速度比其他地区要快。

7. 南非的人类发展指数与其他四个金砖国家的指数有所不同，据笔者对人类发展指数的分析，这是由于其加入金砖国家所造成的。也就是说，南非在非洲大陆拥有领先的经济地位，但与其他四个国家在社会经济概况方面相比有很大差异。

8. 五个国家的人类发展指数的变化稳定，中国和印度的增长最为突出。在 2008 年全球金融危机之前，金砖国家的国内生产总值持续增长。2009 年，巴西、俄罗斯和南非的国内生产总值增长率下降，而中国和印度却没有。

9. 从小组数据分析的结果可以推断，"控制腐败"本身对人类发展指数评分和国内生产总值增长率产生了积极影响。换句话说，在金砖国家，反腐措施有可能推动社会经济发展指数评分的提高。"政府效能"也有类似的效果，但其只对人类发展指数起作用。此外，国内生产总值增长率受到"政治稳定"以及"公民发言权和政府责任"的影响，这表明，在金砖国家中，较低水平的民众参与可能有利于经济发展。

巴西和非洲法语区：机遇与挑战

Khalid Tinasti [*]

原文标题： Brazil and Francophone Africa：Opportunities and Challenges

文章框架： 巴西涉足非洲法语区，双方通过多边机制在安全问题上进行
互动，并开展采矿和石油贸易；非洲法语区国家受到金砖国
家的鼓舞，实施了新的发展议程，目标是到 2025 年成为新
兴市场国家；一些非洲法语区国家开始在金砖国家中寻求不
会对其国家政治进行干涉和妨碍的新商业伙伴；非洲市场正
在向全世界开放，非洲政策制定者正在寻求新的合作伙伴，
商业领袖也将金砖国家模式看作其效仿的模式。

观点摘要：

1. 在过去十年中，巴西在非洲的外交努力表明了非洲对巴西这一
世界第九大经济体的重要性。巴西正在不断寻找新市场，被非洲惊人的
经济增长率和丰富的原材料所吸引，但巴西所做的努力都集中在非洲葡
语区。巴西与非洲的联系比其与其他南亚和中东伙伴国甚至金砖国家其
他成员国的联系更加复杂。事实上，南大西洋地区各国有着共同的文化
和殖民历史，面临着相似的贸易和安全问题。在巴西前总统卢拉和罗塞
夫的努力下，巴西与非洲的联系不断加强。巴西同样开始涉足非洲法语
区，双方通过多边机制在安全问题上进行互动，并开展采矿和石油贸
易。然而，巴西与非洲法语区同样有着重要的历史和文化联系，在历史
上，非洲法语区的奴隶被贩卖到巴西海岸。非洲法语区各个国家使用相

---

* Khalid Tinasti，政治学博士，全球毒品政策委员会执行秘书；专业研究领域为
中非地区混合政治制度。来源：巴西金砖国家政策中心（巴西智库），2016 年
12 月。

同的货币、相同的语言，并在一定程度上与前殖民国法国之间关系紧张，但这些国家并非没有差异。从这个角度来看，巴西作为一个先进的南半球国家，为这些国家带来了新兴大国的支持及重视国家利益的潜在新型伙伴。

2. 非洲法语区深刻地感知到巴西前总统卢拉在非洲的外交攻势，巴西对加蓬共和国和科特迪瓦提出的发展议程表示了鼓励（这些国家受到金砖国家的鼓舞，实施了新的发展议程，目标是到2025年成为新兴市场国家）。巴西完全有资格拥有更强大的国际地位，因为它对所有南半球国家都实施了开放的政策。巴西前总统迪尔玛·罗塞夫减少了巴西在非洲的参与度，这让非洲法语区国家与巴西进行合作的兴趣有所减弱。但是2013年巴西免除了非洲法语区国家的债务，2014年金砖国家新开发银行成立，这让该地区国家再次看到，巴西是非洲法语区国家的重要合作伙伴。巴西在国际社会中享有尊贵的地位，这也让非洲合作伙伴感到放心。巴西在世贸组织积极推动《知识产权协议》（TRIPS）的签署，主张在紧急医疗情况下允许非专利药物的生产和使用，巴西还公然抨击北半球国家的农业补贴政策，并呼吁国际货币基金组织进行改革。巴西还积极推动生物燃料的生产，并在二十国集团的创立中发挥作用。巴西所做的这些努力都让其成为南半球国家利益的新捍卫者。成立金砖国家新开发银行的构想在第六届金砖国家领导人峰会期间提出，巴西作为创始成员国，投入了100亿美元的初创资金。

3. 随着非洲大陆政治精英的崛起，非洲法语区国家与法国之间的关系日益衰退。法国的司法独立不能为非洲的领导人所接受，而法国对非洲法语区的司法调查也被认为是法国对该地区政治操纵的一部分。在这种情况下，几位非洲总统开始在金砖国家中寻求不会对其国家政治进行干涉和妨碍的新商业伙伴。由于法国在非洲法语区发挥着强大的历史性作用，其他像巴西或中国这样的新兴国家很难进入这一地区。但时代正在变化，非洲市场正在向全世界开放，非洲政策制定者正在寻求新的合作伙伴，商业领袖也将金砖国家模式看作其效仿的模式。在这些规模小且碎片化的市场中，巴西显然可以占据一席之地，巴西在这些市场中的投资能够获得长期的有利回报。

4. 还有一项证据能够表明法国和非洲法语区之间商业交流的减少。法国在非洲法语区的市场份额由 2004 年的 35% 降至 2012 年的 12%。在同一时期，中国在这一地区的市场份额则从 5% 增至 18%。巴西则从 1.8% 增至 2.7%。对于这一情况，部分原因可能是相较于其他金砖国家而言的，巴西采取了更加狭隘的对非政策。中国劳动力价格低，且国有企业享有政府补贴，因此巴西很难与中国在政治和金融方面展开竞争。巴西还面临着来自印度的竞争，印度企业同样觊觎着非洲的石油和采矿业。非洲法语区面临着相同的影响经济发展的因素：有组织犯罪、恐怖主义以及政治动荡。马里和尼日尔仍处在伊斯兰北非"基地"组织的威胁之中；中非共和国正在经历内战；喀麦隆正受到博科圣地组织的威胁；几内亚湾成为海盗聚集的温床；西非成为毒品贩卖的主要路线。在安全领域，巴西通过其南大西洋战略对撒哈拉以南的非洲地区进行了适度投资，并与塞内加尔、马里和赤道几内亚等非洲法语区国家签署了合作协议。巴西还向一系列非洲法语区国家出售了数量有限的小型武器和弹药，其中主要的武器购买国是阿尔及利亚。然而，巴西对这一地区安全所做的贡献大多是通过多边渠道（如印度、巴西和南非对话论坛（IBSA）或联合国项目）以间接方式进行的。

金砖国家在印度举行会议,
讨论金砖国家新开发银行的未来 [*]

原文标题: BRICS Meet in India to Discuss Future of New Bank

文章框架: 金砖国家新开发银行第二次会议将于 3 月 31 日在新德里举行,会议将在人权组织以及环境和社会组织的监督下举行,这些组织将敦促金砖国家新开发银行做出致力于实现可持续发展的具体承诺;金砖国家新开发银行的成立基于国际金融体系需要再平衡的观念,但现在成员国应该对银行的发展进行重新思考,将人类的发展作为银行的主要关注点。

观点摘要:

1. 金砖国家新开发银行第二次会议将于 3 月 31 日在新德里举行,会议将在人权组织以及环境和社会组织的监督下举行。这些组织将敦促金砖国家新开发银行做出致力于实现可持续发展的具体承诺。同时,这些组织还将要求金砖国家新开发银行避免对大型水力发电大坝和化石燃料领域进行投资。自 2016 年 4 月发放首批贷款以来,金砖国家新开发银行已经批准投资了价值 15 亿美元的 7 个项目:包括中国和印度的两个项目,以及南非、俄罗斯和印度的三个项目。这些投资项目主要集中在可再生能源(太阳能和风能)、电力和小型水力发电大坝等领域。其中巴西的项目投资额价值 3 亿美元,位列第二。该项目由巴西开发银行负责,该银行并没有透露有关项目性质或位置的细节。在一份联合声明中,来自世界各地的数十家民间社会组织呼吁,金砖国家新开发银行应摆脱无法满足社会需求的发展模式,这些民间社会组织认为以往的发展模式导致了更大程度的环境恶化,并加剧了不平等现象。

---

* 来源:人权研究会(巴西智库),2017 年 3 月 30 日。

2. 这些组织还将重点关注金砖五国所做的"为实现联合国可持续发展目标贡献力量"这一承诺。联合国可持续发展目标列出了到 2030 年之前要实现的 17 个环境与社会目标。金砖国家新开发银行应完善相关发展机制，与民间社会团体开展有意义的合作，制定明确的可持续发展标准和投资绩效指标。参加金砖国家新开发银行第二次会议的商业和人权项目协调员 Caio Borges 律师表示，金砖国家新开发银行的成立基于国际金融体系需要再平衡的观念，但现在成员国应该对银行的发展进行重新思考，应该将人类的发展作为银行的主要关注点。他还说道，"发展中国家更容易受到气候变化的影响，在这种情况下，金砖国家新开发银行应该引导制定一个真正具有包容性和可持续性的全球发展议程"。

金砖国家中的国际发展援助 *

原文标题：International Development Aid in the BRICS

文章框架：由巴西、俄罗斯、印度、中国和南非组成的金砖国家已经成
为国际舞台上的主要参与者；金砖国家中的某些成员国已经
成为新兴经济体和发达经济体的重要投资者，特别是中国现
在已经是全球主要投资者之一；来自金砖国家的投资有望改
变国际援助格局，使其更加公平和多元化；一些金砖国家成
员既是援助的接受国，同时也是援助的提供国，面临着管理
援助资金流入和流出的双重任务。

观点摘要：

1. 由巴西、俄罗斯、印度、中国和南非组成的金砖国家已经成为
国际舞台上的主要参与者。金砖国家拥有近 30 亿人口（占世界人口总
数的 40%），国内生产总值总量是 16 万亿美元（占世界经济总量的
20%）。因此，金砖国家会对世界经济、政治、社会以及环境事务造成
巨大的影响。在过去十年中，金砖国家各成员已经从松散的联盟关系转
变成为正式的政治和经济伙伴关系。金砖四国首次正式会议于 2006 年
联合国大会召开期间举行。2009 年，金砖国家领导人首次峰会召开，
此后金砖国家领导人峰会每年都会举行。2017 年 9 月，金砖国家领导
人第九次会晤将在厦门举行。金砖国家在世界范围内已大大增强了政
治、金融和经济影响力。金砖国家中的某些成员国已经成为新兴经济体
和发达经济体的重要投资者，特别是中国现在已经是全球主要投资者之
一。最近，金砖国家成立了金砖国家新开发银行（NDB），中国也成立
了由其主导的亚洲基础设施投资银行。来自金砖国家的投资有望改变国

---

* 来源：瓦加斯基金会商学院（巴西智库），2017 年 4 月 15 日。

际援助格局，使其更加公平和多元化。金砖国家希望通过援助将其成功的发展经验传授给其他新兴经济体，通过发挥软实力来刺激这些新兴经济体的发展。一方面，为实现这一目标，金砖国家相关机构和官员正在重点关注其对别国进行援助和投资的有效性。另一方面，虽然许多国家认识到了金砖国家在国际援助格局中的重要性，但仍对金砖国家的援助给接受国造成的影响表示担忧。

2. 然而，目前很少有研究关注金砖国家提供国际发展援助造成的潜在影响。一些金砖国家既是援助的接受国，同时也是援助的提供国，面临着管理援助资金流入和流出的双重任务，这增加了研究的复杂性。金砖国家在援助管理和援助有效性测评上的经验是有限的，但这种经验正在不断增加。2016 年复旦大学举行的"金砖国家发展与治理首届国际研讨会"旨在探索金砖国家国际发展援助的不同维度，并分析发展援助对公共治理及发展的理论和实践造成的影响。为此，研讨会关注的重点是，在金砖国家兴起的背景下发展援助的管理与执行。

俄罗斯在世界体系中的区域选择

David Lane *

原文标题：Russia's Regional Options in the World System

文章框架：俄罗斯有三个主要的战略和地缘政治方向：创建欧亚经济联盟，加强与欧盟的联系以及形成跨欧亚大陆的经济集团，将地缘政治转向东部；美国的国内生产总值占世界份额的下降和中国的惊人增长促使四大经济集团的形成，即金砖国家、欧盟、欧亚经济联盟和北美自由贸易协定；对俄罗斯具有攻击性的贸易制裁已经有效地加强了基于欧亚经济联盟和金砖国家的地缘政治集团的崛起；地缘政治正在发生变化，不再围绕美国这个单一经济核心，多样化日趋明显；持续的比较优势政策将使俄罗斯成为不利于制造业和增值产业的主要能源出口国。

观点摘要：

1. 俄罗斯政府将转而加强欧亚经济联盟（EEU），深化其与金砖国家（BRICS）的政治和经济联盟以及与上海合作组织（SCO）的伙伴关系。独联体国家不能为活跃的地缘经济体提供足够的基础导致俄罗斯领导层重新考虑其更广泛的经济和战略联盟。俄罗斯有三个主要的战略和地缘政治方向：创建欧亚经济联盟，加强与欧盟的联系以及形成跨欧亚大陆的经济集团（即由巴西、俄罗斯、印度、中国和南非组成的金砖

---

* David Lane，剑桥大学伊曼纽尔学院荣誉学者，俄罗斯科学院院士。来源：瓦尔代国际辩论俱乐部（俄罗斯智库），2017 年 1 月 12 日。

国家），将地缘政治转向东部。在这三个选项之间取得平衡使俄罗斯领导人陷入困境。自乌克兰危机以来，俄罗斯领导层更加重视与亚太地区的联系，俄罗斯加强了与上海合作组织和金砖国家等的联系。西方短视的结果将促使俄罗斯向东推进其经济和政治目标。

2. 美国的国内生产总值占世界份额的下降和中国的惊人增长促使四大经济集团的形成，即金砖国家、欧盟、欧亚经济联盟和北美自由贸易协定。相对于金砖国家崛起的是北美自由贸易协定和欧盟的经济衰退。制造业的出口增加值是衡量经济活力的指标之一。美国的出口增加值也出现了下滑；面对中国制造业出口的增长，美国高科技产品的出口（占制造业出口的比例）自 2000 年开始下降。

3. 对俄罗斯具有攻击性的贸易制裁已经有效地加强了基于欧亚经济联盟和金砖国家的地缘政治集团的崛起。西方政策的地缘政治后果推动了欧亚经济联盟成员转向东方。2007 年，金砖国家成立了一家开发银行，其可能是国际货币基金组织的潜在替代者。在 2015 年乌法峰会上，欧亚经济联盟已经（或将）与越南、埃及、印度、以色列、韩国、智利和南美国家建立自由贸易区。对于处在世界体系半核心地位的国家来说，地区主义意味着不需要将其纳入七国集团。中国、俄罗斯、印度、巴西和委内瑞拉以及区域集团（上海合作组织、欧亚经济联盟、南方共同市场和东南亚国家联盟）的成员可以加强它们应对霸权的立场。以经济为基础的国家力量的日益壮大给予这些国家政治影响力和军事实力。虽然不能与美国的武装力量匹敌，但当这些国家联合起来时还是拥有相当的军事资源。

4. 全球地缘政治力量的改变：地缘政治正在发生变化，不再围绕美国这个单一经济核心，多样化日趋明显，而这种多样化是由欧盟、欧亚经济联盟、金砖国家以及经济和政治集团一分为二的占主导地位的"核心"国家的碎片化造成的。到 2007 年，金砖国家成员国内生产总值占世界国内生产总值的份额大于欧盟或北美自由贸易区。中国和俄罗斯的统计特点可能会限制它们本国的跨国公司完全融入世界经济，同时美国和欧盟也可能歧视它们的附属公司。但无论如何，它们对政治和社会的认识都与美国霸权主义核心成员的政治立场不同。

5. 俄罗斯位于欧盟和崛起的大国中国之间。其在经济合理性方面的短期利益与欧盟的联系更加密切。然而，这是有困难的。持续的比较优势政策将使俄罗斯成为不利于制造业和增值产业的主要能源出口国。此外，欧盟和北约的地缘政治利益似乎排斥了更强有力的经济和政治联盟。俄罗斯政府将转而加强与欧亚经济联盟、金砖国家以及上海合作组织的伙伴关系。具有讽刺意味的是，西方国家的经济政策将被金砖国家发展进口的政策替代，而金砖国家也将提高其经济自主权。

后西方世界：制度建设与陷入混乱 *

原文标题： The Post – Western World：Building Institutions VS．Descending into Chaos

文章框架： 瓦尔代国际辩论俱乐部主办了主题为"后西方世界：多中心全球秩序的基础"的讨论会，重点关注金砖国家（巴西、俄罗斯、印度、中国、南非）的崛起，并解读以西方为中心话语的新变化；司徒恩科表示，对于后西方世界陷入混乱的争论，忽视了一种新现象，即非西方大国主导机构的兴起；国际机构研究中心莫斯科主任玛丽娜·拉里奥诺娃（Marina Larionova）指出，金砖国家成员近期向增长率趋同和双边贸易额加速增长的方向转变；格奥尔基·托洛拉亚（Georgy Toloraya）认为，由于环境问题，新的世界秩序将不可能保持当前范式。

观点摘要：

1. 10 月 12 日，瓦尔代国际辩论俱乐部主办了主题为"后西方世界：多中心全球秩序的基础"的讨论会，重点关注金砖国家（巴西、俄罗斯、印度、中国、南非）的崛起，并解读以西方为中心话语的新变化。格图里奥巴尔加斯基金在圣保罗的国际关系助理教授奥利弗·司徒恩科（Oliver Stuenkel）通过介绍他所著的《后西方世界》一书开始了讨论，浅谈了金砖国家当前面临的经济挑战，这些挑战导致一些专家对该集团的发展前景表示怀疑。

2. 奥利弗·司徒恩科说，"对于后西方世界陷入混乱的争论，忽视了一种新现象，即非西方大国主导机构的兴起"。司徒恩科介绍，其中

＊ 来源：瓦尔代国际辩论俱乐部（俄罗斯智库），2016 年 10 月 12 日。

部分是因为西方中心主义通常从国际事务成就的角度看待问题，而不考虑中国等国家历史上的重要经济地位。他还指出，把中国称为"新兴大国"是不准确的，因为这实际上是其大国地位的回归，中国自19世纪70年代失去经济重要地位到实施改革开放，这段时间在中国国内被称为"百年国耻"。

3. 司徒恩科还概述了后西方世界新制度建设的几个要素，重点是金融（亚洲基础设施投资银行、金砖国家新开发银行、中国支付系统），贸易和投资（区域全面经济伙伴关系协定），安全（上海合作组织和金砖国家内部会议），以及基础设施（尼加拉瓜运河和跨亚马孙铁路）。司徒恩科总结道，"考虑到这些项目取得的成效，有关它们的书实在少得可怜，我们就理解全球秩序未来意义所做的工作还不够多"。

4. 国际机构研究中心莫斯科主任玛丽娜·拉里奥诺娃（Marina Larionova）指出，金砖国家成员近期向增长率趋同和双边贸易额加速增长的方向转变。俄罗斯金砖国家研究委员会教授兼执行主任格奥尔基·托洛拉亚（Georgy Toloraya）表示，二战后世界秩序的衰落，不是以西方为中心的世界秩序的衰落，而是以欧洲为中心的、历时500年的世界秩序的衰落。托洛拉亚说："重大战争爆发的前提条件是大国之间存在矛盾。后西方秩序问题也是大国关系的问题。全球秩序多极化不一定好。人们生活在一个单一秩序下可能更容易，某些人会维持这一秩序，但这是不现实的。在这一点上，我们将拥有多中心、多极化的世界，而这取决于我们如何建立它。"

5. 托洛拉亚补充道，欧洲国家由于个人自由和地域扩张主义的结合而繁荣，这使得这些国家能够从世界其他地区收取租金。托洛拉亚认为，在这一方面，二战后的世界秩序是个例外，因为西方国家将不能继续控制它们的前殖民地。他还指出，跨国公司协助新兴国家崛起，而西方一直反对新的权力划分，但并不总是反对财富转移。他提到，英国将其在全球事务中的主导权交给了美国，这给金砖国家带来了对世界秩序进行非暴力改革的希望。

6. 托洛拉亚认为，由于环境问题，新的世界秩序将不可能保持当前范式，因为环境问题使地球目前的资源无法应对多极秩序的形成。在此基础上，托洛拉亚呼吁建立一个可持续发展新范式。在问答环节，发言者讨论了金砖国家作为一个多元化国际组织所面临的问题，还讨论了金砖国家向印度尼西亚和土耳其抛出橄榄枝的可能，以及其迄今为止取得的成果。

金砖国家全球安全议程

Vladimir A. Orlov [*]

原文标题：Global Security on the BRICS Agenda

文章框架：第八届金砖国家学术论坛的主题是共同努力转变全球治理方式，规范"共同空间"，促进可持续发展，讨论环境问题以及贸易、经济和政治合作，共同应对新威胁和新挑战；"软"安全挑战比以往任何时候都对金砖国家的安全环境造成重大影响。

观点摘要：

1. 2016 年 9 月 19～22 日，第八届金砖国家学术论坛在印度果阿举行，2016 年 10 月 15～16 日，金砖国家领导人会晤也将在此举行。学术论坛的主题是共同努力转变全球治理方式，规范"共同空间"，促进可持续发展，讨论环境问题以及贸易、经济和政治合作，共同应对新威胁和新挑战。俄罗斯代表团由国家杜马教育委员会主席、俄罗斯金砖国家研究委员会主席维亚切斯拉夫·尼科诺夫（Vyacheslav Nikonov）率领，代表团成员包括：俄罗斯科学院拉丁美洲研究所所长弗拉基米尔·达维多夫（Vladimir Davydov），俄罗斯联邦政府分析中心负责人、首席顾问 Leonid Grigoryev，俄罗斯外交学院全球趋势与国际组织中心主任弗拉基米尔·奥尔洛夫（Vladimir Orlov），俄罗斯金砖国家研究委员会执行主任格奥尔基·托洛拉亚（Georgy Toloraya）等。弗拉基米尔·奥尔洛夫在题为"全球安全新威胁与新挑战：俄罗斯视角"的报告中指出了金砖国家面临一系列具体的威胁和挑战。其中一个就是拥有大规模杀伤性

---

* Vladimir A. Orlov，俄罗斯政策研究中心特别顾问。来源：俄罗斯政策研究中心（俄罗斯智库），2016 年 10 月 14 日。

武器的恐怖分子。金砖国家应该找到互相能够接受的合法方式来应对拥有生化武器的恐怖分子所带来的影响，同时保障联合国裁军会议能够继续举行。论坛提到的另一个问题是，金砖国家应在维护网络安全方面加强协作。弗拉基米尔·奥尔洛夫在报告中表示，金砖国家应该重视网络恐怖主义问题，提出打击网络袭击的标准和建议。金砖国家应该采取怎样的措施来实现其在信息通信技术方面的领导力呢？金砖国家应该提出新的基于共识的全球网络治理框架。这可能包括：①政府进行电子监管的权限；②访问互联网的权利；③互联网治理的全球化。这份报告还包括许多现有的、已经被广泛接受的基本原则，例如网络中立性、网络开放性、网络廉正性以及网络普遍性。

2. 在论坛上，弗拉基米尔·奥尔洛夫还对外太空非军事化问题提出了建议。他提到，鉴于联合国裁军会议尚未取得实质性进展，因此有必要继续推动制定具有约束力的法律，以防止外太空军事化。金砖国家成员可以召开国际性会议，与其他国家共同讨论这一问题。就金砖国家而言，解决这一系列"硬"安全问题任重道远。然而，公平地说，"软"安全挑战比以往任何时候都对金砖国家的安全环境造成重大影响。在此次论坛上，除了几个重大安全威胁之外，打击腐败也是所有金砖国家面临的共同问题。弗拉基米尔·奥尔洛夫说道："作为俄罗斯总统办公室反贪局反腐办公室的成员，我必须说腐败是一个不幸的问题，但它确实存在。腐败是社会的耻辱，为经济和社会发展带来了更大的负担。"在他看来，强有力的领导和决心是打击腐败的两个关键因素。国际和平与安全在金砖国家领导人会晤的议程中占据重要位置。即将举行的果阿峰会需要进一步加强金砖国家在这一问题上的合作。

金砖国家和国际货币基金组织：为什么国际货币基金组织配额分配的审查仍然很重要

Sergey Karataev *

原文标题：BRICS and IMF：Why the IMF Quota Formula Review Still Matters

文章框架：为什么国际货币基金组织如此重要；金砖国家成员未被国际货币基金组织充分代表，而发言权较大的国家大多是欧洲国家；此外，金砖国家面临其他几个挑战；西方研究的压倒性优势代表了一个非常重要的问题；关于分配的想法应该得到进一步研究和讨论；应该成立一个类似国际货币基金组织执行董事会的非正式委员会，它被称为金砖国家 – 国际货币基金组织团体。

观点摘要：

1. 非常感谢有这个机会对于确保金砖国家（BRICS）成员在国际货币基金组织（IMF）中的利益这一话题提出看法！笔者的演讲以今年早些时候为俄罗斯战略研究所准备的两篇研究论文为基础。第一篇提出了金砖国家的专家关于进一步对国际货币基金组织进行改革的观点。第二篇突出了国际货币基金组织的配额分配审查以及对其要素进行评估的问题。

2. 为什么国际货币基金组织如此重要。首先，它是唯一的国际金融机构，其有足够的资金资源（实际上约 1 万亿美元）用以支持受危机影响的国家。此外，国际货币基金组织是最大的为解决经济和金融问

---

* Sergey Karataev，外国经济部门经济研究中心副主任。来源：俄罗斯战略研究所（俄罗斯智库），2016 年 10 月 18 日。

题提供政策建议的中心，不仅针对二十国集团（G20），还面向整个国际社会。

3. 这就是为什么俄罗斯承认国际货币基金组织是全球金融安全网的中心。同时，这也带来了一个问题：怎样进一步对国际货币基金组织进行治理改革，确保俄罗斯在这方面有更强的话语权。调查显示，金砖国家的专家指出了此类话题的重要性，其任何一个成员均有权完全否决国际货币基金组织的决定，执行董事选举程序等。但主要问题仍然是相同的配额的再分配。

4. 如今，尽管采用所谓的"2010一揽子改革计划"，这个问题还是没有得到解决。金砖国家的配额从只有11.5%上升到14.7%，这不符合俄罗斯的经济加权值，按市场价格计算，其国内生产总值约占世界的23%，并且其购买力平价超过30%。因此，金砖国家成员是国际货币基金组织中未充分发挥代表作用的成员，而发言权较大的国家大多是欧洲国家。

5. 为此，笔者相信，在中期内，"机会之窗"仅与配额分配的审查有关。然而，它的实施现在已经开始，但仍面临着很多挑战。国际货币基金组织的最新决定暴露了其不愿保护发展中经济体的利益。在中国的主持下，二十国集团宣布已准备就绪，以确保审查在2017年得以完成。

6. 此外，金砖国家面临其他几个挑战。其中之一是目标的转移，"旨在提高新兴市场和发展中国家在国际货币基金组织的代表性和发言权"。这一目标目前由国际货币基金组织及其最大的股东提出，"增加动态经济的份额，因此，可能增加新兴市场和发展中国家的份额"。然而，"动态经济体"或"国家"这个词仍然没有得到明确定义，比如美国、澳大利亚或其他一些国家。

7. 国际货币基金组织所使用的对发达国家和发展中国家的过时分类也值得一提。事实上，这种分类给配额分配带来了误导，因为根据这种分类，一些欧洲国家、新加坡和韩国都属于发展中国家。

8. 另一个挑战可以被描述为一些国家的意愿，包括在配额计算中所谓的"自愿捐款"。显然，这些贡献和国际货币基金组织成员在世界经济中的作用并不相关，因此，在笔者看来，它们的主要职能是减缓国际货币基金组织向发展中国家转移股份的过程，因为这些股份的分布有利于发达经济体。

9. 西方研究的压倒性优势代表了一个非常重要的问题。因此，西方专家的所作所为才会成为讨论的基础。这种优势允许发达经济体向发展中国家施加符合其利益的配额。这就是金砖国家的专家更加关注这方面的原因。金砖国家专家进行的基础性研究将是阶段性变化的重要工具。此外，公开的讨论将有助于巩固立场，并吸引其他发展中国家对金砖国家倡议的关注。这也是笔者在俄罗斯战略研究所观察国际货币基金组织如何公平分配配额和选票的原因。作者所做的计算表明，分配中的任何微小变化都足以使发展中国家的配额在世界经济中达到其真正的权重。

10. 笔者指出，关于分配的想法应该得到进一步研究和讨论。他认为其他变量也可以用在配额分配和其他分配之间。这就是为什么本报告的主要思想是有必要由俄罗斯的专家继续研究这种实际问题。这项工作对保护金砖国家的利益至关重要。在进行研究的基础上，我们可以统一金砖国家成员国在分配审查问题上的立场，以实行公平的配额分配，以及进一步对国际货币基金组织进行改革，这些举措随后可能得到其他发展中国家的支持。

11. 最后，但同样重要的一点是，基于欧洲的经验，我们应该成立一个类似国际货币基金组织执行董事会的非正式委员会，它被称为金砖国家 – 国际货币基金组织团体，以促进两个组织之间的意见交流，更好地协调国际货币基金组织内金砖国家成员的地位。特别是，金砖国家 – 国际货币基金组织团体应该在任何一场国际货币基金组织和世界银行的会议中确保金砖国家成员的统一立场。

国际货币基金组织需要改革

Nikolay Troshin[*]

原文标题：The IMF Needs to Be Reformed

观点摘要：西方国家并不是在所有参与者具有相同投票权的二十国集团框架内与新兴经济体进行谈判，这证明了它们希望通过保持对主要国际金融机构的控制来影响发展中国家，这主要基于金砖国家日益增强的作用；金砖国家得到缓冲时间后，有机会在专家层面达成新的配额公式，以便考虑到每个国家对世界经济的真正贡献。

文章框架：

1. 在国际货币基金组织管理层做出将第 15 次国际货币基金组织总配额评估的最后完成期限推迟一个月的决定后，国际货币基金组织执行董事会最终决定为该评估的实施公布一份时间表。西方国家并不是在所有参与者具有相同投票权的二十国集团框架内与新兴经济体进行谈判，而是正在寻求在国际货币基金组织的框架内就这一问题做出决定，这实际上是为它们自己服务的。这证明了它们希望通过保持对主要国际金融机构的控制来影响发展中国家，这主要基于金砖国家日益增强的作用。

2. 但当今时代不再是西方的时代。金砖国家得到缓冲时间后，有机会在专家层面达成新的配额公式，以便考虑每个国家对世界经济的真正贡献。金砖国家成员对西方国家反对的幕后讨价还价问题进行公开讨论，其将确保建立广泛联盟的机会，以支持国际货币基金组织的进一步改革，使其转型为真正确保整个国际社会金融安全的机构，而不仅仅保障几个特定国家。

---

*   Nikolay Troshin，毕业于罗蒙诺索夫莫斯科国立大学，俄罗斯战略研究所高级研究员。来源：俄罗斯战略研究所（俄罗斯智库），2016 年 10 月 21 日。

果阿峰会的成果将引领金砖国家走向何处？

Georgy Toloraya[*]

原文标题：Where Is BRICS Headed? On the Results of the Goa Summit

文章框架：最近，西方媒体和一些俄罗斯学者对金砖国家的批评增多，并对金砖国家的前景表示怀疑；目前，金砖国家之间的矛盾得到了极大关注；据说印度担任轮值主席国会导致金砖国家停滞不前，印度担任轮值主席国的这一年不会有新的或者重要的事发生，金砖国家果阿峰会本质上只是惯例；金砖国家峰会表明，金砖国家仍然是世界秩序改革者的联合体，尽管存在客观困难，但这一趋势并没有放缓。

观点摘要：

1. 最近，西方媒体和一些俄罗斯学者对金砖国家的批评增多，并对金砖国家的前景表示怀疑。他们声称，果阿峰会只是一次例行的会议，而五国本身也会失去势力，在全球的影响力将减弱。事实上，金砖五国的领导人都打算扩大在金砖国家内的互动，以进一步加强合作，鉴于俄罗斯与西方国家有冲突，加强金砖五国政治领域的合作尤为重要。

2. 吉姆·奥尼尔（Terence J. O'Neill）创造了"金砖四国"（简称BRIC）这个简称来指代对投资者吸引力不断增长的市场。此后，纽约外交部部长会议为一种新型关联建立了基础。现在，新形式受到西方（包括学术界和为发达国家利益服务的媒体）的仇视和嘲笑。过去一年半以来，对金砖国家的批评性意见越来越多。媒体和学术界甚至都在讨

---

[*] Georgy Toloraya，经济学博士；东方研究所教授，俄罗斯科学院经济研究所亚洲战略中心主任，长期研究亚洲经济问题。来源：俄罗斯国际事务理事会（俄罗斯智库），2016 年 11 月 9 日。

论金砖国家是否仍然"存活"。在任何互联网搜索引擎上都能搜出有关金砖国家机会殆尽、陷入困境的文章。甚至在果阿峰会之后还有关于这个话题的许多文章发表，如将五个不同的国家汇集在一起的想法被视为金砖国家的一个弱点。金砖五国处于不同的发展阶段，有不同的政治制度（民主和专制），每个国家都把自己的国家利益放在第一位。目前，金砖国家之间的矛盾受到了极大关注。中印之间存在长期的地缘政治冲突，而且没有任何缓和迹象。金砖国家也面临着经济困难，包括经济增长率降低（印度是唯一一个经济增长相对稳定的国家）。金砖国家的对手也知道金砖国家成员与美国和西欧的关系不同这一事实。俄罗斯是一个"流氓国家"。中国是一个不受欢迎的竞争对手，它威胁到美国的霸权主义，因此必须被削弱。印度是与西方建立联系的新势力。而西方国家也在回应印度的示好。巴西政府变革似乎已经走上了"正确的道路"，但其经济发展仍然困难。鉴于南非的国内问题，它不应该被认为是全球地缘政治的一个正式参与者。鉴于金砖国家成员政治战略的不同，金砖国家的对手强调金砖国家的外交政策不统一。例如，金砖国家并不总是在联合国安理会的重要问题上投票一致，中国不完全欢迎印度、巴西和南非成为安理会常任理事国。最近，美国和西方国家在没有公开宣布的情况下，一直严肃对待金砖国家，事实证明，它们积极尝试颠覆金砖国家（在这方面，值得注意的是，巴西总统迪尔玛·罗塞夫的辞职是不是与此有关）。为什么西方国家不承认金砖国家是其对手？首先，西方国家认为金砖国家的实力不足以当其对手。其次，为什么要警惕威胁美国霸权（主要针对俄罗斯和中国）的对手联盟？

3. 正是在这种背景下，对印度在金砖国家担任轮值主席国的担忧大增。据说印度担任轮值主席国会导致金砖国家停滞不前，印度担任轮值主席国的这一年不会有新的或者重要的事发生，金砖国家果阿峰会本质上只是惯例。最初，印度也没有发挥特别的领导作用，这被认为是其不愿惹到美国的证据。这是西方政治学家、专家以及俄罗斯许多西方自由主义学者的观点。然而，即使与乐观预测相比，峰会的成果也出乎意料的积极。实质上，在多极世界正在出现的时候，金砖国家成员的政治领导人及其精英在某种程度上打破了它们国家政府的消极态度，为使金砖国家具有非西方国际关系结构提供巨大动力。果阿宣言成为令西方不快的"惊喜"。金砖国家成员领导人抛开五国之间的真正矛盾，成功地在针对美国统治地位的几个关键问题上形成统一立场。尽管有人将金砖国家视为一个专门的经济组织，但是金砖国家议程主要是由安全问题（解决冲突、共同应对危机和挑战）和全球战略稳定监管所主导的。打击共同敌人——国际恐怖主义是果阿峰会的重点议题之一，但并不是每个国家都对讨论的结果感到满意。例如，印度本来希望更加果断地谴责那些资助恐怖主义的国家。而关于叙利亚问题，金砖国家对俄罗斯的支持至关重要。在涉及联合国有关决议时，金砖国家成员领导人支持俄罗斯，并呼吁与那些被联合国列为恐怖主义的团体，如"伊斯兰国"和"努斯拉阵线"进行"不懈的斗争"。因此，美国试图在叙利亚问题上挑拨其他金砖国家成员反对俄罗斯的计划失败。金砖五国领导人对北非（利比亚）、阿富汗和其他动荡地区持有的统一立场也是非常重要的。俄罗斯金砖国家最高级会议筹备官员谢尔盖·雷阿布科夫（Sergei Ryabkov）表示，峰会的文书中记录了许多对俄罗斯重要的议题，如和平利用外层空间，起草"禁止化学和生物恐怖主义公约"；金砖国家也支持"单方面制裁不予受理"的说法。金砖国家议程的逐步扩大对俄罗斯来说非常重要。在经济增长放缓且并不是所有金砖国家成员都能够克服经济衰退的时候，处理社会和可持续发展问题是非常重要的，而金砖国家可以在这个过程中发挥创新作用。峰会之前举行的部长级会议和专家磋商会（包括俄罗斯发起的民间社会磋商）都将继续跟进峰会议程；总体上，其将在30多个地区举行这类会议。应特别提及集聚巴西、俄罗斯、印度、中国和南非的"金砖国家智库理事会"（BTTC）。2016年9月份在果阿金砖国家学术论坛上专家提出的建议受到各国元首的关注。在乌法峰会和果阿峰会之间的一年多时间里，金砖国家发生了什么变化？首先，金砖国家新开发银行（NDB）启动。该银行投资其成员国的首轮"清洁能源"项目，每个国家都有一个项目。俄罗斯的项目是在卡累利阿建造一座水电站。金砖国家成员领导人认为金砖国家新开发银行第一年的工作是成功的。俄罗斯总统弗拉基米尔·普京在讨论金砖国家新开发银行战略时指出，"有必要确定地缘和部门优先事项，然后开始制定银行新成员准入的标准，并制定投资组合的主要参数"。论坛特别提到发行人民币证券，以及过渡到国家货币相互支付阶段（这是一个积极的发展）。应急储备安排提供了一种更有效保护货币免受金融市场波动影响的机制。从 2 月份开始，金砖五国的中央银行均以本国货币开设代理账户。这无疑破坏了美国的霸权主义，激起了美国的强烈愤慨和抵制。果阿峰会讨论了能源、贸易、银行互动、农业、外层空间和其他"共同空间"利用、医疗保健、教育、发展人道主义关系和旅游业，以及消除社会不平等和贫困等问题。除《果阿宣言》外，金砖国家成员还签署了若干部门协议。一些专家认为，金砖国家正处于"巨人综合征"的威胁之下，即"贪太多"。《果阿宣言》可能更为简明扼要，五国在多个不同领域建立多边合作的愿望具有客观必要性，但是金砖国家处理的问题范围需要更明确。一个雄心勃勃的新项目是共同开发克柳切夫斯科耶金矿，预计投资为 400 万 ~ 500 万美元（每年生产约 6.5 吨黄金）。金砖国家的领导人也举行了双边会议。俄罗斯和印度签署了 18 个在各个领域的联合活动协议，其中包括向印度出售 S - 400 防空导弹系统，并联合制造多用途直升机，共同确认印度库丹库拉姆核电厂 5 号和 6 号机组的参数。此外，俄印两国同意设立 10 亿美元的联合投资基金。环孟加拉湾多领域经济技术合作倡议的领导人也被邀请参加讨论。这些国家（印度除外）迄今尚未成为俄罗斯外交政策和经济发展的优先事项，所以此次峰会成为俄罗斯加强与这些国家关系的机会。

4. 金砖国家峰会表明，金砖国家仍然是世界秩序改革者的联合体，尽管存在客观困难（巴西依然支持这一进程，"敌人"可能对此感到失望，因为它们此前预计巴西甚至可能会离开金砖国家），但这一趋势并没有放缓。五国之间的相互作用建立在共同利益的基础上：它们都希望改变全球架构，使金砖国家能够占有适当地位（国际货币基金组织的配额只是歧视金砖国家成员的例证之一）。金砖国家成员之间是不是"利益友谊"不重要，每个成员国都将金砖国家视为可以帮助它们增加全球治理影响力的"顺风车"。西方和美国通过将自己的议程强加给全球治理机构来追求其全球统治地位。虽然二十国集团被认为是一个全球性集团，但它仍然由七国集团主宰，这是一个狭隘的决策团体，决定所有重要的国际事务，甚至可以说七国集团统治着世界。金砖国家并不试图打破目前的世界秩序，也不赞成以革命手段推翻现有机构。然而，最大的崛起国家反对西方国家垄断制定和解释规则的权力。值得注意的是，金砖五国不顾一切地强调有必要与国际机构进行互动，以尽可能地建立统一战线。果阿峰会特别讨论了遵守世贸组织规定的一般贸易原则的重要性，尽管金砖国家非常清楚美国建立跨太平洋伙伴关系协定和跨大西洋贸易与投资伙伴协定有效地调整了世界制度，使其符合美国的利益并隔离中国和俄罗斯等国家，但是美国的这种努力并不完全成功。作为发展中国家政治的"精英项目"，金砖国家旨在通过和平手段改变全球形势。这是文明史上的首创。以前，地缘政治冲突只有通过战争才能解决。然而，如果第三次世界大战是全人类的灾难，那么金砖国家将正视反对其调整全球治理架构（二战后和苏联解体后形成）的建议，所以，金砖国家选择了另外一种策略，即创造自己的替代机构，实现"平行的国际治理"。这项策略是金砖国家根据自身利益决定的，尽管许多人将这种做法视为对"垄断者"的警告。诚然，金砖国家的制度化并不顺利，各成员对于建立任何超国家机构都持谨慎态度，中国对此尤其难以接受。特别是印度学者提出的建立金砖国家联合研究中心的倡议尚未得到充分支持。最好在金砖国家新开发银行的支持下建立这个中心，但这需要获得银行利益相关者的同意。建立一个这样的协调机构来制定和起草金砖国家发展战略明显是必要的。到目前为止，官僚惰性阻碍了金砖国家发展和联合国际行动的提案获得专家批准并提交给金砖国家各成员国元首。即使在今天，媒体和学术评估领域也充满争议。每次峰会之后，一些媒体就会预测金砖国家将走向不可避免的消亡。然而，尽管这些媒体有偏见，但金砖国家将继续前进。即使进程缓慢，它也在趋于稳定，而不是像欧盟一样动荡。当然，人们总是可以在金砖国家的活动中找到弱点和缺点，金砖国家并没有充分抵制针对它们的信息战。媒体应该做好自己的事情，正确解释金砖国家的意义和任务。对于俄罗斯来说，金砖国家是俄罗斯被西方排斥后最有希望的"对外经济举措"之一。由于与西方的接触减少，金砖国家为俄罗斯的政界和商界提供了拓展国际关系的替代机会。俄罗斯必须加强金砖国家的制度化进程。似乎这一进程将从下到上，而不是从上到下，即从部门层面开始（例如，可以考虑建立一个能源协会、一个运输研究中心）。既然有人声称金砖国家是俄罗斯的项目，那么俄罗斯也应该合理、灵活地推动金砖国家发展。

对金砖国家的再认识：关于"金砖国家+"和"金砖国家++"的概念

Yaroslav Lissovolik *

原文标题：Rethinking the BRICS: On the Concepts of BRICS + and BRICS + +

文章框架：在过去几年中，即使俄罗斯在全球建立经济联盟的行动明显增加，金砖国家在俄罗斯这些经济外交努力方面所扮演的角色仍缺乏活力；克服金砖国家发展局限性以及挥之不去的矛盾的方法；关于金砖国家的独特性首先要意识到的一点是，每个成员也是其所在大陆或次区域内区域一体化安排的一个主要经济体；每个由金砖国家经济体领导的区域一体化组织也有自己与第三国的经济联盟网络；实际上，"金砖国家+"模式形成了金砖国家经济伙伴关系内部"区域"的外缘；通过建立跨大洲的经济联盟网络，金砖国家可能会在发达国家的一体化冲动减弱的背景下，引领全球经济一体化。

---

* Yaroslav Lissovolik，哈佛大学经济学学士，莫斯科国立大学国际关系学院国际经济关系学硕士，伦敦政治经济学院经济学硕士，拥有经济学博士学位；瓦尔代国际辩论俱乐部项目主任，俄罗斯外交学院世界经济学系教授，外交和国防政策委员会成员及布雷顿森林体系委员会成员；德意志银行驻俄罗斯首席策略分析师；2015 年，进入欧亚开发银行，担任首席经济学家，主要负责宏观经济分析、预测；2001~2011 年，在国际货币基金组织担任俄罗斯联邦驻华盛顿的执行主任顾问；2004 年，进入德意志银行，担任首席经济学家；2011 年，成为德意志银行管理委员会成员；2012 年，成为俄罗斯政府专家委员会成员及总统经济委员会宏观经济政策工作组成员；出版了关于俄罗斯加入世贸组织和俄罗斯融入世界经济的书籍，发表了大量关于经济和政策问题的文章。来源：瓦尔代国际辩论俱乐部（俄罗斯智库），2017 年 2 月 7 日。

观点摘要：

1. 在过去几年中，即使俄罗斯在全球建立经济联盟的行动明显增加，金砖国家在俄罗斯这些经济外交努力方面所扮演的角色仍缺乏活力。事实上，尽管创建了金砖国家新开发银行并采取了一些加强金砖国家成员之间经济联系的举措，但有一种观点认为，金砖国家正面临着进一步一体化的限制。可能金砖国家仅仅作为一个成员国进行讨论的论坛才是其正确的形式，但是考虑到其规模和每个金砖国家成员的潜力，人们不禁希望其在世界主要发展中国家成员之间的互动中发挥更大的协同作用。

2. 克服金砖国家发展局限性以及挥之不去的矛盾的方法之一可能是将重点从实现其核心成员国的贸易自由化或大规模一体化转移到发展中国家更广泛的一体化/合作框架建设上，这将填补一体化的空白，并为金砖国家成员之间以及与它们遍布五大洲的合作伙伴之间的合作开启新门户。这反过来是由金砖国家的独特性质促成的，这种性质基本上所有大洲的发展中国家都具有。

3. 首先，关于金砖国家的独特性要意识到的一点是，每个成员也是其所在大陆或次区域内区域一体化安排的一个主要经济体，如欧亚经济联盟中的俄罗斯，南方共同市场（MERCOSUR）中的巴西，南部非洲发展共同体（SADC）中的南非，南亚区域合作联盟（SAARC）中的印度，上海合作组织（SOC）和未来的区域全面经济伙伴关系协定（RCEP）中的中国。在这些区域一体化安排中，金砖国家的伙伴国可能形成所谓的"金砖国家＋"模式，即在双边或区域基础上开放灵活多样的合作模式（而不是完全通过贸易自由化）。

其次，每个由金砖国家经济体领导的区域一体化组织也有自己与第三国的经济联盟网络——欧亚经济联盟已与越南签订自由贸易协定，而南方共同市场也与以色列达成一项自由贸易协定。与金砖国家达成协定的国家和/或区域集团，可能形成"金砖国家＋＋"模式，进一步扩大金砖国家及其合作伙伴之间可能的联盟关系。金砖国家网络扩张至几个联盟圈不仅拓宽了一体化的可能性，而且也提高了自己的可选择性，每个国家都可以在这个网络中使一体化进程多样化。

4. 实际上，"金砖国家＋"模式形成了金砖国家经济伙伴关系内部"区域"的外缘，而该内部"区域"是由主要区域一体化集团组成的，如上海合作组织（SOC）（汇集了欧亚大陆的三个关键参与者——印度、中国和俄罗斯），南方共同市场，南部非洲发展共同体（SADC）／南部非洲关税同盟（SACU）等。在自由贸易协定或其他类型的经济一体化协定（包括在投资领域）基础上，"金砖国家＋＋"周围形成了一个宽松的双边联盟（个别国家或地区集团）。"金砖国家＋"和"金砖国家＋＋"扩大各个联盟，以使所有国家包含在这个更广泛的圈子中，使现有的贸易或投资协定可以具有多样化的基础，以应对扩大后的其他集团成员。如果成功增强其经济实力，扩大后的金砖国家网络可能对世界贸易和投资流动施加重大影响，成为吸引这些贸易和投资流动的一个焦点。

5. 最后，通过建立跨大洲的经济联盟网络，金砖国家可能会在发达国家的一体化冲动减弱的背景下，引领全球经济一体化。除了开辟新途径和培养新联盟外，金砖国家也可以在区域贸易协定和其他类型的协定中发挥一种"聚合平台"的作用，这类似于区域协定的聚集效应，如跨太平洋伙伴关系协定（TPP）在太平洋地区的影响力那样。这样一个一体化网络的运作也需要不同于试图将跨太平洋伙伴关系协定和跨大西洋贸易与投资伙伴协定（TTIP）结合在一起的横贯大陆的项目（发达经济体对这样的网络的模拟）。以金砖国家为核心的网络在制定经济一体化的标准方面将需要更多的多样性和灵活性，其中一个关键准则是具备接受新成员和一体化模式的包容性和开放性。其结果是以各种发展模式为特点的全球经济，而不是收敛到一个单一的模式或标准。

"金砖国家 + "：新技术，经济一体化新愿景

Yaroslav Lissovolik *

原文标题：BRICS Plus：New Technology，New Vision for Economic Integra-
tion

文章框架：在发达国家一体化进程趋缓的背景下，最大的发展中经济体
正在推进旨在振兴区域一体化的新举措；新的"金砖国
家 + "倡议的出现不仅恰逢其时，而且它也可能是发展中
国家在塑造新的、更为平衡的经济秩序时，第一个真正的全
球性"事业"之一；"金砖国家 + "不是一个地方的、单极
的文明概念，而是一个全球的、多极的和跨文化的范式；
"金砖国家 + "通过使现有交易多元化和创造全新交易，为
其经济体实施不同形式和不同规模的开放提供了可能性；
"金砖国家 + "框架也需要认识到，全球化在本质上是不完
整的，因此其应大力追求可以在全球化中运用的不同标准和
一体化方式。

* Yaroslav Lissovolik，哈佛大学经济学学士，莫斯科国立大学国际关系学院国际
经济关系学系硕士，伦敦政治经济学院经济学硕士，拥有经济学博士学位；瓦尔
代国际辩论俱乐部项目主任，俄罗斯外交学院世界经济学系教授，外交和国防
政策委员会成员及布雷顿森林体系委员会成员；德意志银行驻俄罗斯首席策略
分析师；2015 年，进入欧亚开发银行，担任首席经济学家，主要负责宏观经济
分析、预测；2001 ~ 2011 年，在国际货币基金组织担任俄罗斯联邦驻华盛顿的
执行主任顾问；2004 年，进入德意志银行，担任首席经济学家；2011 年，成
为德意志银行管理委员会成员；2012 年，成为俄罗斯政府专家委员会成员及总
统经济委员会宏观经济政策工作组成员；出版了关于俄罗斯加入世贸组织和俄
罗斯融入世界经济的书籍，发表了大量关于经济和政策问题的文章。来源：瓦
尔代国际辩论俱乐部（俄罗斯智库），2017 年 3 月 23 日。

观点摘要：

1. 在发达国家一体化进程趋缓的背景下，最大的发展中经济体正在推进旨在振兴区域一体化的新举措。中国似乎在建设新的发展机构（亚洲基础设施投资银行），大型区域项目（"一带一路"倡议）以及在全球新经济联盟方面颇具积极性。中国推出创建"金砖国家＋"倡议，根据中国外交部部长王毅的说法，"金砖国家＋"代表南南合作的新平台，将通过与其他主要发展中国家或发展中国家集团举行对话建立更广泛的伙伴关系。王毅说，"我们将扩大金砖国家的朋友圈，把它变成世界上最有影响力的南南合作平台"。

2. 新的"金砖国家＋"倡议的出现不仅恰逢其时，因为金砖国家正在寻求新的发展途径。而且它也可能是发展中国家在塑造新的、更为平衡的经济秩序时，第一个真正的全球性"事业"之一。在2017年2月为瓦尔代国际辩论俱乐部撰写的文章中，笔者提出了创建"金砖国家＋"和"金砖国家＋＋"框架的想法："金砖国家＋"将包括金砖国家经济体系，以及金砖国家发挥主导作用的主要区域集团（例如巴西所在的南方共同市场或俄罗斯所在的欧亚经济联盟）；"金砖国家＋＋"将涵盖其他区域集团和"金砖国家＋"所涉及国家的经济联盟。

3. 在这样的一个环境中，"金砖国家＋"倡议的实质并不是将金砖国家的核心扩大，以涵盖最大的发展中国家，而是建立一个能够代表所有发展中国家主要区域/大陆的全面性联盟网络。在这方面，"金砖国家＋"范式更多的是具有包容性和多样性，而不只是注重发达国家。金砖国家凭借其涉及代表所有发展中国家主要区域和大陆的特点，可以在全球范围内作为一个经济合作综合平台来发挥独特作用。因此，"金砖国家＋"概念的重要性在于，该概念代表经济一体化的不同途径，也代表联盟如何在全球范围内实施结构化的不同技术。

4. 在这方面，与属地原则排他性相比，"金砖国家＋"原则在某种程度上属于技术进步。遍布全球的"金砖国家＋"一体化框架非常像"易趣（eBay）"市场，该市场为全球民众在网上买卖物品提供可能性，无论他们身处何方。"金砖国家＋"一体化框架不同于跨太平洋伙伴关系协定或跨大西洋贸易与投资伙伴协定所展示（可被比作一个巨型超市）的地方主义，这两个协定被限制在某个地点或领域，不论其多大。金砖国家分散和不集中的性质并不是一体化方面存在的缺点，而是一个优势，能够促进更开放、更具包容性一体化框架的建设。"金砖国家＋"不是一个地方的、单极的文明概念，而是一个全球的、多极的和跨文化的范式。

5. 在某种程度上，"金砖国家＋"可能被称为"半全球主义"，类似于跨太平洋伙伴关系协定和跨大西洋贸易与投资伙伴协定的结合，该结合如同金砖国家的伙伴关系一样，包括五个主要支柱，即美国、日本、加拿大、澳大利亚和欧盟。就多边全球机构的关系而言，在全球层面机构如世贸组织（WTO）与国家和区域集团结合之间，"金砖国家＋"框架处于协调与一体化的"中间层"。该框架的目的不是削弱或取代世贸组织，而是维护金砖国家开放的区域主义原则，并加强其能力，以应对区域主义传播带来的挑战。"金砖国家＋"所涉及国家可以协助其他几十个发展中国家成为全球组织的成员。

6. "金砖国家＋"通过使现有交易多元化和创造全新交易，为其经济体实施不同形式和不同规模的开放提供了可能性。在"金砖国家＋"和"金砖国家＋＋"框架内，通过进行经济合作，国家和组织之间不同形式的参与能够形成多种发展方式。在组织方面，金砖国家与东盟国家之间的合作框架将使得"金砖国家＋"和"金砖国家＋＋"框架的覆盖范围更加全面，这会涉及发展中国家的主要地区。在经济一体化进程中，通过削减进口关税来实施贸易开放，远远不是"金砖国家＋"换取经济偏好和经济利益的唯一手段，其他手段还包括减少非关税壁垒、达成投资协议、合作建立区域和全球价值链，以及许多其他可能的选择。

7. 那么没有立即成为"金砖国家＋"和"金砖国家＋＋"框架一部分的世界上其他国家的情况是怎样的呢？首先，需要在"金砖国家＋"和发达国家之间建立一个合作框架，该合作框架可以基于现有的自由贸易协定，或基于与发达国家（由"金砖国家＋"经济体构成）达成的全面经济协定（欧洲自由贸易联盟与南部非洲关税同盟签订的自贸协定或印度－日本全面经济伙伴协定）。其次，投资和连接东西方的超级项目，如中国的"一带一路"倡议。世界发达国家投资自由化议程可以在这种联合项目的背景下进行，如世贸组织和其他全球性组织，这会促使"金砖国家 +"经济体形成一个统一集团。

8. 对于发展中国家来说，"金砖国家 +"体系通过解决一些发展中国家所在地区（特别是亚洲和非洲）存在的融合不足问题，可以填补全球一体化的空白，这样一来经济一体化的模式可以被称作"均衡的区域主义"或"可持续的区域主义"，而不是追求仅受益于世界经济强国的地区主义。"可持续的区域主义"可以通过发展基础设施以及获得更多的市场和技术准入，来帮助发展中经济体实现联合国 2030 年可持续发展目标。

9. 此外，整个联合国可持续发展建设中的一个漏洞恰恰就是贸易与一体化存在的问题，正如全球经济一体化缺乏可持续性和多样性一样。今天要提出的关键问题是："可持续发展需要何种一体化及全球化框架？"答案是要走出全球化的核心——外围模式，其特点是极端的全球失衡和高度不平等，走向"金砖国家 +"的"无核心 – 无外围"框架。"金砖国家 +"框架也需要认识到，全球化在本质上是不完整的，因此其应大力追求可以在全球化中运用的不同标准和一体化方式。最后，也许新的技术平台，以及"金砖国家 +"的一体化新愿景，可能会使世界经济走出持续低增长的困境。看来，我们需要在推动开放和一体化方面采取新原则和新方法，我们需要通过新的、不同的方式来思考经济的一体化、增长和全球化。

政策研究中心 – 人文科学中心研讨会 "金砖国家城市：我们在比较什么？"

Philip Harrison[*]

原文标题： CPR – CSH Workshop on "BRICS Cities：What Are We Comparing?"

文章框架： 由于金砖国家成员在经济表现方面的差异越来越大，其内部出现了严重的外交紧张局势，因此其正面临着压力；研讨会展示了宏观变化如何转化为城市变化，同时也显示了在这些过程中国家和地方管理差异部分是由金砖国家成员在城市化方面的显著差异（和相似之处）造成的。

观点摘要：

1. 金砖四国（BRIC）一词最初在分析意义上用来指代一个西方世界以外的国家集团，其有可能重新"配置"全球经济。然而，在 2009 年之后，它成为一个带有地缘政治意义的政治联盟（在 2010 年南非加入后，其缩写由 BRIC 变为 BRICS）。由于金砖国家成员在经济表现方面的差异越来越大，其内部出现了严重的外交紧张局势，因此其正面临着压力。

---

* Philip Harrison，空间分析和城市规划南非研究中心主席，该机构由国家研究基金会资助，并由南非金山大学主办；2010～2015 年，任总统办公室国家计划委员会成员；2006～2010 年，任约翰内斯堡市发展规划和城市管理部门执行主任；2001～2006 年，在南非金山大学和纳塔尔大学担任多个学术职务，其中包括城市与区域规划项目教授兼南非研究中心主席。来源：政策研究中心（印度智库），2016 年 1 月 31 日。

2. 在这个研讨会上，我们讨论了金砖国家正在进行的城市比较工作，金砖国家城市人口数占世界城市总人口数的近40%。金砖国家几乎在所有方面（包括规模、经济表现、城市化水平、收入和治理）都存在巨大差异，因此出现了具有比较意义和比较目的的问题。我们讨论比较过程中的挑战，显示了如何在有意义的比较对话中去协调那些非常不同的方面。然而，有一个重要的共同点，即金砖国家成员在过去几十年中都以一种非西方世界的方式经历了深远的政治和（或）经济转型。在演示文稿中，我们展示了这些宏观变化如何转化为城市变化，同时也显示了在这些过程中国家和地方管理差异部分是由金砖国家成员在城市化方面的显著差异（和相似之处）造成的。

金砖国家的未来

Jayshree Sengupta *

原文标题： Future of the BRICS

文章框架： 有关金砖国家未来及其可持续性的猜测颇多，许多西方观察家宣布该集团已经破产；金砖国家在规模、人口和资源方面都有优势，国内生产总值为 16 万亿美元。五个成员中有四个正面临严重的经济问题；俄罗斯和巴西经济暂时出现挫折；由于中国对基础设施投资巨大，其经济势头将依然强劲；南非经济面临的机遇与挑战；未来为小的发展中国家的基础设施项目提供无约束贷款是金砖国家新开发银行的使命；印度经济发展面临的问题；金砖国家应努力组建具有竞争力的贸易集团。

观点摘要：

1. 有关金砖国家未来及其可持续性的猜测颇多，许多西方观察家宣布该集团已经破产。2006 年，四个新兴国家——巴西、俄罗斯、印度和中国在联合国大会期间举行初次会议，由于成员国之间的距离问题和缺乏共同点，许多西方国家对这样一个组织持怀疑态度。然而，该组织自 2009 年以来持续举行会议，2011 年南非加入后，金砖国家的发展势头似乎更为强劲。它对七国集团（G7，由美国、加拿大、日本、德

　＊　Jayshree Sengupta，德里大学经济学院经济学硕士，伦敦政治经济学院理科硕士与经济学硕士；观察家研究基金会经济与发展计划高级研究员；曾在伦敦国家经济与社会研究院工作；研究重点包括印度经济与发展，与南亚区域合作联盟（SAARC）、金砖国家（BRICS）、东南亚国家联盟（ASEAN）和欧盟（EU）有关的区域合作；工作领域涉及卫生、教育、失业以及妇女发展等社会部门。来源：观察家研究基金会（印度智库），2016 年 4 月 27 日。

国、意大利、法国和英国七个主要工业化国家组成）构成直接挑战。

2. 金砖国家在规模、人口和资源方面都有优势，国内生产总值为16万亿美元。五个成员国中有四个正面临严重的经济问题，主要是由于商品价格大幅下跌造成的。中国在世界经济增长方面表现突出，但是其增长放缓是自然而然的，因为任何一个国家的经济都不会在30年内保持两位数的增长率。中国经济仍然以6.7%的速度增长，其零售和国际贸易额正在上升。

3. 由于石油价格下滑，俄罗斯经济暂时出现挫折，因为石油仍然是其重要的出口商品，石油出口额占其出口总额的68%。俄罗斯是金砖国家中唯一的发达国家，未来一定会实现经济复苏。俄罗斯巨大的石油和矿产储量以及价值3790亿美元的外汇和黄金储备，加上过去一百年中在科学技术方面取得的进步，都仍然是其主要财富。俄罗斯将一直是世界上最大的技术和军事力量强国。同样，拥有巨大自然资源的巴西也是一个有前途的国家。由于造成国家财政腐败和管理不善，其总统被控告操纵财政掩盖预算赤字，巴西暂时陷入困境。但是巴西的家庭补助金计划已经使数百万人摆脱了贫困，印度应向其学习。

4. 由于中国拥有巨大的军事力量，在未来其影响力将不会减弱。由于中国对基础设施投资巨大，其经济势头将依然强劲。中国拥有受过良好教育和技术娴熟的劳动力，这对外国投资者仍然具有吸引力。中国的外汇储备为3.21万亿美元，是世界上拥有外汇储备最多的国家。中国还持有1.23万亿美元的美国国债，通过在市场上倾销国债，中国将很容易破坏美元的稳定。中国有意放缓发展节奏，其对原材料需求下降，对发展中国家的出口造成困扰。中国对巴西的基础设施投资为500亿美元，中国也是非洲最重要的投资国。人民币正在被列入国际货币基金组织特别提款权（Special Drawing Rights，SDR），特别提款权将美元、日元、欧元和英镑作为储备货币。国际货币基金组织去年就认识到中国在全球贸易和投资方面的影响力不断增加。

5. 南非也是落后的金砖国家成员，预计2016年经济增长率仅为0.9%。由于商品价格下跌，南非经济在雅各布·祖马（Jacob Zuma）总统任期内遭受了巨大挫折，通胀率上升，而且他本人还因为腐败活动遭受指控。南非的失业率高达 25%，农民面临 20 世纪以来最严重的干旱。但是南非矿产丰富，具有成为多种族中等收入国家的潜力。

6. 金砖国家新开发银行（New Development Bank）已开始在上海运作，根据其行长瓦曼·卡马斯（K. V. Kamath）介绍，第一轮绿色能源贷款已经向所有金砖国家成员支付了 8.11 亿美元的贷款。印度的卡纳拉银行（Canara Bank）已经收到了 2.5 亿美元用于绿色基础设施开发项目。未来为小的发展中国家的基础设施发展提供无约束贷款是金砖国家新开发银行的使命。

7. 相比之下，印度的经济确实存在闪光点。其经济的增长速度为 7.5%，如果发展良好，其经济就能够以更快的速度增长。但是，有许多方面需要注意，农业和制造业仍然是令人关切的领域。另一个问题是通货膨胀率的缓慢上升，特别是干旱导致的消费价格或零售通货膨胀。像巴西和南非一样，为青年提供就业机会对印度政府来说将是艰难的。印度对技能发展的投入对于青年找到工作来说是重要的。作为轮值主席国，印度将于 2016 年 10 月在果阿举办金砖国家第八次领导人会晤。毫无疑问，莫迪总理关于推动金砖国家成员团结和巩固彼此更紧密联系的议程将得到推进。他在去年的乌法金砖国家领导人会晤上已经概述了加强金砖国家力量的 10 种方式，其中包括铁路研究、数字技术、农业研究、审计、展销会、电影节等方面的合作。

8. 西方世界认为金砖国家目前的问题是不可逾越的，这将导致该组织的崩溃。但是，金砖国家向发展中国家提供了一个从布雷顿森林体系的机构中（世界银行和国际货币基金组织）借款的替代选择，这项选择仍将是最重要的。富裕发达国家间签署了跨太平洋伙伴关系协定（TPP），而金砖国家的成员并不被包含在其中，因此金砖国家应努力组建具有竞争力的贸易集团。在印度的领导下，金砖国家可能在 10 月 15～16 日举行的果阿峰会上获得新的生机。

金砖国家的前途如何？

Rajiv Bhatia[*]

原文标题：Whither BRICS?

文章框架：金砖国家的发展存在不确定性；中印关系对金砖国家的影响；中国、俄罗斯和印度需要金砖国家；印度为金砖国家做出的贡献；金砖国家的财政发展。

观点摘要：

1. 虽然金砖国家正在经历不稳定时期，但其主要领导人的决心似乎让其继续发展，因为这样做具有集体利益。在可预见的将来，世界很可能会听到更多关于金砖国家的信息。

2. 金砖国家（巴西、俄罗斯、印度、中国和南非）如今的发展存在不确定性。有专家宣布"金砖国家时代的结束"，并谈到"金砖国家的没落"。然而，金砖国家各成员国政府正在精心设计一个计划来促进该组织发展。因此，金砖国家处于下滑状态、整合状态还是上升状态仍是一个问题。

3. 引发对金砖国家未来质疑的另一个因素是其最重要的双边关系，即印度与中国之间的关系。两国之间的竞争与合作都展现了金砖国家的宽泛定义。但最近两国在一些问题上出现了分歧，这是问题如恐怖主义、边界问题、印度与美国和日本的亲近、"一带一路"倡议、中巴经济走廊以及孟中印缅经济走廊。两国在其他政治和经济问题上都很重视

---

* Rajiv Bhatia，阿拉哈巴德大学政治学硕士；印度全球关系委员会外交政策研究计划杰出研究员，印度世界事务理事会（ICWA）总干事，印度外交部联合秘书；前印度驻缅甸和墨西哥大使，前印度驻肯尼亚和南非高级专员，前新加坡东南亚研究所（ISEAS）高级客座研究员。来源：印度全球关系委员会（印度智库），2017 年 4 月 28 日。

相互合作。

4. 作为金砖国家中经济发展较为缓慢的成员，巴西和南非专注于应对国内发展的严峻形势，俄罗斯、印度和中国承担更多的责任。去年俄罗斯领导金砖国家举行了一个良好的峰会，印度计划比俄罗斯做得更好。中国也积极致力于金砖国家的发展，如果没有它，那么中国将无法与总部设在上海的金砖国家新开发银行（NDB）合作。

5. 因此，俄罗斯、印度和中国可能指导和塑造金砖国家的命运：俄罗斯和中国的外交部部长最近表示完全支持印度担任金砖国家轮值主席国。俄罗斯、印度和中国需要金砖国家有其经济和战略原因：俄罗斯和中国认为这是抵制西方的一种机制；对于印度来说，金砖国家是一个缓和其亲西方倾向的组织，这可以使其在全球事务中的地位得到精确评估。

6. 2016年印度担任轮值主席国，莫迪政府的思想和计划是非常重要的。莫迪总理在国际舞台上的首次露面是2014年7月在巴西福塔莱萨举行的金砖国家峰会上。他谈到"金砖国家作为国际机构的独特性"，并认为金砖国家具有前瞻性。后来，他对金砖国家进行了新的阐述："制定响应性、包容性、集体性的解决方案。"

7. 一位高级官员称，印度在长达11个月的任期内，将四十个会议和活动写进议程，以扩大和深化该组织的内部团结与合作。另外值得注意的是，首先，印度提出的许多活动将侧重于加强人与人之间的关系，其次大部分活动与莫迪政府制定的印度核心议程直接相关。

8. 金砖国家的财务状况现在将通过贷款来证明。金砖国家新开发银行将开始扩大其业务范围。该银行行长卡马斯认为这是"金砖国家的政治主权"。该银行最近公布了第一笔贷款，总额达8.11亿美元，其将全部用于四个成员国的可再生能源开发。下一笔贷款可能涉及俄罗斯与其他国家。有迹象表明，金砖国家新开发银行将在2016年发放20亿美元贷款。因此，尽管金砖国家正在经历困难时期，但其主要领导人似乎决定按照其集体利益继续前行。在可预见的将来，世界很可能会听到更多有关金砖国家的事情。

金砖国家专家创建共同的支付网关，
以改善电子商务[*]

原文标题：BRICS Experts for Creating Common Payment Gateway to
　　　　　Improve Ecommerce

文章框架：金砖国家的专家建议由行业和银行创建共同的支付网关，以
　　　　　便在金砖国家成员之间实现更大的贸易和电子商务流；召开
　　　　　数字金砖国家闭门会议，致力于在金砖国家新兴经济体之间
　　　　　建立数字外交路线图，并提出建立无缝对接数字市场的建
　　　　　议；在会议中，基于与会者的讨论，观察家研究基金会整理
　　　　　了"德里政策建言"，建议在金砖国家成员之间进行更大的
　　　　　合作并明确合作领域；与会者强调在尊重数据主权的同时应
　　　　　确保互联网用户的权利；与会者建议加强金砖国家成员之间
　　　　　的合作，利用信息通信技术促进经济融合，并提高边缘地区
　　　　　的经济能力；在线内容多样化使互联网便于不讲英语人士的
　　　　　访问，这都将成为弥合数字鸿沟的有效途径；各国需要规范
　　　　　技术发展进程；建立金砖国家专家网络，以开发虚拟教室网
　　　　　或电子医疗接诊网；需要提高技术开发人员的多样性。

观点摘要：

　　1. 金砖国家的专家建议由行业和银行创建共同的支付网关，以便
在金砖国家成员之间实现更大的贸易和电子商务流。他们还建议政府能
够解决在金砖国家成员间的电子商务领域以当地货币结算的问题。这些
是由参加观察家研究基金会和印度外交部于 4 月 28~29 日联合举办的
数字金砖国家闭门会议的 30 名专家提出的。

---

　　*　来源：观察家研究基金会（印度智库），2016 年 5 月 3 日。

2. 召开数字金砖国家闭门会议，致力于在金砖国家新兴经济体之间建立数字外交路线图，并提出建立无缝对接数字市场的建议。会议旨在确定阻碍电子商务发挥其全部潜力的挑战。会议还试图探讨利用相关技术为"十亿"互联网用户提供促进社会经济融合的方法。

3. 在会议中，基于与参与者的讨论，观察家研究基金会整理了"德里政策建言"（Delhi Proposition to Policymakers），建议在金砖国家成员之间进行更大的合作并明确合作领域，这些领域则有必要进行进一步的审议。许多与会者强调，成员国政府需要为日益增多的创业公司创造一个环境。他们建议像金砖国家新开发银行这样的机构应该支持创业公司并提供孵化平台。一些与会者虽然承认金砖国家成员之间的地域、文化和治理结构的多样性，但表示协调规范可以促进创新，大大加强金砖国家与其他国家之间的国际贸易和电子商务。有与会者还提出，在互联网治理、电子商务、网络安全和网络隐私问题上统一金砖国家的立场，将大大有助于全球网络规范的发展。他们建议成立一个"金砖国家＋"的互联网治理论坛。

4. 与会者强调在尊重数据主权的同时应确保互联网用户的权利。他们要求政府采取一切必要措施以确保敏感、机密和个人资料的完整性，保护言论自由和隐私权，还强调金砖国家需要明确且透明的数据保护条例，因为这也将使其对所有国家都具有吸引力。

5. 许多与会者建议加强金砖国家成员之间的合作，利用信息通信技术促进经济融合，并提高边缘地区的经济能力。为了扩大包容性，银行需要量身定制解决方案，以应对边缘地区的挑战和需求。一些与会者说，可以利用现有技术的交流来帮助边缘地区增加获得医疗保健和教育的机会。如果金砖国家在社会部门给予实现信息通信的解决方案优先权，则其需要建立政策规范，以协助管理这些项目。许多与会者认可满足边缘地区就业机会的需要。增加就业提高了接触互联网的能力，从而为这些（大多数）社区提供了能够访问网站和参与网络活动的手段。一些与会者认为，在没有解决包容问题和边缘地区互联网接触必要性的情况下，网络规范和新的互联网贸易规则将是不完整的。他们呼吁各国政府采取一切必要措施处理网络问题，鼓励妇女更多地参与到数字经济中。与会者强调了金砖国家在性别不平等问题上的思想领导作用，并建议金砖国家应该就该问题在国际论坛上采取统一立场。

6. 一些与会者强调需要在互联网上推动和发展以当地语言为载体的内容，他们指出，在线内容多样化使互联网便于不讲英语的人士访问，这都将成为弥合数字鸿沟的有效途径。他们还认为，使用非罗马脚本将扩大电子政务服务的范围。他们也强调需要在金砖国家范围内制作更多的在线内容。

7. 一些与会者认为，除了鼓励商业数据和服务在金砖国家成员之间的自由流动外，各国还需要规范技术发展进程。金砖国家共有的技术发展标准可以创造出可协调合作的劳动力，并有助于传播发展数字经济所必需的专门知识。

8. 许多与会者希望利用金砖国家专题专家会议的机会，建立一个金砖国家专家网络，以开发虚拟教室网或电子医疗接诊网。专家们提出了建立金砖国家虚拟大学等方案，并且敦促各国政府进一步研究这些有可能实施的方案。金砖国家成员应该合作，建立以数字经济和互联网为重点的研究中心。

9. 与会者强调，需要提高技术开发人员的多样性。向妇女和残疾人士提供这种就业机会，使其能够开发创新方案，以满足目前被剥夺访问在线内容权利的群体的需要。这种创新是可能的，因为他们对这些边缘地区的人们在利用网络工具时面临的挑战有更深入的了解。

重新思考现有信用评级机构与
金砖国家的相关性

Preety Bhogal *

原文标题： Rethinking the Relevance of Existing Credit Rating Agencies to BRICS

文章框架： 随着经济体海外借款需求的日益增长，信用评级机构（大多数在西方）的作用日益扩大；2017 年全球经济增长趋势将出现逆转；目前，全球市场由三个机构提供信用评级，即标准普尔、穆迪和惠誉；新兴市场经济体的金融市场一直吸引着全球投资者的注意力，因为它们提供的回报高于发达经济体；金砖国家信用评级机构将满足发行人的需求，尤其是对于那些因其本国获得的主权评级较低而获得较低评级的企业；新兴市场经济体的宏观经济发展趋势；信用评级机构在为投资者提供与债务证券风险相关的综合分析方面，扮演了重要角色；地方和国家信用评级机构还对企业和政府发行的金融工具进行风险评估，这表明一个国家的信用质量和价值；全球信用评级机构使用复杂的评级标准，评定企业的债务风险；总部位于美国的三大国际信用评级机构在全球信用评级市场上拥有寡头垄断地位，并显著影响着全球主权债券

* Preety Bhogal，观察家研究基金会经济和发展项目初级研究员；在加入观察家研究基金会之前，在印度政策研究中心（CPR）的经济政策部门工作；在印度政策研究中心工作期间，发表了很多涉及国际贸易的文章，特别是印度与邻国的经济和政治关系，其研究兴趣包括国际贸易、政治经济学、宏观经济学和计量经济学；目前的研究领域涉及国际贸易和经济、世界贸易组织和农业。来源：观察家研究基金会（印度智库），2016 年 5 月 8 日。

和企业在国际信贷市场的准入；在新兴市场经济体，尤其是
金砖国家成员也出现信用评级下调的情况；新兴市场经济体
批评全球信用评级机构，因为它们倾向于遵循类似的方法来
评估新兴国家和发达国家实体的债务；发达国家与新兴经济
体的主权评级模式差异很大；主权信用评级对企业的评级也
有影响；国际信用评级机构面临的问题；建立金砖国家信用
评级机构需要具备的条件。

观点摘要：

1. 由于新兴市场及发展中经济体的经济复苏，今年全球经济增速
预计将上升。这些经济体对基础设施建设以及维持经济可持续增长有着
巨大的投资需求，它们依赖于国际信贷市场。随着经济体海外借款需求
的日益增长，信用评级机构（大多数在西方）的作用日益扩大。本报
告从新兴市场经济体宏观经济学的角度出发，探讨了全球信用评级机构
的发展状况，审查了针对信用评级机构的各种批评，并就金砖国家可能
的替代模式提出了建议。

2. 2017 年全球经济增长（近年来经历了放缓）趋势将出现逆转，
经济增长率预计为 2.7%，比去年高出 0.4 个百分点。这一增长主要是
由于新兴市场的信心增强，2018 年其经济增长率预计为 4.6%，而发达
国家的经济增长率预计为 1.8%。由于大宗商品出口复苏和国内大宗商
品进口需求持续增加，这种势头可能会一直持续。本报告重点关注新兴
经济体巴西、俄罗斯、印度、中国和南非，即占全球国内生产总值
（GDP）22.7% 的金砖国家。这些国家有巨大的投资需求，尤其是在发
展基础设施这一方面，在这一方面它们依赖全球信贷市场和投资者。反
过来，它们获得的信贷和投资依赖于它们获得的评级，一个"信用评
级"与发行人的整体信誉有关，即发行人是否能在规定的时间内偿还
债务。

3. 目前，全球市场由三个机构提供信用评级，即标准普尔、穆迪
和惠誉。它们根据发行人向其提供的公共和私人信息，为世界各地的实
体（政府、中央银行和企业）提供评级。评级机构向发行人收取费用，
以对其债务和金融工具进行评级。随着经济体和企业越来越多地需要从

国外借贷资本，信用评级机构的作用也在不断扩大。国际社会认为，在做出投资决策时，评级是至关重要的，因为评级使它们能够区分世界各地的债券市场。

4. 新兴市场经济体的金融市场一直吸引着全球投资者的注意力，因为它们提供的回报高于发达经济体。根据世界银行国际金融公司（IFC）的数据，2013 年，新兴国家的债务近 6.3 万亿美元，几乎占美国国债市场（世界上最大的、最具流动性的市场）份额的一半。

5. 2016 年 10 月，第八届金砖国家峰会在果阿举行，在此期间，金砖国家成立了一个专家小组，以探讨设立一个基于市场原则的独立评级机构的可能性，这个想法第一次出现是在 2015 年于俄罗斯乌法举行的金砖国家领导人峰会上。这一想法受到了评级下调的推动，同时，也受到了金砖国家经济体债券市场中全球投资者信心的鼓舞。金砖国家信用评级机构将满足发行人的需求，尤其是对于那些因其本国获得的主权评级较低而获得较低评级的企业。这样的评级机构将评估发行人/实体在新兴市场的相对优势，并使用一个新兴的市场评级标准——介于国家和全球评级之间的评级标准。本报告介绍了在新兴市场经济体宏观经济学的背景下，全球信用评级机构所面临的问题。它为全球信用评级机构提供了具体的政策建议，并探讨了金砖国家设立独立信用评级机构的潜力。

6. 新兴市场经济体的宏观经济发展趋势。新兴市场经济体在推动全球经济增长方面发挥着重要作用。毕竟，它们的产出占全球产出的将近三分之一，其贫困人口数占全球贫困人口数的 75%。根据世界银行 2017 年 1 月的报告《全球经济展望》，2017 年新兴市场经济体平均增长率预计为 4.2%，2018 年平均增长率预计为 4.6%。这与发达经济体 2018 年的平均增长预期形成了鲜明对比。今年新兴经济体预计将为全球经济增长贡献 1.6 个百分点，这将是自 2013 年以来新兴经济体对全球经济增长做出的最大一次贡献，其经济增长量占全球经济增长量的 60%。这一增长是由于发达经济体在 2016 年 11 月出现创纪录的低利率，新兴市场资本流入增加。这一点，再加上新兴经济体大宗商品价格的稳定，促使其金融资产的需求增加。发达经济体的政治及政策不确定性（其中包括英国脱欧公投、美国总统选举和限制性货币政策）导致投资转向新兴市场，在 2016 年 8 月 10 日前的六周时间内，近 90 亿美元被投入新兴市场，作为股票型基金。在新兴经济体中，金砖国家是其中最大的"经济体"，2016 年，金砖国家为全球国内生产总值（GDP）贡献了 22.7 个百分点。为了维持当前 5.5%（2016）的实际国内生产总值占比，金砖国家经济体需要充足的投资。它们已采取多项措施，例如设立金砖国家新开发银行及亚洲基础设施投资银行（AIIB，简称亚投行）等多边发展机构，以满足该地区的基础设施需求。金砖国家（尤其是中国和南非）非常容易受到发达经济体的金融冲击和不确定性的影响，毕竟发达经济体是其主要贸易伙伴，而且这些事件可能造成抑制中长期投资增长方面的连锁反应。2016 年 11 月之前，新兴市场吸引了大量的股票型基金。

7. 信用评级机构在为投资者提供与债务证券（由企业以及主权实体，例如国家政府和中央银行发行）风险相关的综合分析方面，扮演了重要角色。风险评级表明发行人的信用度由发行人在规定时间内偿还贷款和债务的能力及意愿决定。这一评级使企业和政府能够以较低的成本在外国资本市场筹集资金。对企业实体的债务工具进行评级在全球和国家信用评级机构中颇为常见。然而，企业的评级不可能高于该国的主权评级；主权信用评级遭遇下调对企业有着严重的影响。过去几十年，对主权信用评级的需求急剧上升，尤其是那些有债务违约历史的政府。这些评级为各国政府提供了进入国际债券市场的渠道，也为投资者和发行方之间的信息交换提供了桥梁，从而减少了逆向选择的情况。全球信用评级市场由三家机构——标准普尔、惠誉和穆迪主导，它们的总部都设在美国。穆迪是评级主权债务工具的先驱。1975 年，惠誉进入了信用评级市场，并很快成为第三大"玩家"。20 世纪 80 年代，这些机构为大多数发达国家和一些新兴经济体进行评级。到 2006 年 12 月，大约 131 个国家由这三个机构中的一个或多个进行评级，其中 65% 是发展中国家，其余是发达经济体。

8. 地方和国家信用评级机构还对企业和政府发行的金融工具进行风险评估，这表明一个国家的信用质量和价值。国家信用评级机构主要服务于国内投资者，而全球投资者对全球评级标准机构感兴趣。就覆盖范围而言，全球和国家的评价尺度是不同的，并没有直接的可比性。然而，国家评级标准可以通过各种方法转化为全球评级标准。例如，印度的评级机构印度信贷研究与信息系统有限公司（CRISIL）采用不同的方法，通过对比其和标准普尔的违约率、转移率和金融中位数，绘制全球和国家评级标准。任何国家的国内投资者都更多地依赖国家信用评级，因为这些评估更广泛地覆盖了本地市场中的实体和企业。此外，在新兴经济体中，只有少数实体在全球范围内被赋予了评级。全国范围的评级允许国内同类机构更好地进行比较，并满足特定国家金融市场的需要。金砖国家有几个区域评级机构，要么与全球评级机构合资，要么是其全资子公司。金砖国家的一些国家评级机构分别是惠誉国际信用评级（Fitch）巴西有限公司、南非全球信用评级有限公司、中国大公国际资信评估有限公司、俄罗斯专家评级机构和印度信贷研究与信息系统有限公司。

9. 全球信用评级机构使用复杂的评级标准，评定企业的债务风险。评级机构使用各种定性（商业风险）和定量（金融风险）因素来评估企业的整体产能，以履行其财务责任。全球信用评级机构分析全球范围内企业的信用情况——行业风险、公司的竞争地位以及公司的财务风险状况和政策。

10. 总部位于美国的三大国际信用评级机构在全球信用评级市场上拥有寡头垄断地位，并显著影响着全球主权债券和企业在国际信贷市场的准入。所有这些信用评级机构都是由利润驱动的，并从发行人支付的费用中获得收益。2010 年，三大机构的利润率为：标准普尔45%、穆迪38%、惠誉30%。这些机构的寡头垄断市场结构已经受到了决策者和专家的严重批评，因为它限制了新准入，并由于缺乏竞争导致低质量的评估。然而，监管在促进全球信用评级市场寡头垄断方面的作用是不可忽视的。例如，美国的监管限制了新公司进入信用评级市场。鉴于主权评级机构偏向本国（该机构的总部所在地）的特性，很多国家的政府也表现出担忧。这些总部位于美国的评级机构一直因下调许多欧洲国家（如法国、奥地利、希腊和爱尔兰）的评级而被批评，这加剧了

2009 年欧元区主权债务危机。信用评级机构所在国政府会影响评级委员会的决策，这体现在标准普尔 2013 年发表的声明中，该声明称美国政府起诉标准普尔，是因为其 2011 年将美国信用评级下调至 AAA。此外，参与评级过程的分析师可能会从被评级的银行或国家中获得利益。每年，这三家全球信用评级机构都花费数千万美元进行游说，以制定有利的金融法律，并维护其在金融市场的重要地位。

11. 在新兴市场经济体，尤其是金砖国家成员也出现信用评级下调的情况。例如，2016 年，印度收到穆迪"Baa3，前景稳定"的评级，以及标准普尔和惠誉"BBB-"的评级，这远低于其他新兴国家（以色列、智利）和一些高负债欧洲国家（意大利、比利时）的评级。印度政府官员对本国的低评级感到担忧，尽管该国的年经济增长率超过 6%，并在世界银行经商容易度调查中获得了更高的排名。巴西和俄罗斯在国内政治动荡和支出上升的情况下，也经历了评级大幅下调。2016 年，这三个全球评级机构将巴西的主权信用评级降低到"垃圾"的范畴（债务评级低于投资级），这是由于高财政赤字和通货膨胀，再加上政府未能推出重大改革，如提高税收和降低利率等。2015 年，油价下跌和美国对俄罗斯的制裁（因其在乌克兰的行动）导致俄罗斯经济增速放缓，其主权评级也被下调。新兴经济体评级下调的事例，已促使金砖国家启动建立自己的独立地区信用评级机构的计划。该评级机构将使世界各地的投资者受益，尤其是新兴市场。

12. 此外，新兴市场经济体批评全球信用评级机构，因为它们倾向于遵循类似的方法来评估新兴国家和发达国家实体的债务。苏亚雷斯（Suarez）认为，在评估新兴国家银行业绩时出现了不对称现象。评级机构和分析师认为，一套适用于发达经济体银行评估的金融指标和比率也适用于新兴经济体。然而，必须有另一套金融指标来考虑经济体的不同特征，因为它们在金融深化与发展的程度上存在显著差异。此外，标准普尔的企业评级标准报告显示，该机构所采用的标准强调了每个经济体（无论发达国家还是新兴市场）的地方特征。该机构声称，需要考虑各种商业和金融风险因素，以及国家风险因素（对新兴市场经济体尤为重要），从而获得一个特定的评级。新兴经济体和发达经济体之间的评级差异，仅仅是这些经济体风险和改革存在差异的结果。

13. 发达国家与新兴经济体的主权评级模式差异很大。相关数据表明，基本上所有的新兴国家（巴西、俄罗斯、印度、印度尼西亚和菲律宾）的评级都高于投机等级，这与发达国家（美国和英国）的评级形成鲜明对比。最近，媒体报道称，英国脱欧后，经历了评级下调，2016年6月惠誉对其评级从 AAA 降至 AA，下个月其评级将进一步降至 AA+。然而，美国的评级保持稳定，即使是在 2016 年 11 月的总统选举期间。机构分析师称这源于国家所拥有的实质性信用，包括灵活的经济和美元地位。众所周知，政府政策和经济变量的任何变化都会影响经济的稳定，但必须从汇率的角度来看待这一点。例如，印度与美国相比，任何外部冲击都可能对印度产生更大的负面影响。就新兴国家和发展中国家低评级前景而言，分析师认为原因之一是，各种评级机构缺乏全面且及时的经济信息。

14. 文献资料显示，主权信用评级对企业的评级也有影响。这一现象似乎适用于新兴市场和发展中经济体，由于资本账户限制和政治风险较高，它们的主权评级相对较低。与发达经济体相比，发展中经济体的主权信用评级与企业信用评级之间的关联度相当高。这意味着，任何主权信用评级下调的事件，对发展中国家的企业都会产生比发达国家的企业更为严重的危害。

15. 国际信用评级机构面临的问题。①缺乏竞争。由于全球主权信用评级机构的寡头垄断地位，三大评级机构自主决定向发行人收取大量的费用。此外，这些机构使用的投资者支付模式经常被批评会导致利益冲突，其中更富有、更大的投资者得到优惠待遇，因此获得有利评级。评级机构一直面临着严重的批评，低估了与抵押债券相关的风险（例如，美国房地产泡沫和欧元危机），这加剧了动荡，导致投资者亏损。②缺乏透明度。市场参与者对评级方法（基于经济和政治因素形成的权重分配）缺乏透明度表示了担忧。新兴经济体和发展中经济体的政策制定者批评了全球信用评级机构基于"先天性偏见"所使用的评级模型。此外，主权国家的信用评级也不容易获得。许多信用评级机构限制了公众对主权信用评级的访问。③对维持评级稳定性的偏好。全球信用评级机构在评级分析中偏好保持稳定。有证据表明，评级下调通常带来的是进一步的评级下调，而不是评级上调，因为评级变动往往会反映出一系列的相关性问题。过去评级变化的历史有助于预测这些评级机构未来的评级行为，这意味着新的可用信息往往没有得到充分利用。此外，有关信息的缓慢处理是导致信用评级缺乏实时信息的原因之一。④缺乏对市场参与者的问责制。信用评级机构在市场上拥有巨大权力，因为世界各地的主权国家通过它们获得信用评级。这些评级机构提供的评级是基于分析师的主观意见或建议，因此缺乏问责机制来验证这些评级。证券发行人即使不同意被分配的评级，也无法获得任何法律追索权。各方对信用评级机构在评估过程中所犯的错误非常敏感。⑤未能更好地区分企业信用质量。评级机构通常会提供两种级别的评级——国家层面和全球层面的评级，这对新兴国家的企业来说尤其不公平。全球评级机构为全球（发达国家、新兴国家和不发达国家）企业提供了相对的信用风险评估，并对获得主权评级（结果在大多数情况下低于发达国家）的新兴市场企业进行评级。即便是信用评级较高的公司发行人，其评级也不会高于主权评级。这限制了新兴市场经济体对全球评级标准的使用，因为它们无法将全球不同企业的信用质量区分出来。尽管国家层面的评级确实为一个国家的企业提供了良好的信用评估，但它们没有考虑到国家的风险变量。此外，国家层面的评级对跨国比较没有用处。无论国家层面还是全球层面的评级，都不能明确地界定发行人的信用风险状况（相对于特定市场的风险）。

16. 金砖国家信用评级机构是一个可行的政策举措吗？为金砖国家经济体设立一个自主信用评级机构的想法出现在 2015 年于俄罗斯乌法举行的金砖国家峰会上。长期以来，全球信用评级机构一直受到严厉批评，由于不公正和偏见，它们使新兴市场和发展中经济体的评级下调。然而，为实施一项像建立金砖国家评级机构那样雄心勃勃的计划，在计划、融资、方法、法规和法律结构方面就必须落实到位。要考虑的首要因素是与金砖五国建立伙伴关系，并就建立评级机构达成共识。事实上，中国已经对拟议中的金砖国家信用评级机构的可信度表示了担忧。为实现这一目标，需要制定金砖国家内部的政策，以推动这一计划的实施。例如，中国不愿意接受由印度带头创建的机构。中印两国之间的关系，对建立新的信用评级机构带来了严峻挑战。此外，俄罗斯、中国、印度三方合作是需要被考虑的一个重要因素。中国可能不愿与其他金砖国家成员共享决策权。因此，有必要明确指定谁将在建立金砖国家信用评级机构中起主导作用。一个全面的操作程序标准很可能会促进它们之间的金融合作。需要被考虑的另一个因素是，金砖国家信用评级机构应如向在投资者中建立一个市场立足点，以使其获得可接受的评级。为此，金砖国家信用评级机构应获得一家在新兴市场和发展中国家有丰富经验的老牌评级机构的支持（最好是在金砖国家的任何一个经济体中）。来自一家知名评级机构的支持，将使这家新的评级机构能够更好地理解新兴市场的信用，并通过技术和管理技能的交流，创造出一种稳健的信用评级方法。然而，选择一个理想的运营地点，并协调金砖国家信用评级机构的监管，是关键且有争议的因素。拟议中的评级机构还需要找到最佳的商业模式和评级方法，以为发行方和投资者提供可靠的信用评级。每一种商业模式，无论发行人支付还是投资者支付，都有自己的优点和缺点，但它只依赖于评级机构有效地管理固有的利益冲突问题。此外，金砖国家信用评级机构的股东成员来自该地区的开发银行、金融机构，以及一些多边机构。在拟议中的信用评级机构的股东和管理层之间，必须有明确的界限。因此，这样就会限制一个国家对评级机构的控制。此外，信用评级委员会不应包括股东，以确保分析和评级决定不受任何机构或国家偏见的影响。投资者对金砖国家信用评级机构采用的评级标准的接受程度、五国之间的合作以及公正的信用意见，对金砖国家信用评级机构的成功建立至关重要。

金砖国家重整旗鼓

Abhijnan Rej；Samir Saran*

原文标题："BRICS" to Rebuild the House

文章框架：印度需要通过金砖国家新开发银行（NDB）、金砖国家新
开发银行研究所（NDBI）重振金砖国家；金砖五国以及
与该组织相关的深刻问题正在出现；澄清金砖国家的最终
本质极为重要；金砖国家新开发银行更广泛的地缘政治目
标将是通过在内部引导区域盈余的流动来减少对布雷顿森
林体系的依赖，设计替代跨境支付机制，并通过使当地货
币国际化以促进五国货币在金砖国家成员间使用；为了金
砖国家新开发银行以及金砖国家的蓬勃发展，五国需要确
保更多的政策对接；根据金砖国家的政治和经济目标，金
砖国家新开发银行必须集中关注三个方面——新数字经
济、货币政策的监管与对策、本币债券市场和货币互换的
发展；印度必须确保"德里宣言2.0"，这是对金砖国家经
济承诺的郑重重申，印度向西方发出信号，其将通过这个

* Abhijnan Rej，观察家研究基金会研究员，致力于多边经济关系、经济政策与
计量经济学研究；其研究领域涵盖学术界、企业界和公共政策；在进入观察
家研究基金会之前，曾是布巴内斯瓦尔数学与应用研究所客座教授。Samir
Saran，观察家研究基金会副会长，负责观察家研究基金会的外部扩展和业务
发展活动，负责印度一年一度的地缘政治和地缘经济对话的旗舰平台——瑞
辛纳对话，负责印度网络安全和网络治理年会（CyFy）；全球治理问题（气
候变化与能源政策、全球发展架构、网络安全和互联网治理）以及印度外交
政策评论员，也是全球网络稳定委员会专员，世界经济论坛南亚咨询委员会
成员以及全球未来网络安全委员会成员。来源：观察家研究基金会（印度智
库），2016年8月10日。

组织来平衡权力。

观点摘要：

1. 最近的共识认为金砖国家已经破产。萨米尔·萨兰（Samir Saran）和 Abhijnan Rej 认为印度是金砖国家缩写 BRICS 中的字母"B"，是该组织的闪光点，随着印度今年担任金砖国家轮值主席国，其需要通过金砖国家新开发银行（NDB）、金砖国家新开发银行研究所（NDBI）重振金砖国家。听起来不寻常，但商业预测有时会提出好的想法。来自高盛集团的吉姆·奥尼尔（Jim O'Neill）在 2001 年就提出了这样一个想法：四个不断成长的新兴市场——巴西、俄罗斯、中国和印度将成立一个组织，其英文缩写为 BRIC（金砖四国）。八年后，金砖四国成为正式的多边组织，2010 年，南非成功加入金砖四国，将字母"S"加入原缩写中。金砖五国的国内生产总值占世界生产总值的 20% 左右，金砖国家人口总数占世界人口总数的 43%。金砖国家中的三个是拥有核实力的国家；两个是联合国安理会常任理事国；五国也均是二十国集团（G20）的成员国。

2. 七年后，金砖五国以及与该组织相关的深刻问题正在出现。中国的"增长转型"继续推动和撼动全球市场；中国似乎不再处于曾经的"中国是世界工厂"这种不言自明的地位。在克里米亚与叙利亚，俄罗斯军事力量仍然有能力改写当前的地缘战略现状。随着 2015 年 12 月针对迪尔玛·罗塞夫（Dilma Rousseff）的弹劾，巴西的政治前途仍然不明朗，这可能加剧其经济恶化。2015 年，南非失业率高达 26.4%，达到 10 年来的最高水平。与此同时，印度似乎正在重回正轨。印度总理纳伦德拉·莫迪（Narendra Modi）自 2014 年上台以来一直积极参与世界事务，这使中国和美国以务实的态度与印度保持更紧密的关系。没有任何夸张：印度实际上是金砖国家中的"B"，是其闪光点，即使金砖国家不再是一个流行语，印度凭借在国内的经济表现和国外的外交活力也都有能力将金砖国家变成一个值得信赖的创造者，以创建一个新的增长和发展空间。随着印度成为 2016 年的轮值主席国，它应该明确这种目标。

3. 澄清金砖国家的最终本质极为重要：它本身不是贸易集团或经

济联盟，也不是一个政治联盟。金砖五国的外交政策分歧很大，巴西、印度和南非广义上是以终结政治领域的自由为导向的，中国因其中长期经济发展轨迹迟早都会与美国发生冲突，北大西洋公约组织一直认为俄罗斯的不妥协态度是最大的威胁。广义而言，金砖国家可以被视为一个地缘经济联盟，金砖五国认为权力集中在布雷顿森林体系的机构中是不公平的，并希望通过集体的绝对优势推出一个替代发展模式，从而创造政策空间。从这个方面来看，金砖国家新开发银行（NDB）及其有效性将在未来几年内定义联盟的性质。

4. 金砖国家新开发银行是在去年第七次金砖国家首脑会议后正式成立的，由印度银行家瓦曼·卡马斯（K. V. Kamath）先生出任行长。金砖国家新开发银行作为多边开发银行，其任务范围是广泛的，但应符合五国的具体发展需要。一方面，到2050年，金砖国家的中产阶级消费将占全球消费的一半；另一方面，它们目前的贫困人口总数占世界贫困人口总数的一半。金砖国家新开发银行除了要应对这些独特的发展挑战之外，其更广泛的地缘政治目标将是通过在内部引导区域盈余的流动来减少对布雷顿森林体系的依赖，设计替代跨境支付机制，并通过使当地货币国际化以促进五国货币在金砖国家成员间使用。相对于亚洲开发银行，这些目标给金砖国家新开发银行更多的挑战。

5. 为了金砖国家新开发银行以及金砖国家的蓬勃发展，五国需要确保更多的政策对接。莫迪在去年二十国集团峰会期间举行的金砖国家领导人首脑会议上指出，要实现这样的对接只能通过建立一个精益的知识中心，即金砖国家新开发银行研究所（NDBI），该研究所将作为一个思想银行、经验仓库和知识发电厂。金砖国家新开发银行的具体化应该按照世界银行专家的思路或国际货币基金组织的研究方向设计。根据金砖国家的政治和经济目标，金砖国家新开发银行必须集中关注以下三个方面：新数字经济、货币政策的监管与对策、本币债券市场和货币互换的发展。

（1）新数字经济。最近一位学者指出，亚洲基础设施投资银行或其他区域性机构尚未解决欧亚大陆连通性的数字化问题。金砖国家新开发银行可以在俄罗斯的带领下通过为欧亚大陆的数字化连接提供融资来填补这个空白。随着金砖国家将为全球银行结算系统的付款方式和金砖国家间的清算创造替代方案，金砖国家新开发银行研究所还应提供知识基础。促进微型、小型企业的发展仍然是金砖国家新开发银行的最高议程：金砖国家新开发银行研究所应该为金砖国家中这样的企业提供建议，以保证各国商品通过五国电子零售网络在国外进行销售，这将得到金砖国家支付和清算机制的支持。总之，金砖国家新开发银行面临的挑战是开发一种市场架构，比如印度人从巴西货源处购买菠萝，通过金砖国家支付网络进行支付，并以印度卢比清算。

（2）货币政策的监管与对策。金砖国家已经成立了规模为1000亿美元的应急储备安排（CRA），其在今年将投入运行。为了实现应急储备安排的全面运作，必须制定一个预警系统，以监测五国的货币市场和货币政策变化及发达经济体放宽货币政策的变化。实际上，应急储备安排将成为全球金融市场观察站、外汇问题专家基地和金砖国家宏观审慎措施中心。政策监督机制可以扩大到建立一个金砖国家信用评级机构上，以对发达经济体的经济表现进行评级，这与国际货币基金组织对各国主权信用评级的做法大致相同。这种政治方式将大大打破布雷顿森林体系的垄断地位，以使其成为全球经济健康发展的最终决定因素。

（3）本币债券市场和货币互换的发展。金砖国家新开发银行迫切需要除银行融资之外的多元化融资方式，以为本地和全球资本市场带来更大的便利。目前，中国和印度大部分公司新项目的资本开支是借助银行贷款的。改变现状的关键是发展金砖国家的本币债券市场。促进金砖国家货币国际化进程有两种方式：一是通过货币互换，二是通过促进金砖国家中本币离岸计价债券贸易的便利化。

6. 评论金砖国家的前提是，其将作为一个地缘经济联盟，其目的是减少布雷顿森林体系在经济增长和发展过程中的作用，以为其独特的发展需求提供替代解决方案，从而创造空间。此外，金砖国家为印度提供了更大的谈判空间，因为它力求在国际机构中获得更多重视。虽然印度今年在担任金砖国家轮值主席国期间面临的挑战是，确保金砖国家在目标方面不会"超额"，从而最终使其议程拖延，但也很明显，印度需要在可预见的未来搭乘金砖国家的风帆。精心设计并建立有效的新机构来补充旧机构将是印度的目标。印度必须确保"德里宣言 2.0"，这是对金砖国家经济承诺的郑重重申，印度向西方发出信号，其将通过这个组织来平衡权力。

金砖国家需要明智的城市治理政策方案

Ron Shnaidstein*

原文标题： BRICS Cities Require Smart Policy Solutions

文章框架： 由于五国情况不同，金砖国家将需要不同的城市治理政策方案；智慧城市建设需要一些聪明的、积极参与治理和改革的公民参与其中，所以更多的信息技术，尤其是移动通信工具必须被视为核心基础设施需求；2016 年 8 月 18 日召开了关于"智慧治理"的第二场会议，内容涉及审议公众参与治理；"分享城市规划学习与经验"的第三场会议，内容是审议金砖国家的城市规划经验，以及根据各国实际需要借鉴经验的方法；最后一场会议是关于"新旧安全问题"的，侧重于金砖五国城市面临的各种安全威胁，以及为确保城市和平、和谐与安全而制定机制；金砖国家的城市生态安全也非常值得关注；2016 年 8 月 19 日，第五场会议——关于"资源调动和能力建设"召开，发言人讨论了实施城市发展项目和城市管理的财政调动面临的挑战，以及缩小那些准备、实施智慧城市规划的利益相关者之间的认知差距；"技术与公共服务供给"的总结性专题会议讨论了金砖国家在金融和公用设施交付方面的电子政务经验，并通过孵化、以公共服务供给为重点的城市治理初创企业来进行创新。

观点摘要：

1. 由于五国情况不同，金砖国家将需要不同的城市治理政策方

---

* Ron Shnaidstein，观察家研究基金会研究实习生。来源：观察家研究基金会（印度智库），2016 年 9 月 1 日。

案。有关智慧城市的知识交流有助于更好地了解城市治理这一概念，并达成明智的政策方案以应对金砖国家迫切的城市化挑战。许多国家，包括金砖五国，正在经历着城市发展和城市人口增长，而且，城市中心由于集聚经济利益，其经济增长率极高。同时，包括里约热内卢、莫斯科、开普敦、上海等在内的众多城市的各种社会和经济不平等现象、不安全感和环境状况恶化也是众所周知的。因此，将现有城市转变为智慧城市的意见越来越多，这体现在金砖国家和其他国家采取的举措中。

2. 2016 年 8 月 17 日至 19 日，在斋浦尔金砖五国智慧城市峰会期间，由观察家研究基金会，印度外交部，萨达尔帕特尔大学警察、安全和刑事司法学院组成了一个来自政府、教育研究机构、智囊团、民间社会和私营部门的跨学科小组，以共同交流智慧城市知识，确定将现有城市转化为智慧城市的解决方案，探讨共同关心的课题，促进机构合作，实现共同目标。会议由拉贾斯坦邦警察总长 Manoj Bhatt 宣布开幕。Manoj Bhatt 在主旨发言中表示，所有智慧城市举措的最终目标都应该是增加个人的幸福感。开幕演讲之后，还有"设计智慧城市"的会议，发言人包括：印度观察家研究基金会的阿苏克·马利克（Ashok Malik），巴西应用经济研究所（IPEA）的贝尔纳多·阿尔维斯·富塔多（Bernardo Alves Furtado），莫斯科管理学院新兴市场研究所的弗拉基米尔·科罗夫金（Vladimir Korovkin），中国上海外国语大学的李阳，以及印度观察家研究基金会的鲁米·阿贾兹（Rumi Aijaz）。会议讨论的主题是将智慧城市设计为创新、包容和可持续的城市中心，发言人强调了技术在评估城市人口和使用大数据制定城市治理政策、解决方案方面的作用。智慧城市建设需要一些聪明的、积极参与治理和改革的公民，所以更多的信息技术，尤其是移动通信工具必须被视为核心基础设施需求。刑事司法系统各个方面的信息化和智能化，如管理警察数据库和各警察部门、法院和监狱之间的沟通也应该列入智慧城市议程，因为这将确保提高效率、透明度、可信度和可靠性。智慧城市可以通过使用创新的、代理的模式来实行更有效的管理，以促进城市分析和评估政策实施的优先事项。借助这种方法，城市可以测试一段时间内实施某些政策对基尼系数和人均国内生产总值等的影响。由于情况不同，金砖国家的城市治理将需要不同的政策解决方案。例如，与印度和中国不同，俄罗斯的数字化发展集中在莫斯科，这导致了全国其他地区缺乏网络发展机会。印度的城市挑战源于城市人口过剩，以及其社会机构未能提供适当的城市治理。因此，决策者必须注意金砖国家城市之间的不同情况。

3. 2016 年 8 月 18 日召开了关于"智慧治理"的第二场会议，会议内容包括审议公众参与治理。讨论集中在通过支持数字社区取代市政厅会议和社区集会的技术平台来设计城市集体活动，以更有效地提供治理建议。发言人还讨论了有关技术和人工智能平台在实现智慧城市定制化、人性化（通过发展电子政务和公共渠道的响应反馈机制）方面的作用。发言人包括：印度能源与资源研究所（TERI）的莎琳·辛格尔（Shaleen Singhal），巴西区域、城市和环境政策研究所的 Bárbara Oliveira Marguti，南非林波波大学的 Kedibone Phago，俄罗斯远东联邦大学的 Alexey Parnyakov，以及中国国家信息中心的宁家骏。与会者讨论了通过社区主导的数字转型来参与治理的方法，一些发言人认为在相互关联方面，例如在特定的情况下，模拟公众参与，获取技术工具，成本（包括设置、维护和使用成本）以及管理信息等情况是维持人性化智慧治理的必要组成部分。尽管技术整合好处很多，但是数字社区不一定会取代市政厅和社区聚会的传统方式，既然它们具有必要的人际交往价值，在这场技术革命中也需要继续保持这份价值。随后的发言讨论了开发技术平台的举措，以为直接互动和社会参与提供渠道。就巴西而言，该举措通过虚拟工具，展现了在制定城市发展项目指导方针过程中的人性化、政府信息透明特点以及具有开放潜力的民间社会参与和互动。

4. "分享城市规划学习与经验"的第三场会议涉及审议金砖国家的城市规划经验，以及根据各国实际需要借鉴经验的方法。会议发言人包括：南非农业与环境科学学院的 Simphiwe Mini，中国住房和城乡建设部的徐正强，巴西联邦政府的 Ana Paula Bruno，以及印度 Ansal 大学的阿斯米塔·巴尔德瓦伊（Asmita Bhardwaj）。会议讨论了中国智慧城市建设的经验，为印度和其他金砖国家成员提出了更有效的建设智慧城市的建议，包括注重跨境多学科整合，确保智慧城市能够进行自我认知和自我纠正，以及促进中印建设性合作。发言者后来就巴西智慧城市建设的经验教训进行了详细的讨论，重点是在一个明确的、可持续的城市发展战略下整合城市政策，以及结合相关技术克服城市问题。会议强调了金砖国家之间的相似之处，一些发言者提到在自由化、私有化和更大的城市化进程中出现的诸多问题，如政治波动、基础设施和住房短缺、权力下放给地方政府，以及各方面的参与者增多。解决这些挑战将需要整合土地使用和运输系统；在提供服务时建立公私合作伙伴关系；在市政府层级上进行公私合作立法；通过公共汽车乘客实时数据采集等措施设计智能交通系统；衡量市政人员的绩效和建立更完善的问责制度；使用物联网建立设备监控网络，例如监控城市排水系统并将所有数据传回控制中央以进行智能决策；通过将堆场和采石场改建为公园等措施来推动市区重建；创建和更新电子病历；更多地在技术和经济层面上考虑城市规模和政府能力。

5. 最后一场会议是关于"新旧安全问题"的，侧重于讨论金砖五国城市面临的各种安全威胁，以及为确保城市和平、和谐与安全而制定机制。会议的发言人包括：印度观察家研究基金会的鲁米·阿贾兹（Rumi Aijaz）；巴西应用经济研究所（IPEA）的 Rute Imanishi Rodrigues；印度规划与建筑学院的 Kanchan Gandhi；南非夸祖鲁·纳塔尔大学的罗泽纳·马特（Rozena Maart），以及中国国家行政学院的徐杰。会议讨论了数字媒体在里约热内卢的警方与社区关系中发挥的作用，发言人同意低收入社区的公共安全政策应该以自下而上的方式反映暴力行为，以作为缩小警察和这些地区居民之间的距离的第一步。发言者还认为，在城市不发达地区的贫穷妇女特别易受伤害，因此应集中为妇女（特别是贫穷妇女）提供安全的交通工具；更好的视频监控和照明；专门的警务服务，比如开通妇女求助热线；基于技术的干预措施，如 Safetipin 应用程序，以为用户提供城市不同地区的安全信息。

6. 金砖国家的城市生态安全也非常值得关注。中国河南省焦作市资源（煤炭）耗尽的教训表明通过投资高新技术等战略性产业，促进绿色技术发展，关闭或整改污染企业，以及投资绿色项目（如城市绿化和水净化）来平衡生态安全和经济发展的重要性。合作是实现生态安全的第二大因素，政府需要与广大市民合作以确保他们的有效参与，地方政府也需要与中央政府合作以确保充足的资金和政策执行的通畅。印度斋浦尔发展研究所的名誉访问教授 Rohit R. Brandon 主持互动会议，并结束当天会议，他强调了从智慧城市概念提出到实施的各个阶段都需要参与式治理。

7. 2016 年 8 月 19 日，第五场会议"资源调动和能力建设"召开，发言人讨论了实施城市发展项目和城市管理的财政调动面临的挑战，以及缩小那些准备、实施智慧城市规划的利益相关者之间的认识差距。会议的发言人包括：印度公共行政管理学院的 Vishwa Nath Alok，巴西应用经济研究所的丹尼尔·费雷拉·佩雷拉·冈萨雷斯达·马塔（Daniel Ferreira Pereira Gonçalvesda Mata），南非科学和工业研究理事会的 Cheri Green，俄罗斯莫斯科信息技术局局长安德烈·塞尔维耶维奇（Belozerov Andrey Sergeevich），以及中国建筑设计研究院的陈继军。根据巴西的案例，发言人认为，城市发展项目的资助创新可能不如预期的有效，因为各地方政府的人力资源不足限制了其应对非传统形式资助复杂性的能力。这造成了一种差距，即想要实施城市发展政策（从私营部门筹集资金，但需要高度专业的金融知识）与缺乏实际执行资格的差距。城市优化方案不太可能在国家以下级别的政府机构实施，所以应该在更有可能实施城市发展项目的政府层面对公务员进行培训。这将有助于地方政府更有效地依靠公私合作、债券、银行贷款和其他投资去实施智慧城市规划。地理信息系统（GIS）技术和自主规划的公共设施供给标准也可被用于支持智慧城市发展。在南非，已经使用基于地理信息系统的方法来评估和规划公共设施的供给，并为综合的公共设施发展计划提供信息输入，以对投资优先事项进行智能决策。这种方法表明，通过识别和纠正过去为具体社区提供服务的不平衡之处，可以大大优化城市内的规划和治理流程。莫斯科人力资源调动的经验凸显了信息技术整合在城市治理中的重要性。通过使用"我们的城市"和"积极的公民"等在线平台，莫斯科政府能够通过向公民提供在线投票系统和投诉平台，来动员他们解决城市问题。这减少了莫斯科社会调查的投资和城市监察人员的需要，并通过公民参与城市管理过程来提高公民的忠诚度。随后，为促进中国城市发展而进行的财政资源调动经验突出表明，应该建立市场化经营机制，鼓励企业和社会资本充分参与，以及建立智慧城市信用评级体系。

8. "技术与公共服务供给"的总结性专题会议讨论了金砖国家在金融和公用设施交付方面的电子政务经验，并通过孵化、以公共服务供给为重点的城市治理初创企业来进行创新。会议的发言人包括：印度数字基金会成员、国家技术主管、印度人民党党员阿维德·古普塔（Arvind Gupta），巴西应用经济研究所（IPEA）的 Carlos Henrique Ribeiro de Carvalho，俄罗斯远东联邦大学的阿列西奥·罗索（Alessio Russo），中国同济大学的于一凡，印度 MyGov 移动应用平台的 Akhilesh Mishra，印度拉贾斯坦邦国家乡村发展研究所的安妮塔·布兰登（Anita Brandon）。在讨论改善提供公共服务的策略时，发言人就巴西实施的"波谷运输"（Vale - Transporte）政策进行了审议，该政策被证明是补贴城市公共交通的有效途径。"波谷运输"政策通过使用先进的票务技术减轻管理压力，这种先进的票务技术被用于雇主补贴其工人的出差交通费用。发言者一致认为，这个计划存在不足之处，因为它忽略了非正规部门的交通补贴，许多最贫穷的人都是在非正规部门工作的。更具包容性的技术型公共服务供给方式包括创新使用城市绿地，例如使用有关水的城市设计，让公民处于城市内的自然元素中，这可以为公民提供普遍的健康和福利或"生态系统服务"。观察家研究基金会副主席萨米尔·萨兰（Samir Saran）主持了告别会议。他总结了为期三天的会议中提到的重要的经验教训，并重申有必要重视妇女的安全，包括妇女被剥夺参与社区和机构建设权利的问题。代表印度外交部发表开场演讲的阿洛·迪里（Alok Dimri）表达了印度国家总理希望将金砖五国的倡议纳入印度发展规划，使其成为印度的合作愿景的一部分。他强调，金砖五国的倡议需要公民参与，以及只有把本国纳入金砖国家的国家计划中才能实现这一倡议。在告别演讲中，拉贾斯坦邦首席部长瓦孙达拉·拉杰（Vasundhara Raje）强调，有必要在金砖国家城市发展管理者和学者之间进行知识交流、分享明智的解决方案。这将使印度从俄罗斯圣彼得堡、巴西里约热内卢和圣保罗、南非开普敦和约翰内斯堡，以及中国上海和北京的创新型城市环境管理实践中学习，并提炼、利用它们的经验教训，使印度的城市变得更美好、更安全、更有活力。

金砖国家仲裁论坛并不是
想象中的"灵丹妙药"

Katarzyna Kaszubska[*]

原文标题： A BRICS – Only Arbitration Forum Will Not Be the Panacea I-
　　　　　 magined

文章框架： 在解决国内纠纷时，金砖国家的企业越来越偏向于借助仲裁
　　　　　 而不是负担过重的诉讼系统；尽管仲裁在每个国家日益普
　　　　　 及，但金砖国家成员之间的国际仲裁合作仍然有限；金砖国
　　　　　 家成员在仲裁领域的合作显然不足，然而，专门为它们设立
　　　　　 独立仲裁机构并不一定是解决所有问题的黄金方案。

观点摘要：

1. 在解决国内纠纷时，金砖国家的企业越来越偏向于借助仲裁而
不是负担过重的诉讼系统。2016 年 8 月 27 日，印度财政部部长阿伦·
贾特利（Arun Jaitley）在金砖国家国际仲裁会议中提倡建立包含五个新
兴经济体的独立争端解决中心，尽管不能高估金砖国家在仲裁领域中加
强合作的重要性，但是建立独立争端解决中心并不一定是弥补现有仲裁
制度不足之处的最有效方式。亚里士多德曾经说过，与传统的诉讼相
比，仲裁员注重案件的公平，法官依据法律判断，仲裁制度是为了确保
完全公平而发明的。本着同样的精神，本报告讨论了仲裁的各种优势。
2016 年 8 月 27 日，在印度举行了"金砖国家国际仲裁会议——挑战、
机遇和未来之路"，作为 10 月份将在果阿举行的第八届金砖国家峰会的
前奏。本次会议概述了新兴经济体在仲裁领域的进一步合作，并探索设

　＊　Katarzyna Kaszubska，观察家研究基金会成员。来源：观察家研究基金会（印度
　　智库），2016 年 9 月 9 日。

立专门机构来解决金砖五国之间争端的可能性。每个金砖国家成员都已经拥有基于国际标准的法律框架。当涉及解决国内纠纷时，越来越多的企业偏向于借助仲裁而不是本国早已不堪重负的诉讼系统。值得注意的是，印度企业积极参与各种国际仲裁机构。2015年，印度是向新加坡国际仲裁中心（SIAC）申请仲裁最频繁的国外"用户"，中国次之。虽然仲裁规则并不总是与以往的国际惯例相符合，但是印度近期推动的一些立法以及司法仲裁改革将使情况变得更好。例如，印度去年修改了《1996仲裁和调解法案》，这显著改变了其仲裁制度，同时也符合国际规范。

2. 尽管仲裁在每个国家日益普及，但金砖国家成员之间的国际仲裁合作仍然有限。这里有一个特别明显的有限合作的例子，这有关一些国家不承认对方的仲裁裁决。以印度为例，只有外国的裁决符合某些要求时，当地法院才会执行仲裁裁决，即做出仲裁决定的国家只有批准《承认及执行外国仲裁裁决公约》，印度法院才会认为该裁决有效。此外，中央政府有权宣布特定国家属于公约管辖范围。迄今为止，只有48个国家得到印度政府的承认。尽管所有金砖国家成员都批准了该公约，但印度还没有正式承认巴西和南非。因此，根据印度的仲裁法，这两个国家发出的仲裁裁决都没有在印度得到执行。除此之外，许多国家需要很长的时间执行仲裁，从而导致司法延误。例如，在中国该过程可能长达四年。外国裁决的执行是企业经营者面临的一个主要问题，所以使仲裁机制效率更高将确保企业经营者偏好仲裁而不是国内诉讼。根据世界银行的数据，金砖国家国内生产总值的占全球国内生产总值的20%，而它们在全球商品贸易中的占比已经从2001年的7%上升到2015年的17%。此外，去年，金砖国家有2560亿美元的资金流入，占世界总资金流动额的15%。联合国贸易与发展会议（UNCTAD，简称贸发会议）预计，随着新兴经济体持续增长，它们之间的贸易纠纷案件数量也将增加。这是令人担忧的，因为现有的仲裁机构由西方的专家和从业者主导，发展中国家在其中代表性不足。这种代表性不足对确保发展中国家包容性和可持续增长具有负面影响，因为目前机制的结构性偏见可能在解决涉及发展中国家社会经济和公共利益的争议中造成不利影响。金砖国家之间的协调可能有助于解决其中的一些问题，并帮助缩小它们之间仲裁方法中的一些文化、监管和司法差距，而这反过来又会刺激这些国家的投资和贸易。

3. 然而问题是，为金砖国家成员设立独立的仲裁论坛是否就是解决这些问题的最佳方式？尽管政治上对这种方式表现出支持，但金砖国家行业贸易中的保守数字并不支持这种方法。虽然自 2001 年以来，金砖五国之间的商业贸易总额占金砖五国贸易总额的比例翻了一番，但在 2015 年这一比例仍然只有 12%。此外，各国并没有积极投资彼此的经济市场：根据贸发会议《世界投资报告》，2010 年至 2014 年，金砖国家之间的外国直接投资额占金砖国家外国直接投资总额的比例不到 1%。仲裁机构在确保自身长期稳定的同时也面临着一系列挑战。一个例子是，最近，由于案件数量不足，英国伦敦国际仲裁院（LCIA）决定关闭德里办事处。另一个例子是去年由上海国际经济贸易仲裁委员会成立的金砖国家争议解决上海中心，用于处理金砖国家成员之间的商业纠纷，但自成立以来尚未收到仲裁申请。最后，一些知名的、值得信赖的仲裁论坛（如国际仲裁法庭、英国伦敦国际仲裁院、新加坡国际仲裁中心等）的存在也对这些新机构造成重大挑战。因此，更可取的方法或许是倡导对现有仲裁平台进行结构改革，以确保发展中国家在仲裁机构中有充分的代表性。金砖国家成员在仲裁领域的合作显然不足，然而，专门为它们设立独立仲裁机构并不一定是解决所有问题的黄金方案。

金砖国家果阿峰会：在领导人第八次会晤之前，该集团必须注重制度建设

Samir Saran*

原文标题：BRICS Summit in Goa：Ahead of 8th Conference，the Bloc Must Focus on Institution – Building

文章框架：印度主办的第八届金砖国家峰会于 2016 年 10 月在果阿举行；金砖国家在寻求改革，重塑和引导当代地缘政治和地缘经济环境时，提出了两个组织原则以作为其管理体制的基础；金砖国家内部的制度化使金砖国家管理体制得以存在，即使这些国家在一些问题上存在竞争和冲突；金砖国家必须寻求进一步通过不同程度的正规化创建四个新机构和通过制度安排发展其议程；金砖国家必须使机构合作正规化。

观点摘要：

1. 印度主办的第八届金砖国家峰会于 2016 年 10 月在果阿举行。金砖国家将方向、思路和动力融入一个集体，而这个集体的个别成员已经盛极一时。印度有着相对强劲的经济表现和充满活力与想象力的外交政策，其有能力帮助金砖国家发现一个新的理念，这个理念会使这些国家的合作意愿发展成为具体的目标、持久的体系和有建设性的国际主义

* Samir Saran，观察家研究基金会副会长，负责观察家研究基金会的外部扩展和业务发展活动，负责印度一年一度的地缘政治和地缘经济对话的旗舰平台——瑞辛纳对话，负责印度网络安全和网络治理年会（CyFy）；全球治理问题（气候变化与能源政策、全球发展架构、网络安全和互联网治理）以及印度外交政策评论员，也是全球网络稳定委员会专员，世界经济论坛南亚咨询委员会成员以及全球未来网络安全委员会成员。来源：观察家研究基金会（印度智库），2016 年 9 月 20 日。

精神。

2. 就金砖国家轮值主席国印度而言，为了实现这一点，它需要让五国认同创造新的且反应迅速的机构这一想法，以帮助金砖国家和其他国家应对当前的经济和政治现实以及困扰多边组织和全球治理的问题。

3. 笔者在最近的一篇文章中写道，金砖国家在寻求改革，重塑和引导当代地缘政治和地缘经济环境时，提出了两个组织原则以作为其管理体制的基础。首先是"主权优越"原则；其次是"民主公平"原则。按照第一个原则，国家仍然是国际体系中首要而不可侵犯的个体，其重要性压倒了国际议程中的所有其他问题。国家间的合作是可能的，但这种合作要以产生更大的国家机构为前提。然后，这种更高的机构被引导以满足每一个国家的独特发展需要，并促进全球共同体的发展。

4. 民主公平的原则认为，在正确认识新兴大国和经济体不断发展的影响和追求之后，经济、政治和安全领域的国际秩序应该被公平制定。这两个原则确实构成了金砖国家的各种管理体制的基础，这些管理体制兼顾五国及整个国际体系的发展和经济目标。它们还激发了该组织所阐述的"野心"，去纠正不公平现象（感知到的和实际存在的）以及明确现存全球政治和经济治理架构的本质。以这些组织原则为基础，显然"机构"和"制度化"对金砖国家的集体行动计划来说必不可少。

5. 金砖国家内部的制度化使金砖国家管理体制得以存在，即使这些国家在一些问题上存在竞争和冲突。关于制度主义的文献研究已经认识到这一点。这些文献表明，因为建立新机构的成本往往很高，所以原有机构得以存留。沉没成本也将机构锁定在一条依赖之路上，随着时间的推移，这种依赖会增加回报率。

6. 金砖国家必须寻求进一步通过不同程度的正规化创建四个新机构和通过制度安排发展其议程。

第一，这样的正式机构必须是金砖国家新开发银行研究所（ND-BI），其是金砖国家新开发银行（NDB）观念性的武器，同时也许是更广泛的"金砖国家"项目本身的武器。"金砖国家新开发银行研究所"这一概念是去年由印度总理纳伦德拉·莫迪提出的，他称之为"一个理念的银行，经验的仓库和知识宝地"。金砖国家新开发银行研究所必须成为这样一个机构，其将为金砖国家新开发银行规划发展路径，而且在更广泛意义上，成为金砖国家产生新制度、发现新想法和发展应对未来政治和经济新解决方案的研究室。它必须努力成为一个在新兴世界中像经济合作与发展组织（OECD）那样的智库。在新兴世界，经济、货币、信用评级、政治风险、工业模式和发展方案都存在问题，并迫切需要回应。

第二，关键安排是必须促进贸易和商业开发。很明显，金砖国家比任何其他重大投资集团都更寄希望于由世贸组织引领的民主开放的贸易体系。虽然金砖国家的自由贸易协定似乎遥不可及，但设立基准和标准的机构将符合各方利益。它将允许金砖国家引领一种趋势，这种趋势会塑造全球贸易并将有助于完善多边贸易体制，甚至在没有一个正式自由贸易协定的前提下将促进金砖国家的内部贸易。

第三，金砖国家必须创建的关键制度框架是为数字经济建立的，而在数字经济中，金砖国家已经成为关键的利益相关者。目前，大西洋大国正在着手制订一项重大计划，以规范数字空间的标准。欧盟提出的数字监管倡议是这方面的例子。作为数字技术、产品和解决方案的主要消费者及创造者，金砖国家需要在规范制定领域发出有影响力的声音，必须采取行动，确定在数字世界的话语权，并围绕有争议的问题展开辩论，如加密、供应链的完整性、数据管理、数据流以及适当的利益相关者模型。

第四，金砖国家必须使机构合作正规化，这些机构将探索经济增长和可持续发展双重使命面临的独特机遇和挑战。金砖国家发展议程应该是在不牺牲前者的前提下促进后者的发展。这可能是发展伙伴关系常务会议的任务，该会议将负责确立一个金砖国家发展议程。其还会把五国和其他国家的经验编入这个议程，以向那些寻求这个议程的国家传播这些经验，并在一个自愿和民主的框架内以一种不太引人注目的方式跟踪进展。其将跟随和衡量金砖国家对有关可持续发展和气候行动的雄心勃勃的多边协议的实施，但这在某种程度上并不限制各国规划它们的独特发展轨迹。这个促进发展和尽自身努力帮助他人的新理念，符合"主权优越"和"民主公平"的组织原则。

评估金砖国家及其可交付成果

Mohammed Badrul Alam *

原文标题: Assessing BRICS And Its Deliverables

文章框架: 印度总理纳伦德拉·莫迪强调金砖国家在制定全球议程和帮助发展中国家实现目标方面有共同责任；在过去十年中，金砖国家已经举行七次峰会；金砖国家敏锐地认识到五国之间因战略文化和地域需求的不同，缺乏集体认同。

观点摘要：

1. 2016 年 9 月 4 日，在中国杭州举行二十国集团（G20）峰会时，印度总理纳伦德拉·莫迪（Shri Narendra Modi）在金砖国家领导人会议上发表讲话，将金砖国家视为"国际话语中有影响力的声音"，并强调它们在制定全球议程和帮助发展中国家实现目标方面有共同责任。2006 年 9 月，金砖四国（巴西、俄罗斯、印度和中国）外交部部长在纽约举行会议，以建立新兴经济体的包容性联系，金砖国家（2010 年增加南非）已经走了很长的路。截至 2015 年，金砖国家共有 30 多亿人口，占世界人口总数的43% 以上，国内生产总值超过 16 万亿美元，外汇储备约为 4 万亿美元。

2. 在过去十年中，金砖国家已经举行七次峰会，金砖四国领导人出席了 2009 年在俄罗斯叶卡捷琳堡举行的首次峰会，第八次金砖国家峰会定于 2016 年 10 月 15 日至 16 日在印度果阿举行。第一次峰会（2009 年）主要集中讨论 2008 年金融危机引发的经济和金融问题，强调要对国际金融机构进行改革，并敦促二十国集团为全球经济复苏尽最

---

* Mohammed Badrul Alam，印度国立伊斯兰大学政治学教授。来源：地面战争研究中心（印度智库），2016 年 9 月 22 日。

大努力。在第二次峰会（2010 年）上，《巴西利亚宣言》设想在金砖四国内部启动若干合作机构，这包括国家安全顾问会议、商业论坛、智库研讨会，以及提升农业基础的农业部部长会议。随着南非的加入，第三次峰会（2011 年）增强了地域代表性，从而在非洲大陆开辟了新的道路。这次会议除了讨论经济问题之外，还制订了卫生、科技、可再生能源、和平利用核能、消除饥饿和贫困等多个领域的合作计划，重新强调了联合国千年发展目标。

第四次峰会（2012 年）提出设立为金砖国家成员和其他发展中国家的基础设施和可持续发展项目提供资金的金砖国家新开发银行（NDB），以与第三世界国家建立金融合作。此外，还签署了一项协议，以促进当地货币的信贷批准，建立和加强金砖国家的经济合作。第五次峰会（2013 年）正式决定设立初始规模为 1000 亿美元的应急储备安排（CRA），通过了建立金砖国家新开发银行的可行性报告，建立了两个重要中心，即金砖国家工商理事会和智库理事会，以加强五国之间的协调与合作。

第六次峰会（2014 年）的主题为"实现包容性增长的可持续解决方案"，这次峰会签署了《成立新开发银行的协议》（"福塔雷萨宣言"第 11、12 段），以为新兴市场的基础设施和可持续发展项目提供资金。此外，在应急储备安排下，金砖国家拨出了 1000 亿美元，以用于应对短期国际收支压力。第六次峰会决定金砖国家新开发银行（NDB）的启动资金为 500 亿美元，其将逐渐增加到 1000 亿美元。南非比勒陀利亚成为区域枢纽，被命名为"金砖国家新开发银行非洲区域中心"，金砖国家新开发银行初始资本为 500 亿美元，巴西、俄罗斯、印度、中国和南非分别贡献 100 亿美元，该银行主要用于提供基础设施项目贷款，估计每年贷款额将高达 340 亿美元。

第七次峰会（2015 年）在俄罗斯乌法举行，该次峰会期待金砖国家完成关于成立应急储备安排协议的批准程序和建立金砖国家新开发银行的进程。经金砖国家新开发银行理事会和董事会同意，应急储备安排全面投入使用，这提供了清晰的路线图，能够巩固、加强五国之间的贸易和投资，并使其多样化。随着金砖国家第八次峰会（2016 年）的举行，印度成为以"打造有效、包容、共同的解决方案"为主题的金砖国家峰会的东道国，金砖国家战略伙伴关系的实现可能会被开放、团结、平等、相互理解、包容、合作和共赢的原则所推动。

3. 金砖国家敏锐地认识到五国之间因战略文化和地域需求的不同，缺乏集体认同。尽管全球经济复苏面临严重的下行风险，但值得赞扬的是，金砖国家在促进多边合作和改革全球治理架构方面取得了切实成果。从短期到中期来看，由于欧亚大陆面临多元化的可能性，人们可以将金砖国家视为在南南合作中运作相当成功的国际机制。从长期来看，金砖国家确实有可能在"软发展"板块上建立广泛共识，以巩固南半球发展。

印度：一个仲裁中心？

Kunal Kulkarni *

原文标题：India：An Arbitration Hub？

文章框架：如果没有对仲裁政策进行全面评估，那么印度设立金砖国家（BRICS）仲裁中心的目标不可能实现；这两项裁决赋予印度法院更大的国际仲裁权，超越了联合国 1958 年制定的《承认及执行外国仲裁裁决公约》中的规定；印度没有发展成为仲裁中心的另一个原因是其矛盾的政府政策。

观点摘要：

1. 如果没有对仲裁政策进行全面评估，那么印度设立金砖国家（BRICS）仲裁中心的目标不可能实现。印度财政部部长阿伦·亚特力（Arun Jaitley）在最近于新德里举行的金砖国家国际仲裁会议上，建议为金砖国家设立仲裁中心，以替代现有的仲裁中心——伦敦、巴黎、纽约或新加坡，这些中心都越来越多地被认为偏袒西方国家。然而，在印度设立新中心并不一定会使更多的国家选择在印度进行仲裁。最近伦敦国际仲裁法院（LCIA）由于缺乏案件暂停了其在新德里的工作。当事者犹豫是否选择仲裁的一个原因是印度司法与仲裁程序相互影响的错综复杂的历史。印度法院往往被干预并且容易被卷入仲裁程序中，这造成案件的延误，这也是印度企业在国外进行仲裁的原因。

2. 以这两种情况为例：2002 年印度最高法院认为巴蒂亚国际大宗

---

* Kunal Kulkarni，获得伦敦大学法学硕士学位，孟买政府法学院法学学士学位；印度全球关系委员会高级研究员；在孟买做资深辩护人超过一年，在房地产诉讼事务方面有丰富经验，出现在各种法庭和审理委员会（包括孟买高等法院）中；学术兴趣是国际法，特别是仲裁法和争端解决机制。来源：印度全球关系委员会（印度智库），2016 年 9 月 22 日。

交易公司的裁决允许印度法院参与，即使这场仲裁在国外举行；2008年关于萨蒂扬软件技术有限公司的工程案例，印度最高法院认为它有权力无视国际仲裁法庭通过的裁决。这两项裁决赋予印度法院更大的国际仲裁权，超越了联合国 1958 年制定的《承认及执行外国仲裁裁决公约》中的规定。印度法院拥有的这些权力最近才开始被撤销：2012 年印度最高法院推翻了有关对巴林铝业公司与凯撒铝业公司的判决；2014年 12 月，印度最高法院拒绝干涉国际仲裁事宜。对于仲裁裁决，印度政府已于 1996 年修订了《印度仲裁法与调解法》，以鼓励迅速处理诉讼案件，防止拖延诉讼进程。这是必要的，但可能对于鼓励各方选择印度作为仲裁中心还不够。

3. 印度没有发展成为仲裁中心的另一个原因是其矛盾的政府政策。以印度模式的双边投资协定（BIT）中的投资者国家争端解决（ISDS）条款为例，在启动仲裁程序之前，要求投资者利用"地方救济制度"（即印度司法制度）。美国、加拿大和通常支持仲裁的欧盟成员国不太可能接受这样的做法。美国、日本及其他太平洋国家参与的跨太平洋伙伴关系协定（TPP）的投资规章规定，如果外国投资者未能在 6 个月内友好地解决争端，那么其可以提起仲裁诉讼。法院与仲裁机构相互影响的历史，以及在印度模式下的双边投资协定（BIT）中的投资者国家争端解决条款，都与印度成为一个受欢迎的仲裁中心的目标相矛盾。然而，建立金砖国家仲裁中心可能是使印度成为仲裁中心的第一步。研究表明，在决定建立仲裁中心的国家中，有一半存在司法权问题（其法庭是否有权裁决）。

环孟加拉湾多领域经济技术合作倡议和印度的外交格局转变

K. Yhome[*]

原文标题： BIMSTEC And India's Shifting Diplomatic Calculus

文章框架： 环孟加拉湾多领域经济技术合作倡议（BIMSTEC）领导人与金砖国家领导人在果阿的会晤暗示了印度地区外交重点的转移；迄今为止，环孟加拉湾多领域经济技术合作倡议作为一个论坛，几乎没有参与到地区和全球机构中；促使印度邀请环孟加拉湾多领域经济技术合作倡议领导人参加金砖国家外联峰会的各种因素；在由七个成员国组成的环孟加拉湾多领域经济技术合作倡议中的独特地位使印度提出了切合实际的当前外交利益；尽管自 1962 年边境冲突以来的几十年内，印度和中国没有进行直接的军事对峙，但它们的战略竞争在日益影响着环孟加拉湾多领域经济技术合作倡议区域的形势变化；莫迪政府已经通过金砖国家 – 环孟加拉湾多领域经济技术合作倡议外联峰会发出了正确的外交照会；印度可以与环孟加拉湾多领域经济技术合作倡议国家提出海上安全倡议。

观点摘要：

1. 环孟加拉湾多领域经济技术合作倡议（BIMSTEC）领导人与金

---

* K. Yhome，观察家研究基金会研究员；研究领域包括印度的区域外交、南亚和东南亚地区的区域和次区域化、孟加拉湾地区和中国西南省份、缅甸的发展以及孟加拉湾的地缘政治发展；加入观察家研究基金会之前，他曾担任印度《外交家杂志》的助理编辑。来源：观察家研究基金会（印度智库），2016 年 10 月 3 日。

砖国家（巴西、俄罗斯、印度、中国和南非）领导人在果阿的会晤暗示了印度地区外交重点的转移并给予环孟加拉湾多领域经济技术合作倡议自成立以来最引人注目的重视，此次会晤成为金砖国家下周外联峰会的一部分。环孟加拉湾多领域经济技术合作倡议是在近 20 年前由南亚和东南亚一些国家提出的，旨在重新连接和重建这两个地区。

2. 迄今为止，环孟加拉湾多领域经济技术合作倡议作为一个论坛，几乎没有参与到地区和全球机构中。其唯一值得注意的是与亚洲开发银行（ADB）的合作，自 2005 年以来，亚洲开发银行成为该论坛的一个发展伙伴。由于连通性是次区域论坛的主要目标，亚洲开发银行进行了一项研究，以帮助促进和改善环孟加拉湾多领域经济技术合作倡议国家之间的运输基础设施和物流。

3. 各种因素促使印度决定邀请环孟加拉湾多领域经济技术合作倡议领导人参加金砖国家外联峰会。第一，在印度隔离巴基斯坦的努力当中，邀请南亚区域合作联盟（SAARC）领导人将使这一目的失败。自纳伦德拉·莫迪（Narendra Modi）总理几年前邀请南亚区域合作联盟领导人参加他的宣誓就职仪式以来，印度的地区外交政策已经发生了很大变化。第二，虽然印度可以选择邀请孟加拉国、不丹、尼泊尔次级区域倡议（BBIN）领导人，但这将冷落其他邻国，包括斯里兰卡和缅甸。第三，印度也可以进一步向东发展，在湄公河－恒河合作倡议（MGC）的支持下邀请来自湄公河国家的领导人，甚至在印度－东盟合作伙伴关系之下，邀请东盟（ASEAN）国家领导人。然而，问题是为什么印度忽视了它的周边国家。此外，印度－东盟合作伙伴关系和湄公河－恒河合作倡议也只是包含印度和东南亚国家的论坛，并不包括其他南亚国家。

4. 在由七个成员国组成的环孟加拉湾多领域经济技术合作倡议中的独特地位使印度提出了切合实际的当前外交利益。环孟加拉湾多领域经济技术合作倡议对印度的战略突出性可以从印度的次区域战略中看出来。环孟加拉湾多领域经济技术合作倡议连接印度的三个重要次区域——在喜马拉雅山次区域的尼泊尔和不丹，在孟加拉湾次区域的斯里兰卡和孟加拉国，在湄公河次区域的缅甸和泰国。环孟加拉湾多领域经济技术合作倡议是唯一一个将印度的战略外围（南部、东部和北部）汇聚在一个单一组织的论坛。此外，它还使印度的地缘政治担忧陷入困境，因为中国和巴基斯坦等地区参与者并不是环孟加拉湾多领域经济技术合作倡议的成员。

5. 环孟加拉湾多领域经济技术合作倡议也是印度与其他成员区域和次区域组织活动的中心，而这些区域的国家通常也是它们各自区域和次区域以及其他区域和次区域组织的成员。例如，缅甸和泰国是东盟和大湄公河次区域（GMS）的成员，而孟加拉国、不丹和尼泊尔是南盟和孟加拉国、不丹、印度和尼泊尔次级区域倡议的成员。而孟加拉国和缅甸与印度和中国一起，也是由四个成员国组成的孟中印缅次区域合作（BCIM）论坛的成员。因此，环孟加拉湾多领域经济技术合作倡议的发展可以帮助整个以孟加拉湾为中心的印度洋东北部地区实现区域一体化。近年来，由于印度自身的国内利益以及中国在这些地缘战略次区域的影响力和存在，印度在这些次区域的战略利益不断增长。中国已成为印度与这些地区国家交往中面临的地缘政治担忧的一个主要因素。

6. 尽管自1962年边境冲突以来的几十年内，印度和中国没有进行直接的军事对峙，但它们的战略竞争在日益影响着环孟加拉湾多领域经济技术合作倡议区域的形势变化。中国是金砖国家的重要成员。观察印度和中国如何看待自己在环孟加拉湾多领域经济技术合作倡议中的角色将很有趣。而中国在金砖国家的外联活动中对环孟加拉湾多领域经济技术合作倡议的参与也为这两个"亚洲巨人"提供了一个可以在次区域合作的机会，在这里，它们有重叠的战略利益、战略怀疑，而且中国与巴基斯坦的关系仍然是为环孟加拉湾多领域经济技术合作倡议构建共同愿景的一个障碍。

7. 巴基斯坦不愿意参与一个包含印度在内的区域合作组织的决心在其对《南盟机动车协议》的反对中便已显露。由于印度和巴基斯坦之间"冷战"关系的重新建立，在印度西部边境进行双边和区域合作的前景仍然有限。印度进行活动的战略空间及其将区域外交发展到一个新水平的能力，特别是"东向政策"，将在很大程度上取决于其与东部地区的关系。而环孟加拉湾多领域经济技术合作倡议以及其他区域和次区域论坛将成为印度实现这些目标的平台。

8. 莫迪政府已经通过金砖国家－环孟加拉湾多领域经济技术合作倡议外联峰会发出了正确的外交照会。印度和环孟加拉湾多领域经济技术合作倡议需要在区域发展和安全方面寻求更大的协同效应。环孟加拉湾多领域经济技术合作倡议地区仍然是世界上一体化程度最低的地区之一。在该地区，最近的一些积极进展可能进一步扩大环孟加拉湾多领域经济技术合作倡议。印度、缅甸和泰国已经开始谈论类似"孟加拉国、不丹、尼泊尔和印度机动车协议"的车辆自由流动计划。这样一个计划将覆盖除斯里兰卡之外的大部分环孟加拉湾多领域经济技术合作倡议国家。随着环孟加拉湾多领域经济技术合作倡议两国和多国之间已经签署多个双边和多边协议，这些协议覆盖贸易、投资和在能源、公路、铁路、数字、管道方面的连接，合乎逻辑的一步将是在环孟加拉湾多领域经济技术合作倡议层面扩大这些协议。

9. 印度、斯里兰卡、马尔代夫三国日前共同签署了《印度洋安全条约》，其旨在增强印度洋的海上安全。五个环孟加拉湾多领域经济技术合作倡议国家构成了孟加拉湾的关键地区。随着环孟加拉湾多领域经济技术合作倡议各国越来越多地转向关注孟加拉湾的资源以寻求经济发展，印度可以与其他环孟加拉湾多领域经济技术合作倡议国家提出类似的海上安全倡议，以保障在孟加拉湾的共同海事安全。

金砖国家：对果阿峰会的预期

Rajiv Bhatia[*]

原文标题： BRICS：Expectations from the Goa Summit

文章框架： 第八次金砖国家（BRICS）领导人会晤于 2016 年 10 月 15 日到 16 日在印度果阿举行，主要探讨全球主要的地缘政治事件——英国脱欧、美国总统选举、中国海域争端以及克什米尔恐怖袭击；2016 年 9 月 4 日在杭州举办的 G20 领导人会议以及 9 月 20 日在纽约举行的外交部部长会议，这两个最近的会议已为《果阿宣言》提供了大致框架，其可能包含金砖国家首脑会议的成果；然而，各成员关于国际恐怖主义的立场存在一些不确定性；鉴于目前金砖国家对西方主导机构的不满，应急储备安排（CRA）已被创建并被称为果阿地区全面运作的关键；2016 年 10 月 16 日，金砖国家将首次与环孟加拉湾多领域经济技术合作倡议（BIMSTEC）举办扩大会议，此次会议的结果将备受关注。

观点摘要：

1. 第八次金砖国家（BRICS）领导人会晤于 2016 年 10 月 15 日到 16 日在印度果阿举行，主要探讨全球主要的地缘政治事件：英国脱欧、美国总统选举、中国海域争端以及克什米尔恐怖袭击。金砖国家有必要向世界展示其调节内部差异以及集体合作的能力。对在第八次金砖国家

---

* Rajiv Bhatia，阿拉哈巴德大学政治学硕士；印度全球关系委员会外交政策研究计划杰出研究员，印度世界事务理事会（ICWA）总干事，印度外交部联合秘书；前印度驻缅甸和墨西哥大使，前印度驻肯尼亚和南非高级专员，前新加坡东南亚研究所（ISEAS）高级客座研究员。来源：印度全球关系委员会（印度智库），2016 年 10 月 6 日。

· 197 ·

领导人会晤所得结果的评估中，在国际和地区担任轮值主席国期间开展相关活动背景下，金砖国家领导人近期频繁的高层互动，以及在印度现任主席面前广泛的开展活动，是可取的。作为一个横贯大陆的活跃组织，金砖国家继续吸引着印度国内外媒体的关注。果阿峰会将能取得实质性的进展吗？前几个月的一些发展变化，英国脱欧、美国总统选举和中国在亚洲的崛起，特别是仲裁小组对中国海域问题的裁决，决定了金砖国家在世界上争夺其地位的背景。于 2016 年 10 月 15 日举行的金砖国家领导人会晤可能有助于进一步巩固其议程并增加其国际影响力。

2. 2016 年 9 月 4 日在杭州举办的 G20 领导人会议以及 9 月 20 日在纽约举行的外交部部长会议已为《果阿宣言》提供了大致框架，其可能包含金砖国家领导人会晤的成果。果阿峰会对全球经济现状以及金砖国家经济的评价相当明确。它认为全球经济发展不平衡，具有明显的下行风险。其解决办法是加强宏观经济合作，促进创新、稳健、可持续的贸易和投资增长。五国中只有两个国家即中国和印度在经济领域表现得很好，但它们也面临经济约束。因此，金砖国家坦率地承认，新的经济挑战阻碍了其经济增长，并且认为深化战略合作是前进的方向。在一系列全球性和区域性问题中，对与会者来说，制定有关气候变化、可持续发展的目标，确立世界贸易组织（WTO）全球治理改革的共同目标和协调立场不应该是困难的，所有这些都会在领导人会晤议程中被提及。

3. 然而，各成员关于国际恐怖主义的立场存在一些不确定性。对于武装人员闯入巴控克什米尔地区并发动袭击，印度对这种"打击"的响应是，印度将为获取强大而具体的话语权做出努力，以帮助其在外交方面谴责和孤立巴基斯坦。然而，鉴于中国对巴基斯坦的支持以及俄罗斯在巴基斯坦的利益，印度可能面临艰巨任务。

4. 五国的共同利益将促使金砖国家聚焦并突出其内部的合作。"光辉成就"——金砖国家新开发银行（NDB），一直表现良好，但其需要3 亿~4 亿美元的强大注资来执行雄心勃勃的计划，以资助金砖国家内部和外部的基础设施项目建设。鉴于目前金砖国家对西方主导机构的不满，应急储备安排（CRA）已被创建并被称为"果阿地区全面运作的关键"。至于金砖国家的使命，值得注意的是，涉及所有五国的 101 个大事/会议/活动，将于印度担任轮值主席国期间完成。这些活动涉及多个部门，范围之广令人惊讶。除此之外，还包括商业仲裁、农业、国会议员之间的交流、年轻的科学家和外交官、足球和电影。这些活动不仅受到外交部的推动，而且受到整个政府的促进。它们正在印度各地发生。谈到事件进行的理由和影响时，政府发言人都满怀激情。但这并不能阻止专家对官方做法提出质疑。三大国——俄罗斯、印度和中国，也许可以承受这样的"放纵"，即一年组织一百次活动，但是巴西和南非将面临国内的严峻形势，它们还能继续进行这样的活动吗？这一级别的活动真的能使金砖国家获得更大的成功，并帮助它们成为全球政治的主要力量吗？时间会解释一切。

5. 领导人会晤通常伴随着扩大会议的进行。2016 年 10 月 16 日，金砖国家将首次与环孟加拉湾多领域经济技术合作倡议（BIMSTEC）举行扩大会议，此次会议的结果将备受关注。如果印度和巴基斯坦的关系没有像如今这样紧张，那么其合作伙伴将是南亚区域合作联盟（SAARC）。印度强调国家对"东向行动"政策的承诺，以及对东南亚的优先考虑。

6. 环孟加拉湾多领域经济技术合作倡议可能不是一个活跃的区域组织，但它将受益于世界领先的新兴经济体的出现。该组织应该向这些国家学习如何利用政治意愿，推动组织发展，以再创新高，像当今的金砖国家一样。此外，环孟加拉湾多领域经济技术合作倡议可能希望从金砖国家新开发银行中获得巨额资金，以资助其基础设施项目的建设。在这里，金砖国家需要关注与环孟加拉湾多领域经济技术合作倡议举办的会议的结果。在前几次金砖国家领导人会晤中，拉丁美洲、非洲和欧亚大陆国家的领导人进行了会晤。然而，似乎没有取得任何结果。如果与环孟加拉湾多领域经济技术合作倡议的扩大会议不结束，那么像其他组织一样，今年由印度主导的金砖国家，应该准备显示其慷慨和承诺，例如协助环孟加拉湾多领域经济技术合作倡议国家的区域互联互通项目。最后，果阿峰会很可能表明，随着时间的推移，金砖国家有能力协调其内部差异。希望默契的合作、利益的汇合和共同的关注点，也可以帮助成员国减少分歧。

在果阿举行第八届金砖国家学术论坛

Shubh Soni *

原文标题：Eighth BRICS Academic Forum，Goa

文章框架：金砖国家自正式成立以来，其成员国作为一个集体单位已经在一系列问题上取得重大进展；果阿邦首席部长帕瑟卡（Laxmikant Yashwant Parsekar）表示，金砖国家的未来在于成员国之间进一步的制度化进程；论坛审议了 12 个主题；与会者达成一致意见，认为金砖国家需要通过正式和非正式渠道进一步实现制度化；金砖国家学术论坛建议建立一个金砖国家信用评级机制；与会者建议成立一个发展和经济伙伴论坛；在需要提供解决方案管理新的领域方面，论坛同意制定一个由金砖国家领导的共同标准和方法；在与贸易相关的重大事务上，学术论坛对首席部长在他的开幕演说中的陈述做了回应；论坛详细讨论了可持续发展目标；与会者表示，金砖国家需要合作，以实现"全民医疗"和"全民负担得起的医疗保健"的理想；与会者还强调了金砖国家新开发银行与其他金砖国家领导的机构支持旨在提高妇女参与经济、政治和社会领域活动能力的项目；在应对安全挑战方面，与会者表示，金砖国家应该建立其自己的安全议程以应对各种威胁。

观点摘要：

1. 2016 年 9 月 19 日至 22 日举行的第八届金砖国家学术论坛是由

---

* Shubh Soni，观察家研究基金会研究员。来源：观察家研究基金会（印度智库），2016 年 10 月 7 日。

观察家研究基金会、印度对外事务部以及发展中国家研究与信息系统（RIS）合作组织的，此次论坛在印度果阿邦进行。该论坛有来自巴西、俄罗斯、印度、中国和南非的不同研究和学术机构的专家和学者。

2. 金砖国家自正式成立以来，其成员作为一个集体单位已经在一系列问题上取得重大进展，涉及从全球治理改革、应对新的安全挑战、管理全球公共领域到实现新的发展模式、推进南南合作以及扩大金砖国家在一系列问题（包括贸易方面）的合作潜力。

3. 2016 年 9 月 19 日，第八届学术论坛由果阿邦首席部长帕瑟卡（Laxmikant Yashwant Parsekar）先生宣布开幕。在开幕式的主题演讲中，其赞赏了学术论坛的努力，并指出这个平台是如何处理、定义和塑造国际秩序中的社会经济和政治格局的根本性问题。

4. 首席部长谈到需要改革全球治理架构，包括联合国安理会改革。当涉及管理货物和服务跨地区流动时，特别是在越来越多的自由贸易协定出现的背景下，他还强调了世贸组织的权威。

5. 首席部长表示，金砖国家的未来在于成员国之间进一步的制度化进程。他说金砖国家新开发银行是革命性的，还需要进一步发展。

6. 论坛审议了以下 12 个主题。

（1）新兴地缘政治秩序：金砖国家面临的机遇和挑战。

（2）在全球新兴贸易体系中金砖国家面临的机遇和挑战以及金砖国家内部贸易扩张的潜力。

（3）国际金融和技术向发展中国家和最不发达国家的转移。

（4）金砖国家伙伴关系——开发一个新的发展模式。

（5）公共卫生挑战和金砖国家合作前景。

（6）金砖国家在管理新的安全威胁方面的合作。

（7）调节新的全球公共领域和相关的全球公共产品：金砖国家的愿景。

（8）交换意见和分享可持续发展目标（SDGs）实现的经验。

（9）能源未来：对金砖国家的机会和影响。

（10）性别、发展和政治——朝着一个新的金砖国家领导愿景发展。

（11）微、中小型企业和非正式部门——金砖国家增长提案。

（12）金砖国家的未来。

7. 审议这些主题后，学术论坛与会者一致认为，现有的全球治理架构没有充分反映 21 世纪的现实。与会者表示，需要建立一个金砖国家统一阵线，以确保联合国安理会和布雷顿森林体系机构等进行改革和改造，以恢复其信誉和合法性。

8. 与会者还达成一致意见，认为金砖国家需要通过正式和非正式渠道进一步实现制度化。大家一致支持成立这样一个机构——将为金砖国家新开发银行提供知识支持的分析部门。这样一个机构的使命是向金砖国家新开发银行在实现目标的过程中提供研究支持；对金砖国家学术论坛尤其是在诸如气候变化和可持续发展问题方面提供智力支持和数字基础设施；为新兴市场和发展中经济体提供研究基础；向新兴市场提供全球论坛的视角。此外，它还试图建立一个金砖国家研究机构，其主要着眼于搜索和整理来自金砖国家内部和外部各种机构的理念和研究。

9. 金砖国家学术论坛还建议建立一个金砖国家信用评级机制，以替代现有的信用评级和信用框架。金砖国家信用评级机制将不受与主权、政治或监管风险相关的偏见的影响。随着金砖国家越来越多地寻求在其地域之外投资发展项目，有人建议成立一个发展和经济伙伴论坛，该论坛将与金砖国家简化和协调发展伙伴关系和外交政策的目标相结合。

10. 在需要提供解决方案管理新的领域方面，如互联网、外太空和深海，论坛同意制定一个由金砖国家领导的共同标准和方法。特别是在互联网治理上，有人指出，需要进行创新并通过电子商务、互联网治理框架的兼容性显著促进金砖国家间的贸易。

11. 在与贸易相关的重大事务上，学术论坛对首席部长在他的开幕演说中的陈述做了回应，即有必要恢复世贸组织，使其作为一个多边机构负责管理货物和服务活动。此外，建议成立金砖国家特别小组以建立共同的金砖国家标准和基准，并研究其他关税和非关税问题。

12. 论坛详细讨论了可持续发展目标，与会者一致同意需要重申在金砖国家内外部成功实现这些目标的重要性。与会者一致认为，为实现这些目标，金砖国家应继续强调技术和资金从发达经济体向金砖国家、其他新兴经济体和发展中经济体流动的必要性。为实现这一目标，应加强技术转让、促进全球科技体制的完善。

13. 特别是在能源方面，与会者认为，传统的能源，即石油、天然气和核能，将继续满足基本需求，因此金砖国家有必要对这些能源进行投资，使这些能源更清洁而高效。为了使这一过程制度化，该论坛提议成立一个金砖国家能源局，以研究能源获取、能源安全以及能源系统稳定性等问题。

14. 与会者表示，金砖国家需要合作，以实现"全民医疗"和"全民负担得起的医疗保健"的理想，并关注发展中国家忽视的流行病。该论坛提议建立一个高级健康专家委员会，以向金砖国家卫生部部长提供支持和建议。此外，金砖国家研究健康指数以评估幸福、进步和可持续发展水平也被认为是必要的，有利于发展中国家获得相关的参数。

15. 与会者还强调了金砖国家新开发银行与其他金砖国家领导的机构应支持旨在提高妇女参与经济、政治和社会领域活动能力的项目。有人指出，金砖国家应该支持在金砖国家内部和外部的女性企业家和女性领导的企业。

16. 在应对安全挑战方面，与会者表示，金砖国家应该建立其自己的安全议程以应对各种威胁，如恐怖主义、非法毒品贸易、盗版、滥用信息通信技术等。现在，尤其是与恐怖主义有关的事件已成为全球安全的真正威胁。金砖国家应致力于达成一个应对恐怖主义的共识。

17. 在网络安全问题上，该论坛提议建立一个金砖国家领导的方案，这个方案将建立全球规则，涉及电子政务、互联网治理促进全球化、促进对外开放和安全的互联网的正确访问。

18. 论坛以果阿邦的邦长辛哈（Smt Mridula Sinha）的告别演说结束。在发言中，邦长指出，无论政治、社会还是经济的各行各业都需要更多的女性。辛哈还强调促进金砖国家中小型企业合作的必要性，特别是由于一些这样的企业是由女性经营或雇用了大量的女性。

金砖国家智库理事会
会议在新德里举行

Shubh Soni *

原文标题：BRICS Think Tank Council（BTTC）Meeting，New Delhi

文章框架：金砖国家智库理事会会议的目的是评估印度领导人任期内取得的成就，评估俄罗斯总统任期内取得的成就，并期待中国国家主席的计划；沙希·塔鲁尔博士指出印度高度重视与金砖国家的接触，金砖国家今天在印度得到多方支持；在金砖国家未来的发展方向上，格奥尔基·托洛拉亚（Georgy Toloraya）教授表示有必要制定一项金砖国家战略；中国的王先生认为进一步增加学术产出是重要的；会议指出要深化金砖国家智库理事会对成员国之间的合作研究；辛哈指出金砖国家合作的关键在于制度建设。

观点摘要：

1. 观察家研究基金会（ORF）与印度外交部合作，于2016年9月23日在新德里召开了金砖国家智库理事会（BTTC）会议。智库理事会的机构包括巴西应用经济研究所、俄罗斯金砖国家研究委员会、印度观察家研究基金会、中国当代世界研究中心和南非金砖智库。金砖国家智库理事会会议的目的是评估印度领导人任期内取得的成就，评估俄罗斯总统任期内取得的成就，并期待中国国家主席的计划。观察家研究基金会杰出研究员维斯瓦南丹（R. Viswanathan）先生发表此次会议的欢迎致辞。他在致辞中指出，2013年南非德班金砖国家领导人会晤决定成

* Shubh Soni，观察家研究基金会高级研究员。来源：观察家研究基金会（印度智库），2016年10月7日。

立金砖国家智库理事会。建立该理事会的目标是建立一个永久实体，以加强金砖国家智库之间在研究、知识共享、能力建设和政策咨询方面的合作。

2. 印度国会议员、印度国会外交事务常设委员会主席沙希·塔鲁尔（Shashi Tharoor）博士致开幕词。沙希·塔鲁尔博士在讲话中指出，印度高度重视与金砖国家的接触，金砖国家今天在印度得到多方支持。他继续强调，金砖国家正在慢慢地成长为一个替代性论坛，可以经受得住传统经济体主导的世界观的考验，其中一些主要的经济体仍然主宰着全球体系，因为它们是二战后布雷顿森林体系的创始成员。沙希·塔鲁尔博士说："金砖国家在 1945 年可能不重要，但现在已经到了 2016 年，忽视金砖国家就是忽视历史的转折。"

3. 印度外交部多边经济关系联合秘书 Alok Dimri 代表印度外交部表示，在谈到金砖国家的创建时，必须非常谨慎。他强调，"我们只是发现了金砖国家，因为它已经在我们当中存在，而且我们也正在推动其发展"。Alok Dimri 表示，"我们所有人都应该对金砖国家表示感谢，而不是考虑我们在哪里接纳金砖国家"。他强调，"重要的是后退一步，评估金砖国家现在给我们带来了什么，以及它在未来将给我们带来什么"。

4. 然后，会议讨论转向观察家研究基金会和印度发展中国家研究与信息系统研究中心（RIS）在印度领导人任职期间所开展的活动。维斯瓦南丹（R. Viswanathan）强调了观察家研究基金会如何在 2016 年 4 月于新德里成功举办了数字金砖闭门会议，并于 2016 年 8 月在拉贾斯坦邦的斋浦尔成功举办了金砖国家智慧城市峰会。印度发展中国家研究与信息系统研究中心主任萨钦·查特尔维蒂（Sachin Chaturvedi）博士提到该研究中心主持了 9 月份在印度卡纳塔克邦班加罗尔举行的金砖国家健康论坛（BRICS Wellness Forum），该研究中心目前正在为新德里的金砖国家民间论坛和在果阿举办的金砖国家经济论坛做准备，两次论坛都在 10 月份举办。

5. 在谈到俄罗斯总统任期内取得的成就时，格奥尔基·托洛拉亚（Georgy Toloraya）教授强调了俄罗斯是如何推出青年政策，促进移民、电信、工业合作，国际发展和劳动就业等。托洛拉亚教授还提交了俄罗斯举办的第七届学术论坛的最终报告。在金砖国家未来的发展方向上，他表示有必要制定一项金砖国家战略，其中将包括金砖国家在未来5～10年的若干预期目标。这样的一个战略将使大家能够回答诸如金砖国家将走向何方，以及迄今为止它带大家走到了哪里的问题。

6. 来自中国的王先生强调了金砖国家在各院校相关研究的日益普及，并认为进一步增加学术产出是重要的。他还表示，下一届学术论坛，以及两届金砖国家智库理事会会议将由中国当代世界研究中心举办；然而，日期和地点尚未敲定。南非开普敦大学社会学教授阿里·斯塔斯（Ari Sitas）表达了他对金砖国家学术论坛成果文件的欣赏，并谈到鉴于金砖国家内部关系不同，第八届论坛是如何转变金砖国家观念的，使金砖国家从想成为一个经济联盟转变为想成为一个集团。阿里·斯塔斯教授还表示若要向前推进其发展，则应更加重视金砖国家在教育、研究和科学文化领域的合作。同样，下一个发言者，来自巴西的Luis Fernando先生强调，不仅要关注经济问题，而且人权、南南技术合作方面也应得到关注。

7. 然后会议讨论了要深化金砖国家智库理事会成员国之间的合作研究。其成员国曾同意金砖国家智库理事会以理事会愿景文件的一个主题写一篇报告。这次会议的报告将在2016年10月15日定稿，并与所有成员国共享，预计10月30日前会完成最后的修改，编译好的出版物将在下一次瑞辛纳对话会上发布，该对话会将于2017年1月17日至19日在新德里举行。

8. 这次会议以印度外交部官员辛哈（Amar Sinha）的致辞结束。辛哈在致辞中强调了印度金砖国家领导人会晤的主题，即"打造有效、包容、共同的解决方案"。他说，印度领导人在一年中关注了几个关键问题。首先是金砖国家的发展不应该依赖外交部门。其次，有人认为金砖国家需要更加以人为本。为了确保成员国之间进行更多的人员联系，印度主办了一系列活动，如"金砖国家"电影节、金砖国家17岁以下少年足球赛，以及一个青年峰会。最后，辛哈指出金砖国家合作的关键在于制度建设。他说现在迫切需要创建一个金砖国家农业研究网络、金砖国家信用评级机构、广泛的金砖国家支付结算机制，一个类似世界银行研究所的智库，以为新发展提供智力解决方案，进一步深化金砖国家之间的合作。

印度管理下的金砖国家论坛：前景与问题

Brig Vinod Anand *

原文标题： BRICS Forum under Indian Stewardship：Prospects And Issues

文章框架： 在担任由巴西、俄罗斯、印度、中国和南非参与的"金砖
国家"（BRICS）轮值主席期间，印度的目的是在形式和实
质上使该组织成为一个负责任的多边机构；显然，在金砖国
家成员之间，印度和中国经济是以适当的节奏进行增长的，
尽管近年来，中国的经济增长一直在减速；鉴于其经济、人
口和资源的规模，金砖国家机制的发展具有影响力，不论在
地缘政治方面还是经济方面，其都正朝着正确的方向前进；
在去年的乌法峰会上，莫迪总理提出了十项建议以使成员之
间达成共识，其目的是为金砖国家之间更紧密的合作进程提
供动力。

观点摘要：

1. 在担任由巴西、俄罗斯、印度、中国和南非参与的"金砖国家"
（BRICS）轮值主席期间，印度的目的是在形式和实质上使该组织成为
一个负责任的多边机构。首先，这个目标的制定出于地缘政治的重要考
虑，其次，这个目标是为了争取新兴经济体的话语权。莫迪的偏好和努
力方向可以很容易地从他在 2015 年的二十国集团（G20）会议以及
2016 年的二十国集团峰会的演讲中看出，也可从 2015 年在乌法举行的
金砖国家峰会和上海合作组织峰会以及 2016 年的东盟－印度峰会和东
亚峰会中看出。以统一的方式打击全球和地区恐怖主义是他的主题，其

---

* Brig Vinod Anand，维韦卡南达国际基金会高级研究员。来源：维韦卡南达国际
基金会（印度智库），2016 年 10 月 12 日。

主题的许多方面也与全球治理有关。因此，在他执政期间，印度打算将优先权从有限的经济方面转移到全球问题上，打击恐怖主义日益紧迫。

2. 莫迪总理曾在乌法呼吁"全球共同努力打击恐怖主义的必要性"。甚至金砖国家在杭州举行的二十国集团峰会也由莫迪总理主持，他呼吁成员国"为加强打击恐怖主义做出共同努力"。金砖国家应对恐怖主义的一个共同途径是积极促进形成新兴的国际安全体系结构。当然，在2016年从印度与金砖国家发起的有组织的活动列表中可以看出，从可再生能源到科学研究，从采取反腐措施到建立电影节，该议程更加多样化和全面。很明显，金砖国家的五个成员国在全球问题上有着共识，其正在努力改变西方主导的现状，无论经济还是战略问题。

3. 显然，在金砖国家成员之间，印度和中国的经济是以适当的节奏进行增长的，尽管近年来，中国的经济增长一直在减速，而印度则需要为基础设施建设投资，中国有能力和愿望与印度进行合作。许多中国企业一直在关注印度，向印度转移剩余产能并对其投资。其中的一些企业（万达）已经在现实领域——如电子部门和基础设施项目（公路建设与铁路勘测）注入大量资金。印度希望出口信息技术服务、药品以及其他服务和产品，以寻求互利合作的途径。中印双方都需要努力减少障碍，促进彼此之间的业务往来。

4. 金砖五国都有独特的优势和特点，尽管事实上，中国和印度的经济表现不够好，但在许多方面，俄罗斯仍然是印度重要的战略伙伴，并且其一直在民用核能、水力、碳领域与印度（除国防部门之外）合作。俄罗斯一直支持印度加入联合国安理会。就规模和人口而言，巴西是一个重要的国家。对于整个非洲大陆来说，南非也是如此。加强在多个领域的关系将是首脑会议议程的一部分。

5. 同样，金砖国家新开发银行（NDB）的建立被视为金砖国家与印度取得的成就，其将通过贷款寻求推进可持续发展项目。加强双边和多边的新开发银行建设将是金砖国家议程的一个重要组成部分。与西方主导型的经济世界观不同，金砖国家机制已经出现，并在一个渐进的道路上发展。一些人认为金砖国家不同的政治体系也有助于其在全球范围内采取不同方法。有时，这些国家在全球宏观经济、发展援助和国际资源转移、全球治理等方面都有共同的观点。

6. 此外，一些研究报告表明，金砖国家个别成员之间的贸易政策相互影响。它们之间的商业关系仍然以缺乏和谐性为特征。中国和印度之间的贸易不平衡、非关税壁垒或其他种类的歧视性做法阻碍了双方达成平衡且和谐的经济关系。印度和其他金砖国家成员之间的贸易和商业关系也受到关注。

7. 鉴于其经济、人口和资源的规模，金砖国家机制的发展具有影响力，不论在地缘政治方面还是经济方面，其都正朝着正确的方向前进。有时，成员国之间的战略分歧阻碍了成员国在国际问题上协调立场。对印度和中国来说，其可以在多个领域进行紧密合作，然而，两者之间加剧的战略失调显然会对金砖国家作为一个重要论坛的有效性和运作产生影响。

8. 莫迪总理在二十国集团峰会期间，曾告知习近平主席印度的担忧，并告诉他各国必须对彼此的敏感性问题做出回应。"对恐怖主义的反应不应被任何政治因素驱使"，莫迪总理曾说，这暗指中国反对将恐怖组织"穆罕默德军"头目马苏德·阿兹哈尔（Masood Azhar）指定为恐怖分子。莫迪总理进一步表示，印度和中国应该了解彼此的愿望和关切并改善关系。印度的担忧也涉及中－巴经济走廊（CPEC），该走廊途经巴控克什米尔地区。

9. 习近平主席事实上曾表示，中国愿与印度保持来之不易的良好关系，进一步加强合作。因此，很显然，印度对跨境恐怖主义的担忧将再次成为莫迪总理和习近平主席在金砖国家峰会期间讨论的话题。从印度的角度考虑，很难理解中国反对印度将武装组织"穆罕默德军"头目马苏德·阿兹哈尔列入联合国安理会制裁名单的理由。在任何情况下，"穆罕默德军"都是联合国认定的恐怖组织。那么为什么它的领导人不是呢？

10. 解决中国和印度之间的贸易不平衡问题也是反复出现的一个主题，无论在峰会还是其他会议上。此外，中国在五大新兴经济体之间提出的自由贸易协定（FTA）建议并没有得到其他成员国的青睐。很明显，中国的目的是扩大与金砖国家成员之间的贸易，但对其他成员来说，它们面临对中国进口损害本国制造业发展的担忧。其他国家也不热衷于就"金砖国家投资（保护与促进）条约"展开谈判。印度在任何情况下都会参与区域全面经济伙伴关系协定（RCEP），其将是一个区域自由贸易协定，还包括中国。即使区域全面经济伙伴关系协定对印度未必有多大好处，但其依然会参与其中。

11. 本次峰会的主题即"打造有效、包容、共同的解决方案"。这一主题的核心是确保金砖国家进行紧密合作，以找到解决该组织所面临经济问题的办法。最后金砖国家峰会在俄罗斯通过了《乌法宣言》，其旨在关注经济战略伙伴关系，因此，印度正在制订一项计划，以在多个领域开展贸易、投资和经济合作，这些领域包括制造业、矿物加工业、能源产业和农业。

12. 在去年的乌法峰会上，莫迪总理提出十项建议以使成员之间达成共识，其目的是为金砖国家之间更紧密的合作进程提供动力。加强合作的十个步骤包括第一届金砖国家商品交易会、铁路研究中心、审计机构合作、数字化农业研究中心、金砖国家地方政府论坛、金砖国家城市化合作、金砖国家新开发银行首批贷款用于清洁能源项目、金砖国家体育协会、年度运动会以及电影节。这些举措正在实施中。

13. 印度利用这个机会推出莫迪总理最近的重点项目，如"印度制造"项目，以在基础设施发展领域寻求金砖国家的投资。印度还通过举办贸易博览会和投资者论坛来促进该倡议，如"印度制造"、"智慧城市"、"数字印度"以及"创业印度"，金砖国家可以就这些倡议与之进行合作。

14. 总之，鉴于其战略利益、国家规模、经济状态、不同的政治制度，可以说，金砖国家还没有充分发挥其潜力。因此，未来无论在地缘政治方面还是经济话语权方面，金砖国家这一组织能否取代西方主导的制度仍尚不可知。

金砖国家沦为"脱口秀"？

Brahma Chellaney[*]

原文标题：BRICS Reduced to A "Talk Shop"？

文章框架：尽管金砖国家是一个非西方组织，但是金砖国家不能仅仅是一个"脱口秀"；鉴于成员国不同的优先事项和利益，金砖国家在关键的国际问题上仍不能团结一致，面临一些棘手的问题；对于每个金砖国家成员国来说，其最重要的双边关系不是与另一个金砖国家成员国建立的，而是与美国；中国试图在该组织中占据主导地位，并成为美国的竞争对手，这给金砖国家造成一定影响；对于巴西、印度、俄罗斯和南非来说，金砖国家提供了很多具有重要意义的好处；中国在全球金融架构方面是一种"修正主义"力量，以寻求对20世纪40年代中期出现的布雷顿森林体系进行全面改革。

观点摘要：

1. 尽管金砖国家是一个非西方组织，但是金砖国家不能仅仅是一个"脱口秀"。果阿峰会提醒我们，它还没有制订一个共同的行动计划。可以肯定的是，一年一度的金砖国家峰会为双边讨论提供了一个有用的平台，就像中国国家主席和印度总理在处理一系列困扰两国双边关系的问题上所做的那样。一些成员国通过利用金砖国家峰会，在峰会前后举行了各自的双边峰会。例如，一年一度的印度 – 俄罗斯峰会在金砖国家峰会召开前夕举行。

2. 然而，鉴于成员国不同的优先事项和利益，金砖国家在关键的

---

* Brahma Chellaney，地缘战略家和作家，政策研究中心战略研究中心教授。来源：政策研究中心（印度智库），2016 年 10 月 17 日。

国际问题上仍不能团结一致，面临一些棘手的问题。如果金砖国家想要建立共同的影响力，那么其成员必须制定共同的目标和方法，来应对紧迫的国际问题。以恐怖主义为例：果阿峰会发表的声明没有提及任何关于跨境恐怖主义或国家支持恐怖主义的说法。中国试图保护其亲密盟友巴基斯坦免受其情报部门的指控，此次指控是由最近在阿富汗、孟加拉国和印度发生的恐怖袭击事件幕后黑手发起的。

3. 七国集团最初是一个类似金砖国家的讨论平台，但通过明确成员国的共同利益，它在几年内就在关键国际问题上进行了联合协调。金砖国家缺乏共同的政治和经济价值观，如果它只把领导人和利益相关方召集在一起进行讨论，就不能加深了解。事实上，对于每个金砖国家成员国来说，其最重要的双边关系不是与另一个金砖国家成员国建立的，而是与美国。

4. 然而，中国试图在该组织中占据主导地位，并成为美国的竞争对手，这给金砖国家造成一定影响。例如，中国寻求将人民币作为全球货币，使其最终与美元或欧元竞争，现金充裕的中国将金砖国家作为提高人民币国际地位的"重要工具"，其中包括向其他金砖国家成员提供人民币贷款。人民币贷款和贸易有助于中国提高出口和国际影响力。因此，自纳伦德拉·莫迪于2014年出任印度总理以来，中国对印度的贸易顺差迅速增长，已经翻了一番。这使得中国对印度拥有更大的影响力。

5. 对于巴西、印度、俄罗斯和南非来说，金砖国家提供了很多具有重要意义的好处，包括强调它们在国际上日益增强的作用，以及它们对多元化全球秩序的渴望。相比之下，中国正在获取"金砖国家"的切实利益，包括推进其经济和政治利益。即使是在国际机构改革方面，中国也与其他金砖国家的成员国不一样。当前的国际秩序是在1945年后出现的，由美国主导，并包括一些与其志同道合的国家，主要是一些西方国家。从那时起，全球机构的结构基本上保持不变，即使世界发生了巨大变化。因此，从国际货币基金组织和世界银行到联合国的全球金融和治理体系，都不具有真正意义上的全球性。这使得对国际机构和规则进行基本改革势在必行。

6. 中国在全球金融架构方面是一种"修正主义"力量，以寻求对 20 世纪 40 年代中期形成的布雷顿森林体系进行全面改革。它还试图主导对布雷顿森林体系的第一个切实挑战，正如金砖国家新开发银行和总部设在北京的亚洲基础设施投资银行（AIIB，简称亚投行）所展现出来的那样。然而，中国是亚洲唯一一个拥有联合国安理会常任理事国席位的国家，这意味着要让其他金砖国家成员印度出局。此外，中国的战略还试图将印度排除在其他政治机构之外，包括核供应国集团，在这一方面，中国成功地阻止了美国推动印度的加入。在这样的背景下，如果金砖国家只是一个"脱口秀"，那么它不仅无法发掘其真正的潜力，而且还将在矛盾的重压下消失。果阿峰会并没有掩盖愤世嫉俗者的观点：金砖五国只是一个没有实质内容的缩略词。

金砖国家是否达到了高盛集团 2003 年的预期？

Gopalaswami Parthasarathy *

原文标题：Have the BRICS Lived up to Goldman Sachs' 2003 Expectations?

文章框架：印度总理纳伦德拉·莫迪欢迎与俄罗斯总统弗拉基米尔·普京在金砖国家峰会开始之前举行双边会晤；在高盛集团 2003 年发布的一份令人震惊的报告后，全球对印度的看法发生了显著变化；俄罗斯的能源依赖型经济、出生率不断下降以及日益严重的刑事犯罪，严重削弱了它的潜力和影响力；在果阿峰会上，印度的主要成就是宣布采取措施，为其与俄罗斯的关系注入新动力；中国通过加强与巴基斯坦的防务合作，以及加快"一带一路"倡议进程比以往任何时候都更有决心包围和遏制印度；鉴于巴基斯坦的蓄意阻挠，南亚区域合作联盟实际上并没有促进区域经济合作的潜力；印度是时候逐步脱离南亚区域合作联盟了，并同时重视印度-斯里兰卡-马尔代夫-塞舌尔走廊和环孟加拉湾多领域经济技术合作倡议。

观点摘要：

1. 1991 年，当苏联解体时，胜利的乔治·布什总统自豪地宣布了

---

* Gopalaswami Parthasarathy，政策研究中心访问教授，新德里战略与国际研究中心高级研究员；1985～1990 年，担任时任印度总理拉吉夫·甘地的信息顾问；1992～1995 年，任印度驻缅甸大使；1995～1998 年，任印度驻澳大利亚专员；1998～2000 年，任印度驻巴基斯坦专员；曾是印度外交部发言人；研究领域包括印度周边地区的发展、经济一体化、能源和国家安全以及恐怖主义等问题。来源：政策研究中心（印度智库），2016 年 10 月 18 日。

一个"新世界秩序"的诞生。这一"新秩序"将由美国及其西方盟友主导。这一秩序将使其可以自由地入侵那些领导人不受其欢迎的国家。印度总理纳伦德拉·莫迪欢迎与俄罗斯总统弗拉基米尔·普京在金砖国家峰会开始之前举行双边会晤。

2. 珍视其战略自主权的印度曾处于通过经济制裁和外交孤立"遏制、消除"其核计划的强制性举措的境地中。在进行了核试验并克服了美国的制裁之后，印度才摆脱了这些束缚。在高盛集团 2003 年发布的一份令人震惊的报告后，全球对印度的看法发生了显著变化。报告指出，在未来 50 年，巴西、俄罗斯、印度和中国（金砖四国）在世界经济中的影响力将超过七国集团（G7），该集团包括美国、加拿大、英国、德国、法国、日本和意大利。如果一切顺利，在不到 40 年的时间里，金砖四国的经济总量就可能超过七国集团的经济总量。到 2025 年，金砖四国经济总量将占七国集团经济总量的一半以上。在七国集团的现有成员中，只有美国和日本可能是 2050 年的六大经济体之一。报告称，印度有潜力在未来 30 年实现最大的经济增长率。到 2032 年，印度的国内生产总值将超过日本。四个"新兴"国家聚集在一起，组成一个新的组织（金砖四国），旨在影响全球政策。南非于 2010 年加入。金砖国家有没有达到印度的预期？答案是"没有"。

3. 俄罗斯的能源依赖型经济、出生率不断下降以及日益严重的刑事犯罪，严重削弱了它的潜力和影响力。随着石油和天然气价格不断下跌，以及与美国的关系不断恶化，俄罗斯正越来越多地响应中国对邻国的政策，尤其是对巴基斯坦和阿富汗的政策。在这一方面，俄罗斯似乎已经成为中国的小伙伴。但是，如果认为当前俄罗斯的经济下滑是永久性的，那么这将是愚蠢的。同样，巴西和南非都受到国内政治不确定性和经济增长率下降的困扰。

4. 在果阿峰会上，印度的主要成就是宣布采取措施，为其与俄罗斯的关系注入新动力。这些措施包括与俄罗斯签署协议，同意投资创纪录的 110 亿美元，这将使俄罗斯对陷入困境、负债累累的埃萨石化炼油厂以及古吉拉特的瓦达纳港口进行收购和重组。与此同时，印度还同意在西伯利亚的油田投资 55 亿美元。俄罗斯已经解决印度提出的降低双边防御合作程度的问题，印度决定购买 S－400 防空导弹系统，建立一家合资企业，为武装部队制造 200 架双螺旋桨运输直升机，并就及时购买国防装备签署了协议。反过来，有人预计，俄罗斯将在与巴基斯坦的防务关系上更加谨慎。金砖国家果阿峰会幸运地、有希望地结束了印度对中国意图的误解和不切实际的看法。

5. 中国通过加强与巴基斯坦的防务合作，以及加快"一带一路"倡议进程（从新疆通过吉尔吉特－巴尔蒂斯坦到达战略港口瓜达尔）比以往任何时候都更有决心包围和遏制印度。

习近平主席对孟加拉国的访问，以及中国对不丹和尼泊尔的不懈追求，是印度不能忽视的方面。印度是否有一个全面的策略来应对这种威胁？令人遗憾的是，鉴于印度对中国"良好意图"的普遍幻想，人们对此表示怀疑。在乌里紧张局势之前，相关人士称赞印度的明智之举是邀请环孟加拉湾多领域经济技术合作倡议（BIMSTEC）成员国（孟加拉国、印度、缅甸、斯里兰卡、泰国、不丹和尼泊尔），而不是南亚区域合作联盟（SAARC）参加果阿峰会。

6. 鉴于巴基斯坦的蓄意阻挠，南亚区域合作联盟实际上并没有促进区域经济合作的潜力。每一届南亚区域合作联盟峰会都是一部"肥皂剧"，围绕着印度和巴基斯坦领导人是否会举行又一轮无果的谈判而展开。

7. 印度是时候逐步脱离南亚区域合作联盟了，并同时重视印度－斯里兰卡－马尔代夫－塞舌尔走廊和环孟加拉湾多领域经济技术合作倡议。印度可以开发新的机构，与阿富汗和伊朗进行三边合作，同时扩展印度在印度洋西部海岸的影响范围。最后，印度应通过"善意忽视"的政策来处理与巴基斯坦的区域合作。

金砖国家/环孟加拉湾多领域经济技术合作倡议的海上迹象

Anil Chopra[*]

原文标题：BRICS/BIMSTEC's Maritime Portents

文章框架：最近结束的果阿金砖国家领导人峰会以及"环孟加拉湾多领域经济技术合作倡议"（BIMSTEC）成员国领导人对话会让参会国在双边和多边倡议问题，尤其是海洋问题上展开了一系列互动；中国国家主席习近平在参加果阿金砖国家领导人峰会时承诺向孟中印缅（BCIM）经济走廊提供价值340亿美元的投资，这揭示了中国计划通过孟加拉国和缅甸将中国内陆与印度洋连接起来；对于印度来说，"环孟加拉湾多领域经济技术合作倡议"是一个十分重要的平台，该倡议有助于印度通过经济和文化联系在孟加拉湾构建和平的环境。

观点摘要：

1. 最近结束的果阿金砖国家领导人峰会以及"环孟加拉湾多领域经济技术合作倡议"（BIMSTEC）成员国领导人对话会让参会国在双边和多边倡议问题，尤其是海洋问题上展开了一系列互动。从印度的海洋观来看，印度首先需要观察其西南方向，即巴西和南非的发展，其次是北方的俄罗斯，最后是最重要的位于其东部的中国的发展以及孟加拉湾的局势。印度－巴西－南非对话论坛（IBSA）于2003年成立，这三个国家每年都会举行一次海上军事演习，即"印度－巴西－南非海上演

---

* Anil Chopra，海军中将，印度海军总司令，印度海岸警卫队前总干事；曾任美国大西洋理事会高级研究员；2015年退休。来源：印度全球关系委员会（印度智库），2016年10月20日。

习"（IBSAMAR），届时，印度、巴西以及南非的海军都会参加演习。三国首次海上军演于 2008 年在南非举行，最近一次的海上军演于 2016 年 2 月在印度西海岸举行。印度、巴西以及南非同为新兴市场国家并共同参与南南合作，但其在地理位置上相隔甚远，在地缘政治方面几乎没有相同之处，因此，这三个国家举行海上军事演习具有很大的独特性。印度、巴西以及南非的海上军事演习大大加强了南部海上安全，有助于打击海上犯罪以及其他非国家主体的海上威胁，这是全球范围内海军合作维护海洋安全的典范，维护海上安全是全人类共同的责任。不论金砖国家兴衰与否，印度－巴西－南非海上军事演习应该得到鼓励并不断加强，印度、巴西以及南非对话论坛也应与金砖国家领导人峰会同时进行。

2. 俄罗斯十分重视其与印度之间的双边关系。在莫迪与普京举行的此次峰会上，双方在海洋方面取得的成果仅限于印度购买了 4 艘"格里戈洛维奇海军上将"（Admiral Grigorovich）级护卫舰以及达成第二艘核动力攻击型潜艇的租赁协议。这艘核动力攻击型潜艇与印度正服役的"查克拉"（INS Chakra）号潜艇类似。这些军舰将跟随已经在印度海军服役的"塔尔瓦"（Talwar）级和"泰格"（Teg）号护卫舰，这两艘舰艇也购于俄罗斯。俄罗斯一直热衷于为印度提供位于加里宁格勒的严塔造船厂制造的舰艇，而印度也明确推出了所有战舰和潜艇都由其本国生产的政策。印度是否会将建造舰艇的任务授予私有造船厂，这一点仍有待观察。这家私有造船厂是莫迪政府建立的国防工业基地（DIB）的一个组成部分，几十年来受到公共部门的影响，发展艰难。即便如此，对于一家私有造船厂来说，建造两艘舰艇在经济方面的可行性以及成本效益仍会受到争议。

3. 中国国家主席习近平在参加果阿金砖国家领导人峰会时承诺向孟中印缅（BCIM）经济走廊提供价值 340 亿美元的投资，这揭示了中国计划通过孟加拉国和缅甸将中国内陆与印度洋连接起来。为此，中国可能会继在巴基斯坦瓜达尔港投资之后实施第二个战略方案，即在孟加拉国或缅甸建设深水港（DWP），以解决马六甲困境，保障其能源生命线的畅通。孟加拉国经济的快速发展离不开深水港的建设。中国、印度和日本都对参与孟加拉国深水港的建设表现出巨大的热情。由于地缘政治冲突的爆发，早在 2009 年决定由中国承建的索纳迪亚（Sonadia）深水港建设项目被正式取消。鉴于许多国家都对孟加拉国深水港建设表现出浓厚兴趣，而且让本国的发展完全依赖于单一大国的行为是不可取的，因此，孟加拉国最近开始接受印度、日本和国际联盟关于港口建设的提议。印度在孟加拉国帕亚拉的港口建设非常糟糕，而日本提出的在孟加拉国玛塔巴瑞（Matarbari）建设深水港的请求也正在被严肃考虑。然而，中国对孟加拉国的慷慨赠款可能会再次得到孟加拉国的青睐。在这一方面，印度根本无法与中国相比。因此，对于印度来说，"环孟加拉湾多领域经济技术合作倡议"是一个十分重要的平台，该倡议有助于印度通过经济和文化联系在孟加拉湾构建和平的环境。中国对孟加拉国或缅甸海上事务的任何干预行为都将使中国海军活动的增加，并会打破孟加拉国一直以来享受的和平时光。印度和平解决与孟加拉国的海上边界争端并接受联合国常设仲裁法院的裁决，大大增强了其在邻近小国中的信誉度和认可度，并会促进孟加拉湾沿岸各国之间进行深入且公平的经济与安全合作，这与莫迪提出的更大范围的"萨迦尔玛拉"计划（Sagar Mala）相一致。

孟买与上海的发展

Sifra Lentin[*]

原文标题：Bombay And the Founding of Shanghai

文章框架：2016 年 10 月 15 日至 16 日在果阿举行的第八次金砖国家领导人会晤标志着总部设在上海的金砖国家新开发银行（NDB）正式开始运营；即将实施的应急储备安排也能进一步促进成员国（巴西、俄罗斯、印度、中国及南非）之间的贸易和金融一体化。

观点摘要：

1. 新成立的金砖国家新开发银行总部设在上海，这让上海这座城市成为金砖五国之间进行国际金融交易的中心。2016 年 10 月 15 日至 16 日在果阿举行的第八次金砖国家领导人会晤标志着总部设在上海的金砖国家新开发银行（NDB）正式开始运营。即将实施的应急储备安排也能进一步促进成员国（巴西、俄罗斯、印度、中国及南非）之间的贸易和金融一体化。金砖国家领导人峰会最为直接的一个结果是签署了"金砖国家银行间合作机制"，其于 2016 年 10 月 18 日由金砖国家新开发银行与金砖五国的代表银行在上海签署，这将促进金砖五国之间的利益交流与货币交易。金砖国家采取的所有举措都旨在建立多边地缘经济秩序，重要的是，这让新兴经济体能够找到替代国际货币基金组织和世界银行（两者于 1944 年成立）的机构。有趣的是，金砖国家新开发

＊ Sifra Lentin，毕业于孟买埃尔芬斯通学院，并在孟买政府法学院获得法学学士学位；孟买作家和历史学家，印度全球关系委员会孟买历史研究员，为孟买多家报纸和杂志撰写文章，孟买亚可布·沙逊（Jacob Sassoon）爵士学校董事会成员。来源：印度全球关系委员会（印度智库），2016 年 10 月 20 日。

银行的总部设在上海，因此这一中国港口城市已经成为金砖五国之间金融联系的轴心。

2. 孟买与中国之间延续至今的一个贸易遗产是上海外滩，如今这里有着高档商业区和住宅区。而在 20 世纪 30 年代，外滩的大部分地产都属于一家总部设在孟买的新沙逊洋行（Messrs. E. D. Sassoon and Company）。不幸的是，新沙逊洋行的沙逊家族后代对中国漫长的内战进行了错误估计，在 1947 年印度独立前夕将银行的总部由孟买迁至上海，中国共产党接管上海后，银行总部又迁至巴哈马。20 世纪 80 年代，随着中国实行改革开放，上海又开始复苏；作为新的金砖国家新开发银行总部，上海对外滩著名建筑遗址进行了恢复、重建。新沙逊洋行总部现在是费尔蒙和平饭店。上海的目标是到 2020 年发展成为国际金融中心。

金砖国家的本地化成本

Bharat Karnad *

原文标题： The Cost of Localising BRICS

文章框架： 印度果阿举行的第八届金砖国家峰会，将不会谈论主要集中在南亚的"恐怖主义"问题，而讨论如何采取措施以增加金砖国家的贸易；印度总理纳伦德拉·莫迪在峰会前夕仍然进行双边会谈，以使中国国家主席习近平在马苏德·阿兹哈尔的问题上松口，并宣布巴基斯坦是恐怖主义的一个国家级赞助者，以及削弱中国对印度加入核供应国集团的反对；五个金砖国家的战略利益和安全观念方面存在差距，在任何问题上都达成共识的可能性是不存在的；金砖国家的潜力依然巨大；金砖五国内部贸易只占全球贸易的一小部分，并且具有倾向性。

观点摘要：

1. 这里有一个违反事实的说法：乌里军营的恐怖袭击事件并没有发生，印度大肆宣传的"精确打击"报复行动没有形成。印度果阿举行的第八届金砖国家（巴西、俄罗斯、印度、中国、南非）峰会，将不会谈论主要集中在南亚的"恐怖主义"问题，而讨论如何采取措施以增加金砖国家的贸易，以使这些国家能够应对华尔街和伦敦市场引起的波动，并讨论了这一组织作为一个有力的政治和经济集团，将采取何种方式和手段来平衡美国和西欧的力量，以在不同方向稳定国际体系。想要成为强大的地缘政治力量，是金砖国家形成的主要原因。作为一个

---

* Bharat Karnad，印度政策研究中心主任。来源：政策研究中心（印度智库），2016 年 10 月 21 日。

集体，金砖国家希望可以填补以前由苏联主导的东欧集团留下的空白，以使 1945 年之后的不结盟运动无效，并产生协同作用。

2. 当然，印度总理纳伦德拉·莫迪（Narendra Modi）在峰会前夕仍然会进行双边会谈，以使中国国家主席习近平在马苏德·阿兹哈尔（Masood Azhar）的问题上松口，并宣布巴基斯坦是恐怖主义的一个国家级赞助者，以及削弱中国对印度加入核供应国集团的反对。印度官员和媒体都坚称核供应集团是"有名望的"，实际上其只是一个贸易卡特尔，会阻碍印度的核军事和民用核能力的全面发展。不过，在峰会层面推出一个独一无二的印度议程，可能会使印度"丢脸"，但这就是果阿峰会发生的事情。在峰会结束时发表的"宣言"中，没有提到"跨境恐怖主义"，也没有提到巴基斯坦支持恐怖主义团伙，即"穆罕默德军"和"虔诚军"（甚至"伊斯兰国"也包括其中）。因此，莫迪没有能够让金砖国家赞同印度的立场。中国是一个很大的障碍，任何人都不应该感到惊讶。从任何迹象都可以看出，习近平不会放弃中国在这些问题上的"原则性"立场。

3. 此外，莫斯科已经否认曾发表过支持印度对乌里实施报复行动的声明。这足以让印度政府感到焦虑，其迅速同意了对一直迟疑不决的大件商品进行交易。印度政府批准 3900 亿卢比用来采购俄罗斯 5 套先进的 S-400 防空导弹系统，该系统承诺拥有一体化防空解决方案，能在理论上消除由无人驾驶飞机、战斗机、导弹造成的空中威胁。

4. 普京一旦批准高价值装备购买协议，就是一个令印度放心的消息，但他没有加入莫迪试图把巴基斯坦定义为国际恐怖主义"母舰"的计划中。事实上，像习近平一样，他只是同意了《果阿宣言》中一个不痛不痒的言论，例如："我们强烈谴责最近几起针对一些金砖国家的袭击事件，包括发生在印度的事件，并呼吁加快通过联合国《关于国际恐怖主义的全面公约》。"

5. 实际上，印度政府认为金砖国家会将自己与反巴基斯坦恐怖主义武装联系在一起，这表明印度政府不适应国际外交格局。没有一个国家会把另一个国家的威胁看作其自身的威胁，更不用说在与自己切身利益和政治目标无关的问题上耗费稀缺的政治外交资本。

6. 俄罗斯在高加索的穆斯林聚居区（车臣、达吉斯坦和印古什共和国）与持不同政见的穆斯林交涉，暂时成功地安抚了这些人。巴西没有恐怖主义的问题，南非的穆斯林是 19 世纪中后期印第安人散居的一部分，与大多数的黑人居民相比，这些人只会给人不友善的感觉，而非怨恨。莫迪的举动使克什米尔成为恐怖主义的中心，因此，应对恐怖主义问题是金砖国家峰会的当务之急。令人感到欣慰的是，巴西和孟加拉国、缅甸、斯里兰卡、不丹、尼泊尔的国家元首态度一致，普遍谴责巴基斯坦支持恐怖分子。

7. 五个金砖国家在战略利益和安全观念方面存在差异，在任何问题上都达成共识的可能性是不存在的。目前，该组织只在经济领域有一些活动。所以，果阿峰会采取一些举措，如设立信用评级机构，帮助金砖国家创建新开发银行以更好地发挥作用。但是，金砖国家不是单一的经济洽谈组织，各成员国的经济利益有着很大分歧，因此这个组织还没有获得显著的经济成果。

8. 即便如此，金砖国家的潜力也依然巨大。根据外交部网站提供的金砖国家数据："在 2015 年，金砖五国的名义国内生产总值就达到了 16.92 万亿美元，占当年世界生产总值的 23.1%。金砖五国拥有 30.73 亿的人口（占世界总人口的 53.4%）。2014 年，金砖五国的出口总额为 3.48 万亿美元，进口总额则为 3.03 万亿美元。从 2001 年以来，金砖国家的出口总额占全球市场的比例就翻了两倍多。在 2001 年，该组织的出口额占世界出口总额的 8.1%；在 2015 年，其出口额占世界出口总额的 19.1%。"

9. 但是，金砖五国内部贸易只占全球贸易的一小部分，并且具有倾向性。从 2006 年到 2015 年，内部贸易额从 930 亿美元上升到 2440 亿美元，增长了 162%，且大部分贸易是在中国 – 印度、中国 – 俄罗斯之间进行的。莫迪预计，到 2020 年，内部贸易额将达到 5000 亿美元，届时第十五次二十国集团（G20）经济峰会就会出现严重分歧，就在 2016 年 9 月，国家的间接支持导致市场扭曲，据说中国通过利用这种支持来维持其高水平的出口。在这个问题上，印度方面同美国和欧洲站在一边，反对中国。现在，习近平做出了自己的承诺，放宽印度出口商进入中国市场的机会，这也是他对美国和欧洲政府做出的承诺。印度与中国的贸易逆差现在达 500 亿美元（双向贸易总额约 700 亿美元）。事实上，金砖国家内部一种不公平的贸易体制从根本上破坏了该组织发挥潜在经济影响力的可能性。

10. 但是，印度使金砖国家本地化的努力是徒劳的，果阿峰会也会因此被铭记。总理纳伦德拉·莫迪大力重视国际峰会和会议。除非他停止试图将每一个多边和双边会议都转变成针对巴基斯坦的外交会议，不然不仅印度的利益无法得到满足，而且它会使国际社会将其与巴基斯坦再次联系起来。印度的外交政策充满了狭隘的关切，很难想象它会取得大的成就。

金砖国家贸易：说明指南

Lina Lee；Devanshi Jain[*]

原文标题：Intra – BRICS Trade：An Illustrative Guide

文章框架：金砖五国已经成立了金砖国家新开发银行，建立了应急储
备安排甚至还成立了一个智库理事会；宣言强调了金砖国
家在贸易、经济以及投资方面展开合作的重要性；宣言还
强调了密切各部门——金砖国家经济贸易问题联络小组、
金砖国家商业委员会、金砖国家新开发银行和各金砖国家
银行之间关系的必要性，从而加强金砖国家经济伙伴
关系。

观点摘要：

2001 年，高盛集团分析师吉姆·奥尼尔（Jim O'Neill）预测，未
来十年，巴西、俄罗斯、印度和中国（金砖四国）的生产总值将在世
界生产总值中占有重要份额，在制定全球经济政策时应考虑到这一
点。金砖国家这一原来由 4 个国家组成的经济组织已经增加了一个成
员国，即南非。金砖国家已经成为一个半正式的机构，每个成员国都
会以轮值主席国的身份举办年度领导人峰会，在峰会召开期间，成员
国领导人将一起讨论金砖国家间的合作事宜。金砖五国已经成立了金
砖国家新开发银行，建立了应急储备安排甚至还成立了一个智库理事
会。第八次金砖国家领导人峰会在果阿进行，印度政府举办了 120 余
个活动，包括贸易展销会、学术论坛甚至电影节。金砖国家间贸易大
幅增加，但《果阿宣言》指出，金砖国家还有更广阔的发展空间。宣

* Lina Lee，印度全球关系委员会实习生。Devanshi Jain，印度全球关系委员会社
交媒体负责人。来源：印度全球关系委员会（印度智库），2016 年 10 月 26 日。

言强调了金砖国家在贸易、经济以及投资方面展开合作的重要性；宣言还强调了密切各部门——金砖国家经济贸易问题联络小组、金砖国家商业委员会、金砖国家新开发银行和各金砖国家银行之间关系的必要性，从而加强金砖国家经济伙伴关系。

金砖国家/环孟加拉湾多领域经济技术合作倡议：活动还是成就？

Rajiv Bhatia[*]

原文标题：BRICS/BIMSTEC：Activity Or Achievement?

文章框架：一些专家认为第八次金砖国家领导人峰会取得了成功，金砖国家是稳步前行的"巨轮"，而另外一些专家则称金砖国家正在衰落。印度从这一机构获得的收益以及机会正在逐渐减少；金砖国家由复杂的地缘政治动因主导，但这显然会阻碍金砖国家的发展。

观点摘要：

1. 今年印度外交中的一个重大事件——第八次金砖国家领导人峰会已经结束。对于金砖五国（或是印度）来说，现在评估此次峰会取得的成就正当其时。一些专家认为此次峰会取得了成功，金砖国家是稳步前行的"巨轮"，而另外一些专家则称金砖国家正在衰落。印度从这一机构获得的收益和机会正在逐渐减少。当然，印度官员对会议取得的结果表示满意，称此次峰会达成了重要的成果文件，并提到印度在担任轮值主席国期间采取了关键举措，在重新定义印度邻国关系以及将巴基斯坦排除在果阿会议之外取得了令人鼓舞的成果。客观来看，长达110个段落的《果阿宣言》是2006年金砖峰会启动以来篇幅最长的联合宣言。在之前的峰会中，联合宣言的篇幅平均为47段。印度外交官员可

---

* Rajiv Bhatia，阿拉哈巴德大学政治学硕士；印度全球关系委员会外交政策研究计划杰出研究员，印度世界事务理事会（ICWA）总干事，印度外交部联合秘书；前印度驻缅甸和墨西哥大使，前印度驻肯尼亚和南非高级专员，前新加坡东南亚研究所（ISEAS）高级客座研究员。来源：印度全球关系委员会（印度智库），2016年10月27日。

能相信声明篇幅越长，峰会组织得便越好。这份声明本身取得的一个成就是，为了起草这份声明，一年内印度共召开了112次会议。批评人士对这份声明的可持续性和长期价值提出质疑。

2. 然而，为期两天的金砖国家领导人峰会在经济和金融领域所取得的成果是无法被任何标准抹去的。在短短三四年的时间里，金砖国家成立了两个在国际上具有重要地位的新机构，即金砖国家新开发银行（NDB）以及应急储备安排（CRA）。第三个机构——新的信用评级机构的成立只是时间问题。金砖国家利益的趋同是取得这些成就的重要原因。此次峰会由复杂的地缘政治动因主导，但这显然会阻碍金砖国家的发展。在世界经济处于脆弱时期，印中关系的紧张，印俄关系的紧张，俄罗斯与中国关系的日益密切，以及对巴西和南非国内挑战的关注都会降低金砖国家的发展速度。印度极度关注巴基斯坦的"跨国恐怖主义"问题，并将这一问题作为果阿峰会的中心议题。或许印度没有得偿所愿，但其需要将与其他成员国，尤其是与中国的差距考虑在内，以决定应该采取的下一步行动。金砖国家峰会和"环孟加拉湾多领域经济技术合作倡议"成员国对话会引起广泛关注。这一会议将取得怎样的成果尚不得而知。但是在此次对话会上，与会领导人就全球和地区问题阐述了自己的看法。

对 2016 年金砖国家的分析

Teshu Singh[*]

原文标题：BRICS 2016：An Analysis

文章框架：第八届金砖峰会于 2016 年 10 月 15 日到 16 日在果阿举行，该峰会的主题是"打造有效、包容、共同的解决方案"；金砖国家首脑会议的议程在 2013 年扩大后，俄罗斯强调了金砖国家应该重视政治和安全领域进行合作的必要性；在 2016 年的峰会上，三个主要成员国俄罗斯、印度和中国都有自己的政治和战略追求，普京总统和莫迪总理以及习近平主席和莫迪总理之间都进行了双边会议；2016 年峰会的主要成果是加强金砖国家的联系，撇开所有的双边和内部分歧，这五个国家都致力于金融和监管部门的正常运作。

观点摘要：

1. 第八届金砖峰会于 2016 年 10 月 15 日到 16 日在果阿举行。该峰会的主题是"打造有效、包容、共同的解决方案"。2016 年 2 月 16 日，印度担任金砖国家（BRICS）轮值主席国。这是印度第二次举办金砖国家峰会，第一次是在 2012 年 3 月举行，主题是"金砖国家致力于全球稳定，安全和繁荣的伙伴关系"。

2. "金砖国家"这个词是由经济学家吉姆·奥尼尔（Jim O'Neill）创造的。五大新兴经济体正在成为全球化的主要驱动力。它们的合作不仅受到经济和政治因素的推动，而且其成立还基于现有的全球治理框架未能满足这些国家的实际需要。金砖国家的国土总面积占世界总面积的

---

* Teshu Singh，维韦卡南达国际基金会高级研究助理。来源：维韦卡南达国际基金会（印度智库），2016 年 11 月 8 日。

30%，其人口总数占世界人口总数的 42%。

3. 多年来，金砖国家已经演变为一个组织。在 2011 年的第三次首脑会议上，南非被列入其中，成为第五个成员。2016 年金砖国家峰会领导人与环孟加拉湾多领域经济技术合作倡议（BIMSTEC）的领导人（包括孟加拉国、不丹、印度、缅甸、尼泊尔、斯里兰卡、泰国的领导人）首次齐聚一堂。该会议是一个机会，再续与环孟加拉湾多领域经济技术合作倡议的友谊，并且还在金砖国家和环孟加拉湾多领域经济技术合作倡议国家之间共同探讨扩大贸易、商业联系以及投资合作的可能性。

4. 值得注意的是，二十国集团（G20）是第一个以金砖国家成员为核心成员的全球经济治理机制。2016 年 9 月金砖国家外长在联合国大会期间例行会晤，在此期间，中国外交部部长王毅承认，在金砖国家的支持下，二十国集团杭州峰会取得成功，为世界经济的未来发展指明了方向。金砖国家也参加了二十国集团峰会期间的定期非正式领导人会议。2016 年，除了正式会议外，基本上五个国家都没有举办正式活动。金砖国家首届电影节在新德里举行，金砖国家的第一次贸易洽谈会也在新德里进行，首次金砖国家 17 岁以下（U‑17）少年足球赛在果阿举行。

5. 涉及金砖国家的文件包含 109 项内容，7000 字。这是金砖国家峰会上公布的最详尽的文件。该文件涵盖了所有五个金砖国家的关切事宜。金砖国家首脑会议的议程在 2013 年扩大后，俄罗斯强调了金砖国家应该重视在政治和安全领域进行合作的必要性。

6. 金砖国家议程具体结果之一是金砖国家新开发银行（NBD）的成立。金砖国家新开发银行已经完成了一年的工作。2016 年 7 月，金砖国家新开发银行通过在中国市场发布第一批债券募集了 30 亿元人民币。4 月，金砖国家新开发银行批准了 8.11 亿美元的贷款，以支持五个国家的可再生能源项目。在文件中，金砖国家重申对反洗钱金融行动特别工作组（FATF）关于打击洗钱以及恐怖主义和扩散融资的国际标准的承诺。

7. 该文件重申了联合国的精神以及对国际法的尊重。它提到了对联合国包括安理会进行全面改革的必要性，以使其更有效率，并增加发展中国家的代表性。贯彻落实《2030 年可持续发展议程》，这符合各国国情和发展现状，尊重各国国家政策。金砖国家审查了所有的全球问题。它对中东和北非以及叙利亚局势予以关注。它在有关联合国安理会（UNSC）决议的基础上确定了解决巴以冲突的两国方案。它还强调了阿富汗面临的安全挑战和日益增加的恐怖活动。

8. 另外，如根据国际法自由探测和利用外层空间、加强共同努力以提高使用信息与通信技术（ICT）的安全性、打击出于犯罪和恐怖目的信息与通信技术使用、加强技术执法研究与开发的合作、在信息通信技术领域和能力建设机构的创新等问题也被讨论。

9. 中国是金砖国家最大的经济体，其没有错失推动金砖国家自由贸易区建设的机会，该组织的贸易交易额一向低于 3000 亿美元。此外，习近平主席试图讲解他的"一带一路"倡议。他认为，金砖国家领导人是时候为其经济的进一步发展提出一些具体倡议了。习近平就金砖国家共同应对国际大环境带来的挑战提出五点建议，包括共同建设开放世界、共同勾画发展愿景、共同应对全球性挑战、共同维护公平正义、共同深化伙伴关系。

10. 在 2016 年的峰会之际，三个主要成员国俄罗斯、印度和中国都有自己的政治和战略追求。普京总统和莫迪总理以及习近平主席和莫迪总理之间都进行了双边会议。印度和俄罗斯在峰会之外还签署了数十亿美元的能源和国防协定，共有 16 项协议，其中涉及国防、能源、电力、造船和航天领域。莫迪总理和普京总统还通过视频连线为俄罗斯在印度建设的库丹库拉姆核电站的第三和第四座反应堆进行奠基。双方领导人还讨论如何在不断变化的世界中调整双边关系。

11. 莫迪总理和习近平主席在金砖国家峰会之后进行了第九次会晤。会谈围绕"恐怖主义"和"印度加入核供应国集团"的问题展开。2016 年 9 月，印度和中国谈判代表之间的会谈没有任何突破。在当前的会谈中，印度代表团的联合秘书阿曼迪普·辛格·吉尔（Amandeep Singh Gill）和中国代表团的王群"很快"将进行第二次见面。表面上看，并没有发生重大转变，但总体似乎是"充满希望的"。上次会议后，中国发表声明，建议对核供应国集团（NSG）采取"两步走"的步骤，在将其列入金砖国家会议议程之前，首先应讨论《核不扩散条约》中签署国（如印度和巴基斯坦）的标准。这些标准和第二次会议对印度来说尤为重要，因为它期待的核供应国集团成员国特别会议将于 2016 年 11 月举行。

12. 在恐怖主义问题上，莫迪总理明确提到，印度和中国"承受不起"对恐怖主义的分歧。这是莫迪总理与中国对恐怖主义问题最坚定的立场。他强烈提出马苏德·阿兹哈尔（Masood Azhar）的问题，并要求尽早将其列入联合国安理会的制裁名单，中国对印度于 2016 年 10 月 1 日提出的这一申请持反对态度。中国外交部回答了该问题，称"对印度的名单申请仍有不同意见"。现在，由中国于 2016 年 12 月 31 日决定是否改变其意见，印度希望中国让马苏德·阿兹哈尔受到制裁，改变保留意见，否决其对印度的几次攻击，包括对帕坦科特空军基地的袭击。值得注意的是，两个国家的特使——中国国务委员杨洁篪以及印度国家安全顾问（NSA）阿吉特·多瓦尔（Ajit Doval）将很快会面。

13. 2016 年峰会的主要成果是加强金砖国家的联系。撇开所有的双边和内部分歧，这五个国家都致力于金融和监管部门的正常运作。金砖国家和二十国集团之间加强了联系。新的联系（金砖国家和环孟加拉湾多领域经济技术合作倡议）已经被建立。当南亚区域合作联盟（SAARC）处于衰退期时，这种联系是重要的。

14. 然而，各国之间仍有更多的合作。这是峰会第一次深入地触及"恐怖主义"问题，并且它还带来了中国对巴基斯坦引人注目的坚定支持。尽管中国没有谴责巴基斯坦的恐怖活动，但中国提到恐怖主义是"全球性挑战"的一部分，这给金砖国家带来了复杂多变的外部环境。虽然印度总理提出了恐怖主义问题，但没有提到印度境内的恐怖主义问题。毫无疑问，恐怖主义是一个全球关注的问题，但这可能使首脑会议的议程范围大大拓宽。该会议应该对世界问题进行更广泛的讨论，特别是那些影响所有金砖国家成员国的问题。

15. 这个组织本来应该处理经济问题，但在这个领域并没有太多进展。五个金砖国家中的三个——巴西、俄罗斯和南非的国内生产总值

（GDP）下降了。中国正在经历经济转型，并处于"新常态"阶段。五个成员国都大力支持多边世界，但其中每一个都对多边主义有着不同的解释。国家间地缘政治的力量似乎正在减弱。因此，总体而言，该金砖国家会议有高度的象征意义。下一届金砖国家首脑会议将于2017年9月在中国东南部城市厦门举行。

印度和中国："印度象"对"中国龙"的理解对吗？

原文标题：India and China：Does the Elephant Read the Dragon Right？

文章框架：印度无法正视中国崛起的意义，从制定切合实际的措施，应对随之而来的挑战；务实的印度学者和政策制定者甚至怀疑中国对印度的战略意图，认为金砖国家是一个有价值的平台，因为它允许两国在"低政治"议题（例如贸易、可持续发展和金融）上进行合作，但没有经济刺激因素，双边谈判通常会陷入僵局。

观点摘要：

1. 印度无法正视中国崛起的意义，从制定切合实际的措施，应对随之而来的挑战。公平地说，这不是印度的苦恼。历届美国政府也同样被中国的长远战略意图困扰。中国作为印度促进全球治理规范的潜在合作伙伴将满足由两国主导的新兴经济体的独特需求。持这一观点的学者认为，现有的多边机构，无论国际货币基金组织还是世界银行，都已不能有效地满足新兴经济体的需要。

2. 金砖国家（BRICS）是这一思路的产物。务实的印度学者和政策制定者甚至怀疑中国对印度的战略意图，认为金砖国家是一个有价值的平台，因为它允许两国在"低政治"议题（例如贸易、可持续发展

---

* Abhijnan Rej，观察家研究基金会研究员，致力于多边经济关系、经济政策与计量经济学研究；其研究领域涵盖学术界、企业界和公共政策；在进入观察家研究基金会之前，曾是布巴内斯瓦尔数学与应用研究所客座教授。来源：观察家研究基金会（印度智库），2017年2月3日。

和金融）上进行合作，但是没有经济刺激因素，双边谈判通常会陷入僵局。作为中国主导的亚洲基础设施投资银行的第二大份额持有者，这也是印度寻求话语权的思想路线。由于两国在"低政治"议题上找到了一致性，这为加强对安全问题和敏感性的认识铺平了道路。印度积极支持金砖国家议程，去年在果阿举行的峰会取得了显著成就。

谢赫·哈西娜总理的出访，2017 印度 – 孟加拉国关系新愿景

C D Sahay[*]

原文标题： PM Sheikh Hasina's Visit, 2017 – Time for New Vision in Indo – Bangladesh Relation

文章框架： 印度发表声明称，孟加拉国总理此次访印将进一步扩大印度与孟加拉国之间的亲密合作伙伴关系，两国领导人也会建立牢固的友谊与信任；金砖国家和"环孟加拉湾多领域经济技术合作倡议"（BIMSTEC）在该地区都有着巨大的潜力和战略优势，应利用其成员国的人口规模优势共同应对贫困、医疗以及气候变化等挑战。

观点摘要：

1. 应印度总理莫迪的邀请，孟加拉国总理谢赫·哈西娜定于 2017 年 4 月 7 日至 10 日对印度进行访问。印度政府发布声明称，"此次访问将进一步扩大印度与孟加拉国之间的亲密合作伙伴关系，两国领导人也会建立牢固的友谊与信任"。媒体报道，哈西娜此次访问的行程将包括参加国宴，与印度总理莫迪以及印度其他高级别官员（如外交部部长、内政部部长、财政部部长、国防部部长等）举行会谈，发表联合声明等。孟加拉国媒体报道，印度和孟加拉国将一共签署近 40 个协议/谅解备忘录，其中 7 个属于航运部门，4 个属于科技部门，3 个属于电力部门，4 个涉及教育领域，2 个涉及商业领域，医疗、铁路、通信技术、工业、文化领域各有 1 个。此外，还有猜测称，在访问期间，新的信贷

---

[*] C D Sahay，维韦卡南达国际基金会邻国研究与国家安全研究中心主任，高级研究员。来源：维韦卡南达国际基金会（印度智库），2017 年 3 月 31 日。

额度将达到 40 亿美元。

2. "环孟加拉湾多领域经济技术合作倡议"（BIMSTEC）、南亚区域合作联盟（SAARC）等机制也会受到重视。从区域的角度讲，印度和孟加拉国都有责任共同推动环孟加拉湾多领域经济技术合作模式的发展。两国拥有 15 亿人口，生产总值总和为 2.5 万亿美元，在"环孟加拉湾多领域经济技术合作倡议"下，两国在经济、商业和技术领域有着共同的发展目标。孟加拉国总理谢赫·哈西娜表示，金砖国家和"环孟加拉湾多领域经济技术合作倡议"在该地区都有巨大的潜力和战略优势，应利用其成员国的人口规模优势共同应对贫困、医疗以及气候变化等挑战。印度作为金砖国家领导人第八次会晤的轮值主席国，邀请"环孟加拉湾多领域经济技术合作倡议"成员国领导人参加峰会，而没有向南亚区域合作联盟成员国领导人发出参会邀请。印度在金砖国家领导人会晤中谈及可持续发展、经济进步、消除贫困和遏制恐怖主义等问题。印度总理莫迪为构建经济伙伴关系努力，并为在能源、农业、贸易、投资、反恐和打击跨国犯罪上展开合作提供了绝佳的机会，以促进金砖国家与"环孟加拉湾多领域经济技术合作倡议"成员国进行密切合作。

为金砖国家出卖我们的未来：是时候重新考虑南非的外交政策了

Jakkie Cilliers[*]

原文标题：Selling Our Future for BRICS: Time to Rethink South Africa's Foreign Policy

文章框架：现在是南非彻底改革其外交政策的时候了；纳尔逊·曼德拉（Nelson Mandela）为南非带来了道德权威，使南非成为在人权和法治等问题上的"全球领导人"；目前尚不清楚何种原因导致金砖四国决定邀请南非参加 2011 年在中国举行的第三届三亚金砖四国峰会；南非与俄罗斯和巴西的经济关系是有限的；中国在非洲的贸易和投资一直是非洲大陆发展的巨大引擎；全球力量正在改变，但这些改变需要时间；外交政策需要遵循国内优先考虑的事项；为换取在金砖国家的成员身份，南非似乎也给中国特权去"削减"其工业生产能力；如果南非希望摆脱中等收入陷阱并成长，那么其需要

---

* Jakkie Cilliers，斯坦陵布什大学学士，南非大学文学硕士和文学博士；安全研究所执行主任，非洲安全问题资深分析师，人权中心、比勒陀利亚大学人文社会学院政治科学系杰出教授，瑞士日内瓦安全政策中心（GCSP）国际顾问委员会成员，纽约哥伦比亚大学国际冲突解决中心以及世界经济论坛智库领导分论坛顾问委员会成员，当地和国际广播电视定期评论员，多次参加国际会议；1990 年，与他人共同创立了安全研究所（ISS），并在南非武装力量转型方面发挥了重要作用；研究领域包括非洲联盟和平安理事会领导下的非洲新兴安全架构的发展，以及与非洲未来长期发展相关的问题；获得过南非科学促进会铜奖和富布赖特奖学金。来源：安全研究所（南非智库），2016 年 2 月 22 日。

改变。

观点摘要：

1. 现在是南非彻底改革其外交政策的时候了。国际关系不一定是一场零和博弈。鉴于我们的经济现实，南非应该希望在与其贸易和投资伙伴的关系上取得更大的平衡。像其他中小国家一样，我们必须努力建立一个公平、基于规则的世界，这个世界将不依赖于美国或中国，而它的合法性（和秩序）则源于适用于所有人的规范和制度。

2. 纳尔逊·曼德拉（Nelson Mandela）为南非带来了道德权威，使南非成为在人权和法治等问题上的"全球领导人"。这为塔博·姆贝基（Thabo Mbeki）总统追求他的南南合作和非洲民族主义议程奠定了基础。而曼德拉认为，姆贝基是技术统治论者。在他的领导下，我们制定政策时采用一种谨慎协调的做法，其中一些被形容为"内部叛乱"。

3. 姆贝基承认全球秩序不利于发展中国家。然而，他意识到南非这个国家已经通过其经济开放和国际化深深地融入西方主导的全球秩序。但随着雅各布·祖马（Jacob Zuma）总统上任，事情发生了变化。更名后的国际关系和合作部（DIRCO）拥有很大的施展空间，以实现两个主要目标：寻求在由巴西、俄罗斯、印度和中国组成的"金砖四国"中的成员资格以及获得联合国（UN）安理会常任理事国席位。至于其他，大致都是关于不再走姆贝基的路线。近年来，国内各种挑战，如社会不和谐、仇外骚乱以及与移民和旅游相关的早期政策等，已经开始对我们的区域和国际地位产生负面影响，而且祖马的决策和私人生活方面也存在问题。

4. 目前尚不清楚何种原因导致金砖四国决定邀请南非参加 2011 年在中国举行的第三届三亚金砖四国峰会。然而，金砖国家的成员身份，加之其现有的二十国集团成员身份，是祖马政府取得的最重要的外交政策成就。这使南非迅速进入一个大联盟，在这个大联盟中，南非可以与所谓的全球领导的替代国家相提并论。

5. 南非与俄罗斯和巴西的经济关系是有限的，中国在 2010 年成为南非最大的贸易伙伴，而且双边关系在继续扩大。去年两国之间的贸易金额已达 2620 亿兰特。这样的发展，虽然受到欢迎，但在很大程度上都是基于中国对南非的商品出口，这极大地牺牲了南非制造业部门的利益。为了应对这些趋势，南非试图利用各国对金砖国家的关注，通过说服其他金砖国家成员投资非洲基础设施来减缓这些趋势。一旦基础设施连接建立，金砖国家或金砖国家新开发银行将成为这一政策的主要实现方式，尽管南非的经济疲软将对南非产生负面影响。

6. 中国在非洲的贸易和投资一直是非洲大陆发展的巨大引擎。然而，南非作为一个金砖国家成员面临的困境是其似乎在通过提升其政治言论来弥补经济实力的缺乏。加入金砖国家使其行为发生重大变化，南非已提出一种与俄罗斯并在较小程度上与中国极为相似的世界观。南非在这方面最明显的表现有：其在联合国人权理事会的投票和声明，其对非洲人权事务缺乏领导力，实施规避《罗马规约》（国际刑事法庭的决定）法律义务的行为，等等。

7. 全球力量正在改变，但这些改变需要时间。随着权力和影响力东移，我们很可能即将结束两个多世纪的西方霸权。然而，那一段时期内建立起来的财富和影响力（首先是英国，然后是它的继承者，即美国）需要一些时间才能消退。南非经济没有与西方脱钩。尽管贸易和投资模式不同，事实上，南非外国投资总额中的 78% 都来自欧盟（EU），相比之下，只有 4% 来自中国。

8. 总的来说，美国和欧盟在全球仍将是重要的，而中国必须完成其向更大政治体的过渡，这包含潜在的令人不安的结果。虽然俄罗斯在贸易或政治方面对南非的帮助很少，但其总统似乎要履行其作为金砖国家成员的义务，与南非签署一份核能源采购协议，而中国也可能加入其中。

9. 在外交政策的另一端是我们的忠诚，我们向古巴和委内瑞拉等国家提供资金和支持。在 20 世纪 80 年代，古巴在非洲发挥了重要的作用，但从经济或外交政策的角度来看，南非对这些岛屿国家的慷慨支持无济于事。我们没有培养我们自己的工程师和医生，而是以极大的代价引进古巴的工程师和医生——这是由南非纳税人资助的对古巴进行补贴的众多方式之一。在所有这些政治压倒经济的例子中，强调了系统性政策的不确定性已成为祖马政府的一个标志，这使南非的信用评级濒临垃坂级别，并且其曾经的良好信用评级地位摇摇欲坠。

10. 外交政策需要遵循国内优先考虑的事项。虽然忠诚是讨人喜欢的，但外交政策并不是基于友谊，而是利益。南非外交政策需要关注经济增长，包括南非企业对非洲市场的渗透、南非的自然市场和南非领导地位的来源。但是，南非政府并未与其企业合作进入非洲市场，而将其注意力集中在自然市场的想法是不易被理解的。与此同时，对美国和西方持续不断的指责削弱了这些国家的投资者对南非的投资。

11. 为换取在金砖国家的成员身份，南非似乎也给中国特权去削减其工业生产能力，而欧盟，作为一个集团，是南非主要的贸易伙伴。没有一个国家可以在没有坚实的制造业基础上得到发展。南非政府并没有支持南非制造业出口到非洲和保护南非的国内市场，而是抓住任何机会来购买中国商品，为非洲国民大会进口从围巾和帽子到廉价消费品的任何东西，而这些应该是南非制造的。

12. 到目前为止，努力通过中非合作论坛解决中国和南非之间的经济失衡似乎只产生了有限的影响。随着巴西经济低迷，中国经济进入了一个痛苦的调整时期，俄罗斯经济萎缩，只有印度有着长期大宗商品需求增长的前景。

13. 如果南非希望摆脱中等收入陷阱并成长，那么其需要改变。尽管南非将受益于下一个由印度驱动的大宗商品超级周期，但出口自然资源不应该成为南非增长的来源。南非的外交政策应该追求包容性经济增长和遵循最初的本质性规则，这些规则帮助南非解决真正的挑战，如如何一起工作、教育孩子和促进经济增长。

14. 我们的首要任务应该是明确的，即促进国内的经济增长和就业，与我们所有重要的贸易和投资伙伴（不仅是金砖国家）发展良好关系，以及发展基于规则的制度。成为金砖国家成员是应对不断变化的地缘政治和经济现实的一次明智的、务实的行动，但南非不应该放弃之前的伙伴和盟友。

南非与核安全峰会

W. P. S. Sidhu[*]

原文标题： South Africa And the Nuclear Security Summits

文章框架： 2010 年，美国总统奥巴马发起核安全峰会（NSS），以防止非国家行为者（特别是恐怖分子）得到核材料，这是一个雄心勃勃的目标，旨在四年内对所有核材料实施安全保护；南非与其他金砖国家（由巴西、俄罗斯、印度、中国和南非组成）成员国一样，认为核安全峰会的进程只是对多边机构，特别是国际原子能机构（IAEA）工作的政治支持；南非需要与其他国家，特别是金砖国家成员合作，以确保它们能够采用共同的方法，并共同领导，确保所有核材料安全，如果做不到这些就会使危险永久化。

观点摘要：

1. 2010 年，美国总统奥巴马发起核安全峰会（NSS），以防止非国家行为者（特别是恐怖分子）得到核材料，这是一个雄心勃勃的目标，旨在四年内对所有核材料实施安全保护。此后六年共举行了四次峰会，最后一次在本月举办于华盛顿特区，尽管取得了实质性进展，但核安全峰会的目标尚未完全实现。自核安全峰会进程开始以来，足够制造近 7000 种核武器的、超过 175 吨的高浓缩铀（HEU）（主要来自俄罗斯）已被稀释或清除；30 个国家已经清除了其境内所有高浓缩铀；并在 329 个国际过境站点（包括南非的），如机场和海港安装了辐射检测设备，

---

* W. P. S. Sidhu，纽约大学国际合作中心高级研究员、布鲁金斯学会非居民高级研究员、南非国际事务研究所高级研究员。来源：南非国际事务研究所（南非智库），2016 年 4 月 13 日。

以防止、侦测和应对贩卖核材料和其他放射性物质的行为。此外，南非和另外 102 个联合国成员已经签署了《制止核恐怖主义行为国际公约》（ICSANT）。最后，2005 年修订的《核材料实物保护公约》现已获得全面批准，预计将于 2016 年 5 月 8 日生效，尽管南非尚未批准这项经修订的公约。在 2010 年的首次核安全峰会上，南非是首批将其沙发瑞－Ⅰ（SAFARI－1）反应堆（生产钼－99，一种至关重要的医疗放射性同位素）的燃料由高浓缩铀转化为低浓缩铀的国家之一。此外，2011 年，作为一项双边协议的一部分，南非研究机构清除了 6.3 公斤高浓缩铀燃料。然而，包括南非在内的 30 多个国家仍然拥有约 1400 吨高浓缩铀和近 500 吨钚，这足够制造约 20 万个简易裂变型核弹。事实上，根据国际易裂变材料委员会（IPFM）的报告，南非是十个无核武器国家之一，但其国民持有大量高浓缩铀。虽然确切的数量未知，但据报道，南非佩林达巴核研究中心拥有数百公斤的高浓缩铀，储量超过了印度、以色列和巴基斯坦。2007 年袭击佩林达巴设施的武装入侵者进入紧急情况控制中心并射击了一名雇员后，铀库存的安全和保障受到严格管理。作为核安全峰会进程的一部分，奥巴马总统一直试图说服雅各布·祖马总统稀释高浓缩铀，但迄今为止，南非尚未默许这一要求。然而，南非声明表示，"南非将继续与国际社会合作，加强核安全"，并要求安装放射线门式监视器以及同意美国核管理委员会对其设施进行安全审查。这些措施至关重要，因为南非将在未来扩大民用核计划。

2. 虽然俄罗斯总统弗拉基米尔·普京缺席最后一次峰会被认为出人意料，但祖马总统的缺席事出有因。虽然祖马总统目前面临的国内政治问题是直接原因，但出于若干原因，在最后两次峰会中南非可能不会积极参加。首先，南非目前不愿意稀释其高浓缩铀，并不想在核安全峰会上"感到压力"。其次，南非与其他金砖国家（由巴西、俄罗斯、印度、中国和南非组成）成员国一样，认为核安全峰会的进程只是对多边机构，特别是国际原子能机构（IAEA）工作的政治支持；南非认为核安全峰会是为国际原子能机构服务的。最后，根据报告，攻击布鲁塞尔的集团（事情就发生在上一次核安全峰会前的一个星期）也在跟踪一名为比利时核研究中心工作的科学家，并可能计划夺取核材料以制造

"脏弹"，这种炸弹虽然使用常规炸药，但爆炸时会释放致命的放射性物质。此外，有报告称，该集团可能计划对比利时的七个核电厂之一进行攻击。因此，即使核安全峰会不断努力，像比利时这样的国家也没有彻底制止恐怖集团袭击核设施。南非的声明（与其他几个国家的声明相呼应）警告说："我们自己的大陆也是恐怖袭击的常规目标。很明显，这种事件可能发生在世界上任何地方：发展中国家或发达国家，核武器国家或无核武器国家。"

3. 这些成就和挑战强调了核安全峰会工作进程中的几个关键经验教训。首先，核安全峰会仅关注非国家行为者获取核材料的威胁。例如，目前没有核反应堆或核武器的国家，如阿塞拜疆、约旦、沙特阿拉伯、新加坡，并没有受到这种威胁。所以，这些国家领导人都不太可能领导这样的项目。奥巴马吹嘘说，即使在多极时代，世界也依赖于美国的领导。然而，由于核安全峰会并没有在四年内实现保护所有核材料的目标，加上普京总统、祖马总统和巴西总统迪尔玛·罗塞夫的缺席，这反映出美国的领导也具有局限性。此外，2012 年和 2014 年的核安全峰会分别在韩国和荷兰（两国都是发达国家和美国的盟国）举行，这表明美国仍然无法找到南半球或金砖国家中愿意与其进行合作的伙伴。其次，一些国家，如南非，认为核安全峰会的进程只涉及民用设施的核材料，而不涉及占所有核材料约 83% 的军事核设施。其他国家对此表示异议，如印度和中国断言，核安全峰会公报涉及《制止核恐怖主义行为国际公约》和联合国安理会 1540 号决议提及的所有核材料，包括民用核材料和军事核材料。的确，2016 年的核安全峰会正式公报明确指出，"我们重申各国负有根本责任，根据其国内法及国际义务，维护各自控制的所有核材料（包括核武器中使用的核材料）及核设施的有效安全。"金砖国家之间的这种意见差异可能是由于 2005 年修订的《核材料实物保护公约》，该公约强调，"本公约不适用于因军事目的而使用或保留的核材料或包含此类材料的核设施。"也许这就是为什么南非不愿批准该公约，并强调南非没有军事核能设施。然而，没有争议的是，前沿部署的战术核武器（特别是巴基斯坦、俄罗斯和美国的战术核武器）所构成的危险尚未得到解决，这需要进一步努力。虽然核安全峰会已经步入正轨，但现在它们的工作正在转交给南非希望授权的几个国际机构，包括国际原子能机构和联合国。南非需要与其他国家，特别是金砖国家合作，以确保它们能够采用共同的方法，并共同领导，确保所有核材料安全，如果做不到这些就会处于永久危险之中。

金砖国家领导的新开发银行有什么新内容?

Supriya Roychoudhury；Karin Costa Vazquez*

原文标题：What Is New about the BRICS – Led New Development Bank？

文章框架：巴西、俄罗斯、印度、中国和南非四年前（2012 年）在新德里首次提出建设金砖国家主导的开发银行这一想法，这一想法提出伊始就被认为会对已经存在的、由西方主导的世界银行和国际货币基金组织构成直接挑战；金砖国家新开发银行的三大关键特征，即"南南合作"、平等控制以及可持续发展，将其与现有的多边发展银行区分开；金砖国家新开发银行可以激励政府开展环境友好并符合当地社区利益的项目。

观点摘要：

1. 大约在三个星期前，世界最新成立的多边机构之一——金砖国家新开发银行的五个创始成员国（巴西、俄罗斯、印度、中国和南非）在华盛顿举行的世界银行和国际货币基金组织春季会议上批准其第一批贷款项目。价值 8.11 亿美元的首批贷款将支持金砖国家的可再生能源项目，包括印度和中国的两个太阳能项目以及俄罗斯的水电站建设项目。巴西的可再生能源项目（如太阳能和风力发电）获得了价值 3 亿美元的贷款。巴西、俄罗斯、印度、中国和南非四年前（2012 年）在新德里首次提出建设金砖国家主导的开发银行这一想

---

* Supriya Roychoudhury，"南南合作"问题研究员、撰稿人和评论员，专门研究印度发展合作政策。Karin Costa Vazquez，国际问题顾问和研究员，专门从事国际合作开发，战略规划和运营；曾与世界银行、联合国开发计划署和巴西外交部合作出版了大量关于金砖国家对践行可持续发展目标所做贡献的书籍。来源：全球对话研究所（南非智库），2016 年 5 月 9 日。

法。这一想法提出伊始就被认为会对已经存在的、由西方主导的世界银行和国际货币基金组织构成直接挑战。金砖国家政府则认为，金砖国家新开发银行是对现有机构的补充，而不会取代这些机构。

2. 但是金砖国家领导的新开发银行究竟有什么新内容？金砖国家新开发银行的三大关键特征，即"南南合作"、平等控制以及可持续发展，将其与现有的多边发展银行区分开。"南半球国家"创立的开发银行是独特的，同时也是必不可少的。它是为满足南半球具体发展需求而设立的，即开展基础设施建设。根据接受"北半球国家"援助的经验，金砖国家政府热衷于确保它们提供的发展资金不受政治条件的限制，并在分配时不会受到拖延。金砖五国分别拥有金砖国家新开发银行五分之一的股份，因此它们拥有平等的决策权，这与世界银行和国际货币基金组织不同，世界银行和国际货币基金组织的决策权大多偏向某些特定国家。或许金砖国家新开发银行最为重要的一个区别特征就是该银行承诺遵循可持续发展的原则。这与现有多边开发银行的做法是不同的。除了对一些绿色或可再生能源项目进行融资之外，金砖国家新开发银行还不清楚如何将这些基础设施项目根植于可持续发展的实践当中。同样让金砖国家新开发银行感到困惑的一点是，这些基础设施项目是否以及如何与国际商定的可持续发展项目相联系。虽然金砖国家新开发银行已经正式运营，但解决这些问题对其下一阶段的发展至关重要。

3. 金砖国家新开发银行可以激励政府开展环境友好并符合当地社区利益的项目。它可以根据政府满足特定标准的能力，例如项目对社会－环境造成的影响，为政府贷款提供差额利率和还款条件。这些标准可以合并成为一个综合指数，以衡量特定项目的实际可持续性。将可持续发展与激励措施联系起来能够鼓励政府采取可持续发展的思路，最终创造可持续的发展成果。这将是当前国际金融机构中环境和社会标准的重大转变。虽然这些是金砖国家决策者和金砖国家新开发银行官员应该考虑的重要问题，但这些问题同样为民众参与提供了更大的空间。民众可以参与判断哪些项目符合可持续性标准。民众同样可以发挥重要作用，监督金砖国家新开发银行的贷款行为，确保银行的决策符合既定的可持续发展标准。金砖国家新开发银行的项目有望为可持续发展实践注入新思想。金砖国家新开发银行将实现可持续发展作为其核心任务，这一原则将指导银行的项目选择和实施。在发展过程中，金砖国家新开发银行应该积极与包括民间活动人士在内的各利益相关方展开对话。

使可持续发展成为金砖国家新开发银行的重点

Talitha Bertelsmann – Scott；Canelle Friis；Cyril Prinsloo[*]

原文标题： Making Sustainable Development the Key Focus of the BRICS
New Development Bank

文章框架： 金砖国家新开发银行（NDB）在 2016 年第二季度发放首笔
贷款，该行的宗旨是为"金砖国家和其他新兴经济体的基
础设施和可持续发展项目"提供资金；全球南部发展格局
的一个新特点是新兴经济体的崛起带动了新的金融机制出
现；金砖国家新开发银行的运营和治理细节仍然需要公开阐
述，目前很难看出银行将如何解决可持续发展问题；金砖国
家新开发银行虽然最初只会为成员的项目提供资金，但其将
扩大其地域范围，把所有发展中国家的项目纳入后期阶段；
尽管《成立新开发银行的协议》中提及将可持续发展和基
础设施作为关注重点，但该银行几乎没有展示出有关促进可
持续发展方法的任何细节；《成立新开发银行的协议》条款
规定，银行活动必须是透明的；世界银行设有一个监察组，
该监察组可以代表团体，以其名义来确保各团体在利益受到
世界银行项目影响后得到公平和公正的赔偿；尽管南非是最
小的合作伙伴，但其仍将平等贡献资本，具有相同的投票

＊ Talitha Bertelsmann – Scott，斯泰伦博斯大学政治学硕士、经济学硕士；南非国
际事务研究所经济外交项目负责人，贸易政策、区域一体化、私营部门发展和
监测评估专家。Canelle Friis，南非国际事务研究所经济外交项目负责人。Cyril
Prinsloo，南非国际事务研究所经济外交项目研究员；主要研究领域包括非洲经
济发展、非洲与全球合作伙伴的互动，以及非洲大陆参与世界经济论坛的情
况。来源：南非国际事务研究所（南非智库），2016 年 5 月 16 日。

权，所以其在理论上应该有同等的影响力；南非在金砖国家可持续发展定义方面发挥着领导作用。

观点摘要：

1. 金砖国家新开发银行（NDB）在 2016 年第二季度发出放首笔贷款，它的宗旨是为"金砖国家和其他新兴经济体的基础设施和可持续发展项目"提供资金，现在重要的是考虑银行如何定义"可持续发展"。迄今为止，银行、金砖国家和南非尚未就可持续发展给出明确定义。为了从南非的角度探讨这一重要问题，本报告借鉴了广泛利益相关者的观点，包括政策制定者、智库、学术界和民间团体，以寻找金砖国家新开发银行可以采取的最佳方法，来确保其承担项目的可持续性。此外，本报告还认为银行的一些项目在可持续发展方面可以被视为最佳实践。本报告提出了若干建议，以为银行在对有关问题和个别项目进行决策时提供参考。本报告探讨了可持续发展的定义，金砖国家新开发银行可根据这一定义实施其在南非和非洲大陆的项目。

2. 全球南部发展格局的一个新特点是新兴经济体的崛起带动了新的金融机制出现。2014 年金砖国家在巴西福塔莱萨举办的峰会上推出金砖国家新开发银行，其总部设在上海，在南非设有一个非洲区域办事处。金砖国家新开发银行的目的是"为金砖国家、其他新兴经济体和发展中国家的可持续发展项目和基础设施调动资源，以补充现有的多边、区域和国家金融机构为全球增长和发展所做的努力"。迄今为止，金砖国家作为一个实体，还没有阐明对可持续发展的共同立场。金砖国家还没有就对可持续发展的认识，或对于其在千禧年发展目标（MDGs）下的可持续发展目标（SDGs）中的定位，或金砖国家怎样定义可持续发展这个概念发表过声明。事实上，南非政府多年来也没有明确界定可持续发展的工作理念，或解释其如何看待发展中经济体的可持续发展责任。这些都在缓慢变化，在 2008 年发布的国家可持续发展框架（NFSD）、2012 年发布的国家 2030 年发展计划（NDP）中都有所反映。南部非洲发展银行（DBSA）正在完善其对于可持续发展的理解和工作的定义。

3. 金砖国家新开发银行于 2016 年 2 月推出自己的网站，指出：

"21 世纪带来了巨大的发展。然而，这种发展并不稳定，存在不足，还对我们的环境造成了危害。我们致力于成为可持续发展的合作伙伴。在保护环境的前提下，我们期待为推动增长和就业的项目进行合作。"金砖国家新开发银行的运营和治理细节仍然需要公开阐述，目前很难看出银行将如何解决可持续发展问题。南非应该就金砖家新开发银行如何解读可持续发展概念，以及应该考虑哪些类型的可持续发展和基础设施项目进行商议。这将使南非能够为其金砖国家合作伙伴之间的讨论做好准备，以决定哪些项目符合可持续发展的定义。南非可以在金砖国家可持续发展愿景中发挥领导作用，并确保金砖国家新开发银行优先考虑与可持续消费和生产相关的环境问题。本报告认为，南非通过在国内发展金融，可以在更广泛的非洲大陆成为可持续发展的推动者。在金砖国家的长期战略中，南非是"可持续发展、社会公正和人民生活质量"的支柱，因此在辩论中处于领先地位。

4. 金砖国家新发展金融机构的概念在 2011 年底由新德里的智库公开提及，而金砖国家第一次正式提及此概念是在 2012 年 2 月。2012 年印度举办了金砖国家峰会，并发布了《新德里宣言》，该宣言建议成员国"考虑建立一个新开发银行，为金砖国家、其他新兴经济体和发展中国家的基础设施及可持续发展项目调动资源"。宣言指出五国的财政部部长已经对这样一个机构的可行性做了调查。第二年，在南非的金砖国家峰会上，《德班宣言》表示："我们认为建立新开发银行是可行的。我们同意设立新开发银行。"金砖国家新开发银行和应急储备安排相辅相成，应急储备安排以类似于国际货币基金组织的方式，在金融不稳定时期向成员提供资金，金砖国家新开发银行在巴西福塔莱萨举行的金砖国家峰会上正式成立。

5. 《成立新开发银行的协议》概述了银行的主要特征。该银行的最高授权资本为 1000 亿美元，其努力与非洲发展银行（资本规模为 1000 亿美元）、亚洲基础设施投资银行（法定资本为 1000 亿美元）和亚洲开发银行（法定资本为 1640 亿美元）等其他发展金融机构（DFI）看齐，但无法与世界银行和欧洲投资银行相比，二者授权资本超过 2500 亿美元。金砖五国将提供同等数额的初始资本，因此它们在该机构内具有相等的投票权。最初，银行的成员只有金砖五国，但是银行成立文件中规定成员数量将增加。该银行虽然最初只会为成员国的项目提供资金，但其将扩大其地域范围，把所有发展中国家的项目纳入后期阶段。金砖国家新开发银行总部设在上海，其非洲区域中心（ARC）总部设在约翰内斯堡。非洲区域中心将支持非洲国家开发可由银行担保的项目，以解决非洲大陆缺乏可行项目的问题。

6. 该行成立的地缘政治背景与金砖国家对传统国际金融机构缺乏转型感到不满有关，这种转型是金砖五国和其他新兴市场进行基础设施融资迫切需要的。成员国希望该银行会向世界展示其将以不同的方式做生意。对于南非来说，五个国家之间公平分配选票的问题是极为重要的。根据新任行长卡马斯（K. V. Kamath）的观点，金砖国家新开发银行将区别于传统的发展金融机构，其有自己的运作方式：加快运营和贷款，从新兴市场筹集资本，通过当地货币贷款来规避交易风险，以及与贷款人合作而不是成为传统贷方。然而，金砖国家新开发银行是否能够采用这些运作方式和如何变得不同，只有在投资项目完全投入使用后才会显现。

7. 该银行准备在 2016 年 4 月至 7 月发放第一笔贷款。尽管协议中提及将可持续发展和基础设施作为关注重点，但该银行几乎没有展示出有关促进可持续发展的任何细节。虽然各种报告表明，第一笔贷款中60% 的项目将在可再生能源领域进行，但金砖国家新开发银行还表示将考虑从水电（刚果民主共和国英戈大坝）和煤基发电设施领域入手，其他发展金融机构正越来越拒绝在这些领域进行投资，例如最近经济合作与发展组织已经同意缩减对燃煤电厂的公共融资，这将削减煤炭项目85% 的融资资金。鉴于金砖国家成员都是新兴经济体，经济发展一直处于可持续发展战略的前列。同时，每个金砖国家成员都开始感受到无节制的经济增长给社会包容和环境保护带来的影响。这些影响是以污染、卫生问题、森林砍伐、贫困边缘化和增长不平衡等形式出现的。因此，金砖国家在不同程度上加强了整体解决可持续发展问题的力度。例如，一些成员国，通过政府政策和国家开发银行积极推动环境和社会活动。它们也都开始做出各种可持续发展的承诺。但是，这些国家是否会认真执行这些承诺还有待观察。

8. 金砖国家的主要协议以及各种公众参与，为金砖国家新开发银行的可持续发展方式提供了借鉴。三个领域脱颖而出。

首先，经济发展的优先次序。在金砖国家内，普遍的做法有利于促进经济增长与可持续发展之间的平衡。例如，《金砖国家经济伙伴战略》强调了利用可再生能源，保护环境，实现可持续发展的必要性。但是，《金砖国家经济伙伴战略》并不反对使用化石燃料，而是建议"高效和环保地使用化石燃料"。与此同时，社会保障受到的关注似乎很少。在承认可持续发展必要性的同时，金砖国家依然觉得这并不总是最经济可行的方法。在国家层面上，经济发展往往优先于环境和社会的可持续性。然而，像可再生能源这样的"可持续"解决方案越来越多地被证明比传统解决方案更具有成本效益。

其次，偏爱绿色经济项目和社会回报。金砖国家新开发银行主要官员的报告和评论已经开始突出银行可持续发展方法。在一次采访中，银行副行长马斯多普（Leslie Maasdorp）表示，金砖国家新开发银行将"更加注重可持续发展、绿色金融、绿色技术、可再生能源"。

最后，透明度和公开性。金砖国家新开发银行协议的条款规定，银行活动必须是透明的。至关重要的是，金砖国家新开发银行对于可持续发展的认识是一个包容性的发展过程，因为在这一过程中银行在发展项目、财政政策和优先事项等问题上征求了公众意见。这一包容性的过程立即将其与传统的竞争对手区分开来。不幸的是，通过对南非的非政府组织进行采访发现，在大型基础设施项目的决策中，公民几乎未参与，如那些由南部非洲发展银行或南非工业发展公司（IDC）资助的项目。但南部非洲发展银行在参与之前，对项目的环境影响评估（EIAs）是很严格的。南部非洲发展银行也表示，它一直在寻求社会、环境和风险领域专家的广泛参与，并与可能受益或受到投资不利影响的团体接触。然而，它也强调，民间团体缺乏统一的声音，往往会导致他们的意见产生分歧。乐施会在以前的《金砖国家新开发银行：为何最新的全球银行必须采纳扶贫议程》报告中指出，目前有关金砖国家新开发银行计划的信息太少，信息大都与金砖国家作为一个整体的工作有关，这严重阻碍了公众对此进行辩论的机会，可能会削弱银行作为全球改革领导者的可信度。金砖国家必须明确各国在国际合作方面的优先事项，并在银行的背景下界定对"可持续发展"的共同理解。

9. 在衡量项目的可持续发展上，国际发展金融机构采用的标准能够监测项目对环境和人员的影响方面适用于每个项目。世界银行设有一个监察组，该监察组可以代表团体，以其名义来确保各团体在利益受到世界银行项目影响后得到公平和公正的赔偿。一些被采访的非政府组织表示，可以将人类发展指数（HDI）、基尼系数和世界生态足迹基本指标三大国际知名工具相结合，来衡量可持续发展。根据经验，如果这三个指标处于平衡状态，那就说明国家正处于可持续发展当中，目前人类发展指数为1，基尼系数为0，世界生态足迹在1.6以下。与明确可持续发展的准确定义相比，通过研究案例和确定优先发展的项目，从而找出参照解决方案的方法也许更可行。其中的关键部分是持续的对话和参与。金砖国家的民间团体并没有从这些国家过去的成功和失败中吸取广泛经验。缺乏参与项目的经验并不是金砖国家新开发银行独有的问题，因为这是发展金融机构常见的问题。然而，金砖国家新开发银行通过与利益相关者讨论项目的性质和广泛原则（对经济、环境和社会原则同等重视），有机会说明它与其他机构的不同之处。但情况似乎是，在银行的第一个贷款期间有利可图的项目可能会获得优先权，这可能是为了确保银行在早期取得一些成功。

10. 重要的是，金砖国家有五个成员，每个国家都有自己的议程。尽管南非是最小的合作伙伴，但其仍将平等贡献资本，具有相同的投票权，所以其在理论上应该有同等的影响力。南非已经证明，就相关事宜而言，它可以在其他国际论坛上获得其他金砖国家成员的支持。例如，在其他国家中，南非赞助成立了一个工作小组，就跨国公司和其他企业在联合国人权理事会中的人权问题，提出一个具有法律约束力的协议。令人鼓舞的是它设法让所有金砖国家的成员签署这项协议，尽管一些成员后来又从中撤出。

11. 鉴于金砖国家智库理事会（"金砖国家长期战略"第三支柱）重点关注"社会正义、可持续发展和人民生活质量"，南非在金砖国家确定可持续发展定义方面发挥着领导作用。该银行在支持可持续发展项目时可将南非提出的定义作为关键参照标准，同时确保环境和社会保障在未来造福于金砖国家、非洲大陆和其他地区。鉴于金砖国家对非洲大陆的兴趣，其为非洲发展银行资助何种类型的可持续发展项目提供意见，这是至关重要的。这集中表现在，金砖国家新开发银行于 2016 年 3 月份在南非建立了非洲区域中心。公共责任对于金砖国家新开发银行来说是非常重要的，本报告强烈呼吁为民间团体建立一个能够参与项目选择和监测的平台。本报告还强调了民间团体参与项目时面临的障碍，包括对相关问题缺乏统一的声音，以及民间团体的水平和层次不同。

七国集团、金砖国家和二十国集团

Jakkie Cilliers[*]

原文标题： G7, BRICS And the G20

文章框架： 全球影响力和经济实力中心正在稳步东移；金砖国家对全球经济的相对贡献应该在 15 年后超过七国集团；二十国集团设定了一个雄心勃勃的目标，即引领全球经济朝"强劲、可持续、平衡增长"方向发展；不可避免的是，一个拥有更多人口的世界会有更多的暴力，但冲突强度（以百万人的风险衡量）正在逐步下降。

观点摘要：

1. 全球影响力和经济实力中心正在稳步东移。昨日，工业化国家组成的七国集团（法国、德国、意大利、日本、英国、美国和加拿大）的领导人和欧盟主席委员会在日本举行了会议，上次首脑会议在德国举办。9 月，二十国集团（G20）领导人将在中国会晤（2015 年的会议在土耳其举办）。10 月，金砖国家（巴西、俄罗斯、印度、中国和南非）领导人会晤将在印度举行（上次会晤在俄罗斯举行）。"全球俱乐部"

---

* Jakkie Cilliers，斯坦陵布什大学学士，南非大学文学硕士和文学博士；安全研究所执行主任，非洲安全问题资深分析师，人权中心、比勒陀利亚大学人文社会学院政治科学系杰出教授，瑞士日内瓦安全政策中心（GCSP）国际顾问委员会成员，纽约哥伦比亚大学国际冲突解决中心以及世界经济论坛智库领导分论坛顾问委员会成员，当地和国际广播电视定期评论员，多次参加国际会议；1990 年，与他人共同创立了安全研究所（ISS），并在南非武装力量转型方面发挥了重要作用；研究领域包括非洲联盟和平安全理事会领导下的非洲新兴安全架构的发展，以及与非洲未来长期发展相关的问题；获得过南非科学促进会铜奖和富布赖特奖学金。来源：安全研究所（南非智库），2016 年 5 月 27 日。

风靡一时。虽然不是设计好的，但这三个关键会议都将于 2016 年在亚洲举行，这叙述了一个有关经济权重和政治影响全球分化的重要故事。

2. 笔者认为最好将七国集团和金砖国家理解为两个重要的意识形态组织。二十国集团的经济总量和人口数量一直占据世界经济总量和人口数量的 80% 左右（而且在可预见的将来继续保持这样）。在二十国集团中，七国集团成员国的相对贡献几乎在所有的考量中都在稳步下降（个人财富除外），而金砖国家成员国的贡献正在增加。

3. 金砖国家由中国和印度主导，该组织对全球经济的相对贡献应该在 15 年后超过七国集团。金砖国家已经拥有七国集团 4 倍以上的人口，其 5 年以后的国防总支出将超过七国集团。当然没有什么是可以保证的，中国或欧盟的情况也许会打乱我们对于未来的预测。但全球影响力不是从一个组织转到另一个组织，即从七国集团转到金砖国家。似乎更有可能的是，二十国集团将成为最有权力和影响力的集团。三个组织影响力的变化不会造成更大的分化和不和谐，金砖国家影响力的上升不会以七国集团利益的直接损失为代价，而是有效地促使二十国集团成员之间的权力分配更加均匀。此外，全球在一系列发展和可持续问题上达成共识，这一共识支撑着这三个组织，并带来了意想不到的协同作用。

4. 2015 年是重要的一年。去年 7 月在亚的斯亚贝巴举行的第三次发展筹资国际会议，为联合国（UN）发展峰会于 2015 年 9 月 25 日通过《2030 年可持续发展议程》提供了基础。12 月份在巴黎举行的联合国气候变化谈判，通过了一些有约束力的协定（195 个国家同意），以减少全球碳排放量，这是集体制定全面的全球发展议程的又一重要里程碑。这些协定的影响将由在亚洲举行的三个关键会议体现。在这个过程中，我们看到了初步的承诺网络和互动模式。在这种安排下，各国仍将争夺影响力、市场和机会，并制定共同的目标和行动计划，且承诺在未来几年引导全球协调与合作。

5. 二十国集团设定了一个雄心勃勃的目标，即引领全球经济朝"强劲、可持续、平衡增长"方向发展。但是，日本主持下的七国集团首脑会议将处理诸如俄罗斯、乌克兰的冲突，朝鲜核野心带来的威胁等各种政治和安全问题。中国已经明确指出，二十国集团应该避开类似

"政治问题"。这些问题将被推迟到今年晚些时候召开的金砖国家领导人会晤上讨论，就像七国集团在其关注的意识形态领域发表声明一样。在这些会议的议程中，我们可以看到全球合作如何在各个层次和各个方面进行。当然，全球合作仍然存在诸多问题，比如，金砖国家中最重要成员国的民间社会组织和企业缺乏独立空间，发达国家面临民粹民族主义的威胁。但总的来说，缓解对恐怖主义、难民和不稳定因素的过分担忧越来越重要，一个更加拥挤的世界也可能更具协作性。这种演变对于经济、军事和外交方面仍然相对较弱的非洲来说是非常重要的。未来几十年里，非洲崛起将是受欢迎的，非洲的崛起将弥补 20 世纪 70 年代和 80 年代的一些损失，当时非洲在很大程度上是落后的。也就是说，前面的路也许比大多数非洲人能够接受的要长。

6. 不可避免的是，一个拥有更多人口的世界会有更多的暴力，但冲突强度（以百万人的风险衡量）正在逐步下降。在这一代，我们可以看到全球在努力消除极端贫困。因此，有许多值得庆祝的事情，这正如七国集团、金砖国家和二十国集团会议的议程所体现的那样。

金砖国家新开发银行：让金砖国家从字母缩写转变成机构

Talitha Bertelsmann – Scott；Cyril Prinsloo；Elizabeth Sidiropoulos；Lesley Wentworth；Christopher Wood*

原文标题：The New Development Bank：Moving the BRICS from An Acronym to An Institution

文章框架：金砖国家新开发银行的建立；金砖国家新开发银行的历史渊源；金砖国家是新兴的政治经济力量；金砖国家新开发银行在全球经济治理中的作用；金砖国家新开发银行的组织结构；金砖国家新开发银行的潜在影响。

观点摘要：

1. 金砖国家新开发银行（NDB）将于 2016 年第二季度发行首批贷款。包括金砖国家成员在内的新兴经济体一直在处理一个关键问题，即为更好地反映目前的政治和经济现实（在某些情况下，这些现实情况与这些组织的创立有显著差异）而放缓全球金融机构改革的步伐。新兴经济体也面临严重的基础设施供资赤字，这可以通过利用发展中国家

---

* Talitha Bertelsmann – Scott，斯泰伦博斯大学政治学硕士、经济学硕士；南非国际事务研究所经济外交项目负责人，贸易政策、区域一体化、私营部门发展和监测评估专家。Cyril Prinsloo，南非国际事务研究所经济外交项目研究员；主要研究领域包括非洲经济发展、非洲与全球合作伙伴的互动，以及非洲大陆参与世界经济论坛的情况。Elizabeth Sidiropoulos，前南非国际事务研究所主任，南非《国际事务》杂志总编辑，欧盟发展署科学咨询委员会成员。Lesley Wentworth，威尔斯大学工商管理学硕士；研究领域为通过对新兴市场和发展中地区进行外国直接投资获得社会经济发展。Christopher Wood，威特沃特斯兰德大学发展研究硕士，夸祖鲁·纳塔尔大学政治经济学硕士。来源：南非国际事务研究所（南非智库），2016 年 6 月 27 日。

的巨额国内储蓄来解决。

2. 因此，金砖国家新开发银行在这些因素的刺激下建立起来。自2011年创立以来，该银行已经初具规模，包括最终确定法律安排，在五个金砖国家成员中分配不同的角色和职责，并设立办事处。

3. 金砖国家新开发银行（NDB）于2015年7月在俄罗斯乌法举行的首脑会议上正式启动。它于本月晚些时候在上海开业，随后于2016年2月在上海正式运营。在乌法，该行行长卡马斯（K. V. Kamath）宣布，金砖国家新开发银行将力争在2016年第二季度发放贷款。

4. 金砖国家在2011年设想成立一个新的发展金融机构（DFI）。在2012年进行了可行性研究，并于2013年在德班举行的第五届金砖国家首脑会议上同意成立金砖国家新开发银行。第二年，在福塔莱萨峰会上，金砖国家成员签署了《新开发银行协议》，该协议标志着银行的成立。同时，还建立了应急储备安排（CRA），即在金融不稳定时期向金砖国家成员提供财政资源。

5. 很多人认为建立银行的想法是由印度提出的，但其真正的起源充满争议。似乎其最早的起源是2011年12月的金砖国家基金，这由观察家研究基金会的萨米尔·萨兰（Samir Saran）和维万·沙兰（Vivan Sharan）提出。新闻报道特别提到金砖国家组建开发银行的可能性出现在2012年2月。这些报道称，这个想法是由印度提出的，俄罗斯官员也声称支持这样的想法。该银行成立的概念文件是由印度财政部官员起草的，其已在当年的金砖国际学术论坛和新德里首脑会议上提交。

6. 新德里首脑会议是金砖国家历史上的第四次峰会，也是南非加入以来参加的第二次峰会。它代表了金砖国家的"黄金时刻"。当时，五个金砖国家成员在疲软的全球经济中表现突出，欧洲和美国仍然在处理2008～2009年财政危机之后的遗留问题。经济重要性和日益增长的地缘战略影响力意味着新德里峰会具有重大影响力，同时也引发了高度的关注。

7. 2015年首脑会议还见证了金砖国家新开发银行合作的谅解备忘录（即各金砖国家发展融资机构之间关于新开发银行合作的协议）的发布。这涉及五家银行，即巴西国民经济和社会发展银行、俄罗斯国有开发银行、印度进出口银行、中国国家开发银行和南非南部非洲开发银行，金砖国家成员与其都有过合作历史，其合作可追溯到 2011 年的三亚峰会。

8. 虽然金砖国家在 2009 年成立时的重点是为了应对 2008 年金融危机以改善全球经济治理。但在过去七年中，金砖国家的合作与对话已经进入政治安全领域。2009 年的创始峰会公报（内容不到 1000 字）将注意力放在全球经济危机以及对一个改良的金融经济体系的迫切需要上。到 2012 年，公报的字数增加了四倍，其关注重点包括了经济和金融问题、阿富汗、恐怖主义和中东的冲突。2015 年乌法公报内容更加广泛，包括解决非洲的各种冲突、中东无核化、世界毒品问题、网络犯罪和互联网治理、气候变化以及可持续发展目标。世界讨论的事务几乎都被囊括在公报中。虽然这样一个公报远远没有得到有效地执行，但它表明了其全球政治性质。

9. 虽然许多西方国家因为金砖国家成员之间的不协调而对其进行谴责，但其他人认为这是替代现有统治体系的另一种形式。毕竟，这五个国家可以被定义为"新"的强国（以中国为主导地位）。一些国家（包括金砖国家成员本身）认为它们是积极的全球变化的促进力量。

10. 在全球经济治理领域，新开发银行、应急储备安排（CRA）和货币交换的出现是金砖国家减少对国际货币基金组织和世界银行的依赖以及降低美元作为储备货币主导地位的结果。它们是中国经常牵头的融资领域中一些举措的一部分。

11. 显然，金砖国家新开发银行和发展融资机构的出现反映出新兴市场日益增长的财政资源，尤其是中国。这也反映了对布雷顿森林体系改革进展缓慢的失望，以及这些相同的国家对建立新机构的愿望，而这些机构的治理和重点领域可以由它们决定。金砖国家新开发银行便如此。在政治层面上，金砖国家新开发银行的成立也帮助金砖国家巩固了成员国间的关系。因此，它有助于确认金砖国家不仅是一个暂时的现象，还可以通过调动自己的发展融资来满足其成员和其他发展中经济体的重大基础设施需求。

12. 创建银行和其他金融工具（如应急储备安排和货币交换）使金

砖国家制度化，为成员国提供了一些媒介，通过这些媒介，这些国家可以围绕项目融资做出自己的决定，而不被现有发展融资机构的规则和投票安排挟持。另外，金砖国家新开发银行为金砖国家提供了一个共同的机制，将讨论转化为行动，从本质上把金砖国家从简单的缩写和随机思想的集合转变为更加制度化的合作形式。

13. 金砖国家新开发银行的建立也受到两个主要经济因素的驱动：金砖国家和其他发展中国家的基础设施投资的需求以及新兴市场国内储蓄的可用性。现有的多边开发银行被认为资金不足且缺乏雄心。

14. 该银行的结构在《新开发银行协议》中得到概述，其中包括成员资格、投票权、资本、股份、组织和管理的详细信息。有关新闻报道了官方公告、公众参与以及最近的"金砖国家经济伙伴关系战略"文件的诸多细节。

15. 一些因素可能会影响到金砖国家新开发银行的影响力。首先，金砖国家新开发银行的体系已经很复杂，超过140个发展融资机构在非洲运作。然而，在这些发展融资机构中，还涉及地理运营范围（国家、区域、全球），资本规模（例如，无偿发展机构的规模比星展集团大60倍）和经营部门（拥有特定投资机会的部门、如出口银行等）。因此，尽管看起来体系复杂，但对金砖国家新开发银行来说并不一定是问题。

非洲1000亿美元基础设施缺口：为何非洲必须抓住金砖国家新开发银行带来的机会

Nomfundo Xenia Ngwenya；Cyril Prinsloo*

原文标题：Africa's $100 Billion Infrastructure Gap：Why Africa Must Seize the Moment on the New Development Bank

文章框架：如果最近建立的金砖国家新开发银行（NDB）有助于缩小基础设施融资赤字并解决相关问题，那么它必须了解世界银行和非洲发展银行等现有多边开发银行的局限性，并评估它能够增加的价值；非洲需要提高话语权的三个原因；为实现金砖国家新开发银行在融资项目筹备中的有效性，其将需要与非洲各国政府、发展金融机构和私营部门进行积极接触。

观点摘要：

1. 非洲基础设施融资赤字估计每年为1000亿美元，而且仍将保持巨大规模。对非洲大陆能源、交通和水利基础设施的投资不足，给非洲国家经济增长和发展带来了巨大障碍。如果最近建立的金砖国家新开发银行（NDB）有助于缩小这一差距并解决相关问题，那么它必须了解世界银行和非洲发展银行等现有多边开发银行的局限性，并评估它能够增加的价值。然而，金砖国家新开发银行对非洲需求的回应应该从非洲在该银行实施的早期阶段提高自己的话语权开始。

2. 非洲需要提高话语权的原因有三个。这迫切需要效率。首先，

＊　Nomfundo Xenia Ngwenya，南非"全球经济治理非洲项目"主任。Cyril Prinsloo，南非国际事务研究所经济外交项目研究员；主要研究领域包括非洲经济发展、非洲与全球合作伙伴的互动，以及非洲大陆参与世界经济论坛的情况。来源：南非国际事务研究所（南非智库），2016年7月20日。

非洲项目融资速度缓慢，各机构对非洲大陆基础设施需求的紧迫性没有进行足够的响应。金砖国家新开发银行已经表现出灵活性和效率，并在六个月内将贷款发放到其四个成员国家（俄罗斯除外）。金砖国家新开发银行最早于2012年提出，该银行已从单纯的概念发展为能够发放今年4月的首批贷款，并为基础设施项目提供近10亿美元贷款的机构。尽管一些金砖国家存在经济和政治挑战（最初导致对金砖国家新开发银行的可行性持怀疑态度），但是值得注意的是，所有金砖国家成员都按时足额缴纳了第一批实缴资本。鉴于目前对一些已建立的多边开发银行的批评——官僚主义使贷款申请到贷款发放的周转时间超过18个月，同时有可能出现延期支付，这是重大的问题。金砖国家新开发银行逆势而上，制定新规范。其次，金砖国家新开发银行迫切希望制定新的规范，以更好地应对各国的需求。其已经采取了很多方式，试图将其模式与传统模式区别开来。就银行的治理结构而言，与大多数多边开发银行不同的是，在五个创始成员中，资本和投票权是平等的。这避免了对富裕成员国在传统的多边开发银行中施加不相称影响力的批评。金砖国家新开发银行将向联合国成员国开放，而且该银行行长卡马斯（K. V. Kamath）称，其董事会可能会决定在未来六个月开始扩展成员国。金砖国家将保留55%的股份，其余部分将被分配给新兴市场和发展中经济体，以及发达国家。特定国家将被邀请加入金砖国家新开发银行理事会。这为非洲国家提供了一个理想的机会，以让它们参与到这个倡议中来。在可能的情况下，非洲国家也应该进行游说，当银行扩大成员以及政治利益变得更加多样化时，公平原则也不应被淡化。该银行还试图通过更好地利用发展中国家国内私人资本，来改变已确立的规范。对于像南非这样的国家来说，这是特别重要的，私营部门的财务资源并没有被有效用于基础设施的发展，这从而使政府计划和机构（有足够的资金来资助这些计划）之间形成脱节。此外，金砖国家新开发银行已经开始以国内货币发放贷款，这将帮助各国减少借贷汇率风险。这是特别重要的发展，因为非洲国家正在努力应对外币借款带来的毁灭性影响（如演变为主权债务危机）。据金砖国家新开发银行副行长、首席财务官马斯多普（Leslie Maasdorp）所称，该银行将依赖现有的国家体系，而不是建立新的体系。这样做是为了加快行动，并确保国内参与者更好地参与。最后，非洲必须积极参与该银行的活动。总部设在南非的金砖国家新开发银行非洲区域中心，可能会受益于实用的建议，以解决非洲大陆面临的基础设施融资挑战。上个月在卢萨卡举行的非洲发展银行年会上，全球经济治理非洲项目和国家财政部共同举办了一个活动，向非洲利益相关者表明其在非洲发展银行所处的地位。非洲国家的利益是巨大的。金砖国家新开发银行副行长莱斯利·马斯多普希望非洲国家积极与金砖国家新开发银行非洲区域中心保持联系。该银行开设的首家区域办事处和正在筹备的位于拉丁美洲的另一家办事处，将为未来的区域办事处提供一个重要的标准。已经有迹象表明，南非政府希望看到该区域办事处在融资项目筹备过程中发挥关键作用。在非洲，银行担保计划的短缺已被反复确认为非洲基础设施融资的主要障碍。非洲与金砖国家新开发银行之间的接触应包括一些重要的对话，从而讨论金砖国家新开发银行资助的项目将如何解决扶贫和赋予妇女权力的问题。

3. 为实现金砖国家新开发银行在融资项目筹备中的有效性，其将需要与非洲各国政府、发展金融机构和私营部门进行积极接触。必须及时建立这些利益相关方与非洲区域中心领导人之间进行接触的正式平台。作为目前该银行成员中唯一的非洲国家，南非应该在促进联系方面发挥主导作用。

庆祝南南合作

Jakkie Cilliers *

原文标题： Celebrating South – South Cooperation

文章框架： 南南合作在脆弱的环境中比南北合作更有效吗？由于数据有限，对南非的努力成果也缺乏系统性的评估，答案是不确定的；对于非洲来说，金砖国家新开发银行（NDB）可能非常重要；时间会告诉我们金砖国家的未来将如何，但金砖国家新开发银行肯定会生存下去，有可能为非洲的发展做出重大贡献。

观点摘要：

1. 南南合作在脆弱的环境中比南北合作更有效吗？由于数据有限，对南非的努力成果也缺乏系统性的评估，答案是不确定的。在全球层面上，南南合作和团结的最实际表现可能体现在金砖国家（巴西、俄罗斯、印度、中国、南非）中，金砖国家是一个意识形态组织，认为自己是对由工业化国家组成的七国集团的制衡。金砖国家旨在在由西方新自由主义和自由市场主导的框架下，重塑全球权力关系。金砖国家根据

＊ Jakkie Cilliers，斯坦陵布什大学学士，南非大学文学硕士和文学博士；安全研究所执行主任，非洲安全问题资深分析师，人权中心、比勒陀利亚大学人文社会学院政治科学系杰出教授，瑞士日内瓦安全政策中心（GCSP）国际顾问委员会成员，纽约哥伦比亚大学国际冲突解决中心以及世界经济论坛智库领导分论坛顾问委员会成员，当地和国际广播电视定期评论员，多次参加国际会议；1990 年，与他人共同创立了安全研究所（ISS），并在南非武装力量转型方面发挥了重要作用；研究领域包括非洲联盟和平安全理事会领导下的非洲新兴安全架构的发展，以及与非洲未来长期发展相关的问题；获得过南非科学促进会铜奖和富布赖特奖学金。来源：安全研究所（南非智库），2016 年 9 月 12 日。

个人权利、自由贸易、民主等方面的要求，将重点转移到国家主权；认识到一个强大、发展的国家的重要性；不干涉国家内政，以促进民主化发展等。

2. 对于非洲来说，金砖国家新开发银行（NDB）可能非常重要。非洲的基础设施融资赤字估计每年达 1000 亿美元，而且发达国家缺乏对非洲投资的野心。一方面，缺乏对能源、交通运输和水利基础设施的投资，这是经济增长和发展面临的重大障碍。另一方面，2012 年全球储蓄过剩资金估计为 17 万亿美元，这些资金可以用来在非洲投资。

3. 金砖国家新开发银行可以补充现有的多边开发银行，如世界银行和非洲发展银行。金砖国家新开发银行在五个重要方面有所不同。第一速度。其他银行的步伐缓慢，金砖国家新开发银行在其运行的前 6 个月，已经向其 4 个成员（除俄罗斯之外）发放了贷款，为基础设施项目提供了近 10 亿美元的贷款。第二，资本和投票权目前在五个创始成员国中平均分配。金砖国家新开发银行可能决定对联合国的所有成员保持开放，但金砖国家仍将保留 55% 的股份。第三，金砖国家新开发银行计划在发展中国家的国内民营资本中发挥更大的杠杆作用。这对南非尤为重要，因为其私营部门的大量财政资源没有被有效地用于基础设施建设。第四，金砖国家新开发银行已经开始以国内货币发放贷款，这将有助于各国减轻借款时的汇率风险（通常以美元计价）。第五，金砖国家新开发银行将依赖于现有的国家制度，而不是使用过于官僚化的新系统。这样做是为了加快银行运作，并提高国内参与者的参与度，但由于一些国家缺乏能力，这也可能面临巨大的风险。时间会告诉我们金砖国家的未来将如何，但金砖国家新开发银行肯定会生存下去，有可能为非洲的发展做出重大贡献。

金砖国家是在平行世界吗？金砖国家建立信用评级机构的决定只是为了平衡全球经济的不平衡吗？

Peter Fabricius*

原文标题： Is BRICS Inhabiting A Parallel Universe? Could BRICS' Decision to Establish A Credit Rating Agency Be Just about Balancing An Unbalanced Global Economy?

文章框架： 南非财政部部长普拉温·戈尔丹（Pravin Gordhan）缺席本周在印度果阿举行的金砖国家首脑会议；在 2013 年于南非德班举行的金砖国家首脑会议上，五个成员同意建立自己的互联网，以与世界其他地区使用的互联网分开；许多评论家认为需要一个替代性的信用评级机构；卡马斯在果阿的金砖国家金融论坛上表示，不断提高的贷款价格限制了发展中国家的经济增长；金砖国家新开发银行这样的多边银行要求的保守贷款政策也"扼杀"了发展中国家的增长；说服投资者和贷款者，使之认为金砖国家评级机构是客观可信的也很困难；金砖国家信用评级机构即使成立，也可能帮不到雅各布·祖马。

观点摘要：

1. 南非财政部部长普拉温·戈尔丹（Pravin Gordhan）缺席本周在印度果阿举行的金砖国家首脑会议。他在国内忙于为其政治生涯而奋斗，同时也是为了他的国家。总统雅各布·祖马（Jacob Zuma）将其造

* Peter Fabricius，南非《星报》外事主编。来源：安全研究所（南非智库），2016 年 10 月 19 日。

成的一堆麻烦事留给戈尔丹，并高兴地与肯尼亚总统乌胡鲁·肯雅塔（Uhuru Kenyatta）进行了会谈，并出席各种会议，其中包括果阿首脑会议，一同出席的还有几位内阁官员和商界领袖。

2. 在2013年于南非德班举行的金砖国家首脑会议上，五个成员同意建立自己的互联网，以与世界其他地区使用的互联网分开。美国情报部门对外国领导人，包括巴西总统迪尔玛·罗塞夫（Dilma Rousseff）进行网络监视，这个事实似乎激发金砖国家领导人提议建立新互联网。在高峰会后，戈尔丹被记者问及，金砖国家尝试创建自己的分立互联网不荒谬吗？因为普遍性似乎对整个概念至关重要。他反驳说，你们需要加快认清政治现实。就目前情况来说，金砖国家还没有建立自己的互联网。鉴于中国政府完全掌控了自己的网络空间，金砖国家互联网的概念略有一些"阴谋"的意味。

3. 果阿峰会上通过了戈尔丹曾经提出的另一个"平行世界"的项目（或者平衡项目），金砖国家是否可以建立自己的信用评级机构呢？许多评论家认为需要一个替代性的信用评级机构。南非国际关系与合作部发言人克莱森·蒙耶拉（Krayon Monyela）以胜利的姿态宣布了果阿的消息。而在祖马阵营成员的反应中，很难察觉到对美国三大私人评级机构的不满，在祖马与戈尔丹的南非财政斗争中，标准普尔、穆迪和惠誉扮演了至关重要的角色。作为对蒙耶拉的回应，评论中一个明确表达的观点是："远离西方霸权是很困难的，但是我们有两个亲近它们的人。他们在国内和糟糕的内阁中有代理人。让我们在金砖国家中战斗吧。"

4. 夸祖鲁·纳塔尔大学的帕特里克·邦德（Patrick Bond）在题为"对话"的文章中指出，半国营的南非能源企业——南非国家电力公司（Eskom）正在与中国谈判，以获得50亿美元的贷款，因此南非可以将此作为对发展核项目的经费，其可能从俄罗斯或中国获得资金。在这种情况下，一个标准宽松的金砖国家信用评级机构可能是另一个借口，这会使下一代南非人陷入更深的债务危机，同时增加腐败交易。尽管如此，许多评论家认为，在2008年全球金融危机时，三大评级机构在其工作中的失职证明了需要一个替代性的信用评级机构。建立金砖国家信用评级机构也有可靠的直接原因。金砖国家新开发银行（NDB）行长瓦曼·卡马斯（Kundapur Kamath）在金砖国家首脑会议上表示，建立金砖国家信用评级机构是必要的，因为三大评级机构拒绝给予金砖国家新开发银行 AAA 评级，这是由于金砖五国本身均不是 AAA 评级的国家。卡马斯在果阿的金砖国家金融论坛上表示，不断提高的贷款数额限制了发展中国家的经济增长。金砖国家新开发银行这样的多边银行要求的保守贷款政策也"扼杀"了发展中国家的增长。尽管是贷款给主权国家，但他也质疑为什么像金砖国家新开发银行这样的银行将其杠杆率限制为其准备金的 3 倍，而商业银行尽管承担了更大风险，但可以借贷 9 倍的准备金。

5. 此前，印度进出口银行行长马瑟（Yaduvendra Mathur）也支持建立金砖国家信用评级机构，表示这将降低借款成本。他告诉印度报业托拉斯（PTI）通讯社，虽然印度进出口银行在国内拥有 AAA 评级，但这无法在国际上获得认可。不过，如果标准普尔、穆迪和惠誉有利益冲突，金砖国家信用评级机构对金砖国家银行进行评级就不会出现相同的问题吗？印度总理纳伦德拉·莫迪（Narendra Modi）坚持认为该机构将独立于四个金砖国家成员政府而存在。但尽管如此，说服投资者和贷款者，使之认为其是客观可信的也很困难。比勒陀利亚大学国际发展法与非洲经济关系教授 Daniel Bradlow 也认为，三大评级机构和拟议的金砖国家信用评级机构的客观性和独立性都是值得怀疑的。

6. 祖马正在面对三大评级机构将南非信用评级降为垃圾级这一威胁，试图防止它们趁火打劫。三大评级机构正在帮助戈尔丹，也在帮助南非。幸运的是，金砖国家信用评级机构即使成立，也可能帮不到祖马。也许卡马斯提出的让发展中国家和三大评级机构进行对话是一个比建立金砖国家评级机构更好的想法。而谁也不知道，也许建立一个评级机构只是劝说三大评级机构进行谈判的策略。

金砖国家新开发银行如何能够
改变银行的经营方式

Cyril Prinsloo *

原文标题： How the New Development Bank Can Change the Way Banks
　　　　　　Do Business

文章框架： 多边银行在削减非洲基础设施融资赤字方面发挥着重要作
　　　　　　用，在未来十年内，预计这些银行将每年提供 1000 亿美
　　　　　　元的基础设施建设资金；金砖国家新开发银行（NDB）成
　　　　　　为南非基础设施建设投资领域新的竞争者以及潜在的合作
　　　　　　伙伴；现有多边开发银行存在许多问题；金砖国家新开发
　　　　　　银行要以缩减贷款审批时间为目标，避免效率低下。

观点摘要：

1. 评级机构本周再次考虑南非的主权信用评级问题。评级机构表示，
南非目前的经济增长率为 0.5% ~ 0.9%，其经济增长率至少需要达到
1%，才能避免其主权信用评级被降至"垃圾级"。上月，南非财政部部
长普拉温·戈尔丹（Pravin Gordhan）在中期预算演讲中对基础设施支出
做出大胆声明。在经济低迷时期，南非政府对基础设施进行了大量投资。
发展基础设施能够提高生产率、增加贸易、降低经营成本和创造就业机
会，因此，基础设施建设在促进经济增长及削减贫困方面发挥着关键作
用。通常，基础设施建设的资金来自多边开发银行。这些多边银行在削
减非洲基础设施融资赤字方面发挥着重要作用，在未来十年内，预计这

---

　* Cyril Prinsloo，南非国际事务研究所经济外交项目研究员；主要研究领域包括非
　　洲经济发展、非洲与全球合作伙伴的互动，以及非洲大陆参与世界经济论坛的
　　情况。来源：南非国际事务研究所（南非智库），2016 年 12 月 5 日。

些银行每年将提供 1000 亿美元的基础设施建设资金。南非发展银行提供的贷款是南非国内基础设施项目的主要资金来源。它与其他开发银行，如世界银行和非洲发展银行（AFDB）在基础设施领域进行竞争和合作。

2. 金砖国家新开发银行（NDB）成为南非基础设施建设投资领域新的竞争者以及潜在的合作伙伴。考虑到南非是最初向金砖国家新开发银行提供资金的五个创始成员之一，金砖国家新开发银行的持续发展有利于保护南非的资本，同样其也能够推动南非的经济发展。但金砖国家新开发银行不会取代传统的开发银行。相反，它将采取与这些传统银行类似的运营模式。金砖国家新开发银行致力于采取更加有效的运营模式。今年早些时候该银行批准了第一笔贷款，目前正在积极征求意见。针对更加有效的运营这一要求，全球经济治理（GEG）非洲项目的一项最新研究突出表明，现有多边开发银行，如非洲发展银行难以满足客户的部分原因就是效率低下。导致效率低下的原因通常是贷款审批程序烦琐，"客户国家"对银行财务管理系统不熟悉等。

3. 公平来讲，多边开发银行关注的重点是确保其投资的项目能够产生重大的积极影响，因此，银行需要对这些项目进行仔细调查。长时间以来，许多国家和开发银行过分强调确保项目的财务和技术可行性，而没有适当考虑到基础设施项目可能产生的环境和社会影响。对环境和社会影响的评估能够确保项目建设（如大坝的建造），以使对环境的破坏得到缓解或实现最小化。然而，各国认为，传统的多边开发银行过于官僚化，效率低下。例如，就非洲发展银行而言，贷款是否得到批准的决定不是在国家层面上做出的，而是由设在阿比让的银行总部做出的，这便会造成不必要的拖延。同样，银行还面临着人手不足，现有员工工作职责不断扩大的问题，这进一步造成了拖延。银行贷款要经过 20 余项审批程序，也被认为过于僵化和官僚化。

4. 如果金砖国家新开发银行想要达到既定目标，为发展中国家的基础设施建设提供资金，并通过可持续发展实现数百万人的愿景，就应该在保持金融稳定的同时，从现有银行中汲取经验。金砖国家新开发银行要以缩减贷款审批时间为目标，避免效率低下。通过这种方式，金砖国家新开发银行可以开创一种新的发展模式，而不会犯下某些同样的错误。

金砖国家：一个全球性的现象
变成了一种时尚？

Negar Fayazi*

原文标题：BRICS：A Global Phenomenon Turned into A Fad？

文章框架：金砖四国（巴西、俄罗斯、印度和中国）（BRIC）的成立被
认为意义重大，新兴经济体开始在全球舞台上留下自己的印
记；金砖国家的几个核心目标；在现实中，金砖国家遇到了
不可避免的问题，其中还伴随着差距和领导问题，这阻碍其
获得圆满成功；就全球最重要的经济和金融挑战而言，金砖
五国还未能达成共识，特别是关于货币政策和财政政策的协
调问题，还有发展援助的问题；南非无疑得益于该组织；金
砖国家的未来在日益动荡的全球环境中仍然充满不确定性。

观点摘要：

1. 金砖四国（巴西、俄罗斯、印度和中国）（BRIC）的成立被认
为意义重大，新兴经济体开始在全球舞台上留下自己的印记。2010 年，
南非加入了这一组织，其外交政策与南非的一致，将南非作为非洲大陆
的代表，这能够加强南南关系。由巴西、俄罗斯、印度、中国和南非组
成的金砖国家基本上被认为具有挑战单极秩序的地缘政治作用，然而近
年来不断出现的问题是：当今金砖国家成员的联系是长久的，还是一时
的？南非加入该组织的意义何在？

2. 金砖国家的几个核心目标是：促进形成一个更合理的国际体系，
支持联合国安理会（UNSC）改革；缩减发达国家与发展中国家之间的

---

* Negar Fayazi，获得比勒陀利亚大学国际关系学学士学位，全球对话研究所助理
研究员。来源：全球对话研究所（南非智库），2017 年 4 月 13 日。

差距，以为南南合作搭建一个有效的平台；帮助发展中国家在贸易和气候变化的谈判中获得优势；寻求世界银行和国际货币基金组织（IMF）的替代途径，例如，建立金砖国家新开发银行（NDB）；在全球舞台上主张中等大国的利益。

3. 南非的基本目标是，非洲大陆是该国的优势，它因处于非洲联盟（AU）核心位置而继续在金砖国家中获益，能源、信息和通信技术（ICT）、铁路和公路基础设施、农业（如粮食）的安全等方面都被认为是非洲面临的重大挑战。重要的是，南非将利用金砖国家与印度－巴西－南非对话论坛（IBSA）这两个组织推动非洲议程，并为出口和投资创造新的机会。

4. 实质上，金砖国家被视为引领多极世界秩序并主导新的经济和政治秩序的范例。然而，在现实中，该组织遇到了不可避免的问题，其中还伴随着差距和领导问题，这阻碍其获得圆满成功。巴西、俄罗斯和南非近年来面临着严重的经济挑战以及政府内部的腐败丑闻，因此，印度和中国被认为繁荣发展，而它们则被认为远远落后。中国在金砖国家中的优势也被一些人视为该组织可持续发展的抑制因素。中国是全球第二大经济体，因此没有中国，金砖国家将无法生存。此外，由于中国的崛起，其是非洲的主要投资者，民间社会通常只关注中国。因缺乏媒体关注，大多数"个体"不知道该组织的存在，特别是在南非。经常被关注的问题是：应该是金砖国家的崛起，而不仅仅是中国的崛起？

5. 还应考虑其他几个问题：除了成立金砖国家新开发银行（虽然银行内部存在挑战）之外，上述目标都尚未成功实现，特别是在支持对联合国安理会的改革方面。就全球最重要的经济和金融挑战而言，金砖五国还未能达成共识，特别是关于货币政策和财政政策的协调问题，还有发展援助的问题。最重要的是，金砖国家在安全问题上一直保持低调，特别是关于中东的动荡问题。与此同时，金砖国家也没有试图形成一个传统的安全框架。

6. 南非无疑得益于该组织，例如，雅各布·祖马（Jacob Zuma）总统称，过去几年金砖国家的贸易额增长了70%。此外，金砖国家对金融服务业的投资也随着批发和零售业的不断发展而增加。南非正在设法吸引更多的投资和贸易，南非的下一个挑战是为商品和服务打开市场，这将成为南非工业化努力的一部分。

7. 虽然金砖国家承诺建立一个新的全球秩序，但由于上述挑战和各国之间的利益冲突，金砖国家能否切实实现其既定目标尚待确定。最后，可以得出结论，金砖国家的未来在日益动荡的全球环境中仍然充满不确定性。

后 记

本系列专题报告得以付梓，有赖于诸多老师、同事和朋友的襄助与关心。在此特鸣谢如下。

感谢景峰同志带领的工作团队，他们以顽强的事业心和责任心，完成了所有前期翻译和初步译校工作。

感谢本书系的顾问陆忠伟先生、编委会主任丁奎淞和各位编委，正因为这些前辈、领导和朋友的厚爱和期望，才能使我们在困境中坚持走下去。

感谢社会科学文献出版社的祝得彬、刘学谦和王春梅诸位编辑，在他们的鼓励和支持下，该书才得以在短时间内面世，也正是他们严谨的工作作风，才保证了本书系的较高水平，在此谨向他们高质量的专业水准和孜孜敬业的精神致敬。

王灵桂

2017 年 6 月 17 日卯时

于香山麓听雨轩

图书在版编目(CIP)数据

中国：国外战略智库纵论中国的前进步伐.五，推
动金砖国家合作第二个黄金十年/王灵桂主编. -- 北京：
社会科学文献出版社，2017.8
（国家全球战略智库系列专题报告）
ISBN 978 - 7 - 5201 - 1197 - 3

Ⅰ.①中… Ⅱ.①王… Ⅲ.①"一带一路" - 国际合
作 - 研究 Ⅳ.①F125

中国版本图书馆 CIP 数据核字(2017)第 192036 号

·国家全球战略智库系列专题报告·

中国：推动金砖国家合作第二个黄金十年
——国外战略智库纵论中国的前进步伐（之五）

主　　编/王灵桂

出 版 人/谢寿光
项目统筹/祝得彬
责任编辑/刘学谦　刘　娟　王春梅

出　　版/社会科学文献出版社·当代世界出版分社(010) 59367004
　　　　　地址：北京市北三环中路甲29号院华龙大厦　邮编：100029
　　　　　网址：www. ssap. com. cn
发　　行/市场营销中心（010）59367081　59367018
印　　装/三河市尚艺印装有限公司

规　　格/开 本：787mm × 1092mm　1/16
　　　　　印 张：18.5　字 数：281 千字
版　　次/2017 年 8 月第 1 版　2017 年 8 月第 1 次印刷
书　　号/ISBN 978 - 7 - 5201 - 1197 - 3
定　　价/98.00 元

本书如有印装质量问题，请与读者服务中心（010 - 59367028）联系